おとな旅
プレミアム
PREMIUM

付録

CONTENTS

ロンドン

MAP

街歩き地図

街の
交通ガイド
付き

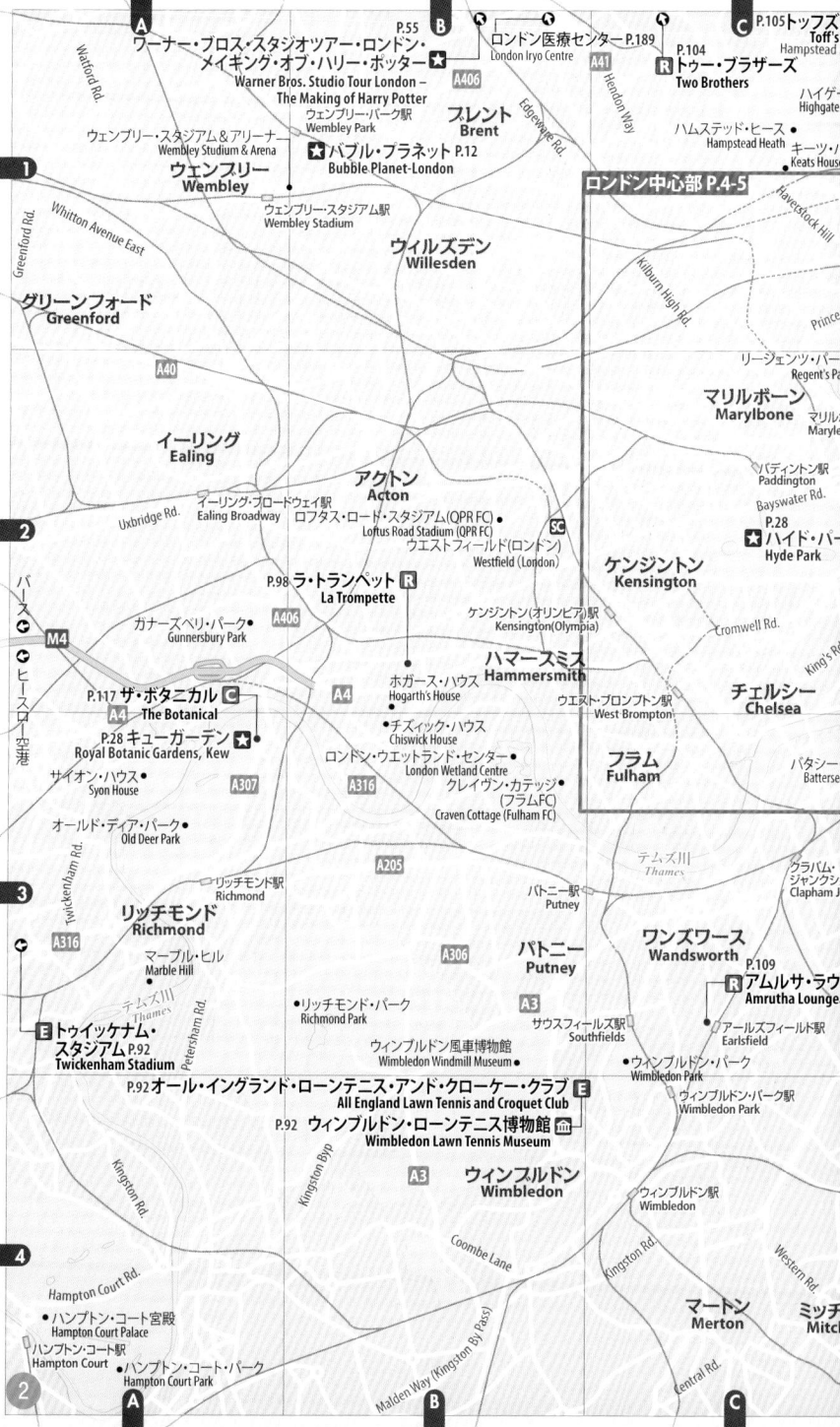

A

B

C

ワーナー・ブロス・スタジオツアー・ロンドン・ P.55
メイキング・オブ・ハリー・ポッター ★
Warner Bros. Studio Tour London –
The Making of Harry Potter

A406

ロンドン医療センター P.189
London Iryo Centre

A41

P.104
R トゥー・ブラザーズ
Two Brothers

P.105 トッフス
Toff's
Hampstead

ウェンブリー・パーク駅
Wembley Park

ブレント
Brent

Edgware Rd.

Hendon Way

ハイゲー
Highgate

ウェンブリー・スタジアム＆アリーナ
Wembley Studium & Arena

★ バブル・プラネット P.12
Bubble Planet-London

ハムステッド・ヒース
Hampstead Heath

キーツ・
Keats House

ウェンブリー
Wembley

ロンドン中心部 P.4-5

1

Watford Rd.

Greenford Rd.

Whitton Avenue East

ウェンブリー・スタジアム駅
Wembley Stadium

ウィルズデン
Willesden

Kilburn High Rd.

Haverstock Hill

Prince

グリーンフォード
Greenford

A40

リージェンツ・パー
Regent's Par

イーリング
Ealing

アクトン
Acton

マリルボーン
Marylbone

マリル
Maryle

2

Uxbridge Rd.

イーリング・ブロードウェイ駅
Ealing Broadway

ロフタス・ロード・スタジアム(QPR FC)
Loftus Road Stadium (QPR FC)

ウエストフィールド(ロンドン)
Westfield (London)

SC

パディントン駅
Paddington

Bayswater Rd.

P.28
★ ハイド・パー
Hyde Park

バス

M4

ヒースロー駅

P.98 ラ・トランペット
La Trompette R

A406

ガナーズベリー・パーク
Gunnersbury Park

ケンジントン(オリンピア)駅
Kensington(Olympia)

ケンジントン
Kensington

A4

ホガース・ハウス
Hogarth's House

ハマースミス
Hammersmith

Cromwell Rd.

King's Cro

P.117 ザ・ボタニカル C
The Botanical

A4

P.28 キューガーデン ★
Royal Botanic Gardens, Kew

サイオン・ハウス
Syon House

A307

チズィック・ハウス
Chiswick House

ロンドン・ウェットランド・センター
London Wetland Centre

A316

クレイヴン・カテッジ
(フラムFC)
Craven Cottage (Fulham FC)

ウエスト・ブロンプトン駅
West Brompton

フラム
Fulham

チェルシー
Chelsea

バタシー・
Battersea

オールド・ディア・パーク
Old Deer Park

Twickenham Rd.

3

テムズ川
Thames

リッチモンド駅
Richmond

A205

パトニー駅
Putney

テムズ川
Thames

クラパム・
ジャンクシ
Clapham Ju

リッチモンド
Richmond

マーブル・ヒル
Marble Hill

A316

A306

パトニー
Putney

ワンズワース
Wandsworth

P.109
R アムルサ・ラウン
Amrutha Lounge

Petersham Rd.

トゥイッケナム・
スタジアム P.92
Twickenham Stadium

リッチモンド・パーク
Richmond Park

A3

ウィンブルドン風車博物館
Wimbledon Windmill Museum

サウスフィールズ駅
Southfields

アールズフィールド駅
Earlsfield

ウィンブルドン・パーク
Wimbledon Park

P.92 オール・イングランド・ローンテニス・アンド・クローケー・クラブ E
All England Lawn Tennis and Croquet Club

P.92 ウィンブルドン・ローンテニス博物館 🏛
Wimbledon Lawn Tennis Museum

ウィンブルドン・パーク駅
Wimbledon Park

A3

ウィンブルドン
Wimbledon

ウィンブルドン駅
Wimbledon

Kingston Byp

Kingston Rd.

4

Coombe Lane

Kingston Rd.

Western R

Hampton Court Rd.

ハンプトン・コート宮殿
Hampton Court Palace

ハンプトン・コート駅
Hampton Court

ハンプトン・コート・パーク
Hampton Court Park

Malden Way (Kingston By Pass)

マートン
Merton

Central Rd.

ミッチ
Mitch

A

B

C

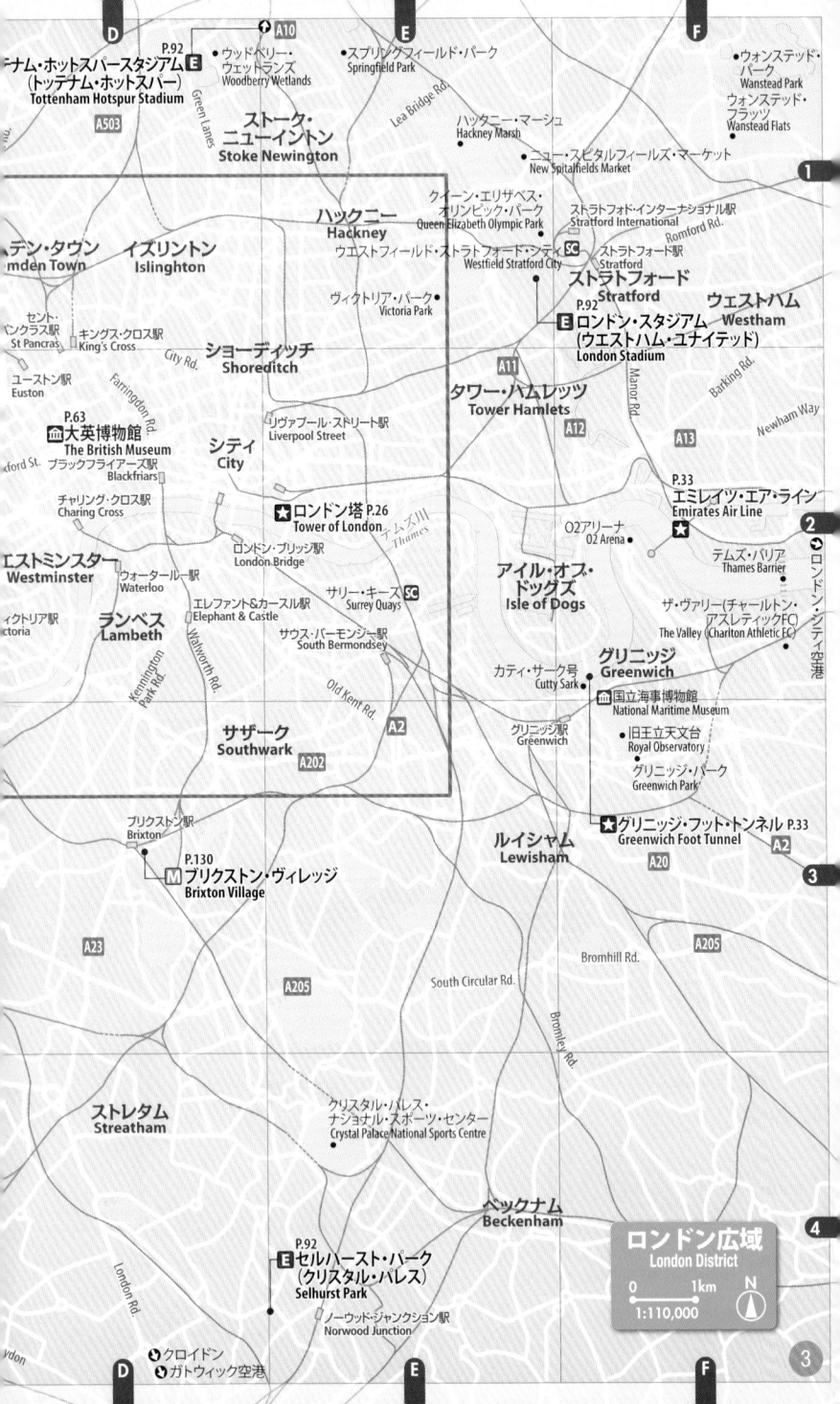

ナム・ホットスパースタジアム E
(トッテナム・ホットスパー)
Tottenham Hotspur Stadium

P.92

A10

ウッドベリー・
ウェットランズ
Woodbury Wetlands

スプリングフィールド・パーク
Springfield Park

ウォンステッド・
パーク
Wanstead Park

ウォンステッド・
フラッツ
Wanstead Flats

A503

ストーク・
ニューイントン
Stoke Newington

Green Lanes

Lea Bridge Rd.

ハックニー・マーシュ
Hackney Marsh

ニュー・スピタルフィールズ・マーケット
New Spitalfields Market

Romford Rd.

1

デン・タウン
mden Town

イズリントン
Islington

ハックニー
Hackney

クイーン・エリザベス・
オリンピック・パーク
Queen Elizabeth Olympic Park

ストラトフォード・インターナショナル駅
Stratford International

ウェストフィールド・ストラトフォード・シティ SC
Westfield Stratford City

ストラトフォード駅
Stratford

ウェストハム
Westham

セント・
ンクラス駅
St Pancras

キングス・クロス駅
King's Cross

City Rd.

ショーディッチ
Shoreditch

ヴィクトリア・パーク
Victoria Park

ストラトフォード
Stratford

ロンドン・スタジアム E
(ウエストハム・ユナイテッド)
London Stadium

P.92

Manor Rd.

Barking Rd.

ユーストン駅
Euston

Farringdon Rd.

A11

タワー・ハムレッツ
Tower Hamlets

A12

A13

Newham Way

P.63
大英博物館
The British Museum

リヴァプール・ストリート駅
Liverpool Street

A13

xford St.

ブラックフライアーズ駅
Blackfriars

シティ
City

P.33
エミレイツ・エア・ライン
Emirates Air Line

チャリング・クロス駅
Charing Cross

ロンドン塔 P.26
Tower of London

O2アリーナ
O2 Arena

2

テムズ・バリア
Thames Barrier

エストミンスター
Westminster

ウォータールー駅
Waterloo

ロンドン・ブリッジ駅
London Bridge

テムズ川
Thames

ロンドン・シティ空港

クトリア駅
ctoria

ランベス
Lambeth

エレファント&カースル駅
Elephant & Castle

サリー・キーズ SC
Surrey Quays

アイル・オブ・
ドッグズ
Isle of Dogs

ザ・ヴァリー(チャールトン・
アスレティックFC)
The Valley (Charlton Athletic FC)

サウス・バーモンジー駅
South Bermondsey

カティ・サーク号
Cutty Sark

グリニッジ
Greenwich

国立海事博物館
National Maritime Museum

サザーク
Southwark

A2

グリニッジ駅
Greenwich

A202

Old Kent Rd.

旧王立天文台
Royal Observatory

グリニッジ・パーク
Greenwich Park

ブリクストン駅
Brixton

P.130
ブリクストン・ヴィレッジ M
Brixton Village

ルイシャム
Lewisham

グリニッジ・フット・トンネル P.33
Greenwich Foot Tunnel

A20

A2

3

A23

A205

Bromhill Rd.

A205

ストレタム
Streatham

A205

South Circular Rd.

Bromley Rd.

クリスタル・パレス・
ナショナル・スポーツ・センター
Crystal Palace National Sports Centre

ベックナム
Beckenham

ロンドン広域
London District

4

P.92
セルハースト・パーク E
(クリスタル・パレス)
Selhurst Park

0   1km
1:110,000

N

London Rd.

ノーウッド・ジャンクション駅
Norwood Junction

クロイドン
ydon

ガトウィック空港

D

E

F

3

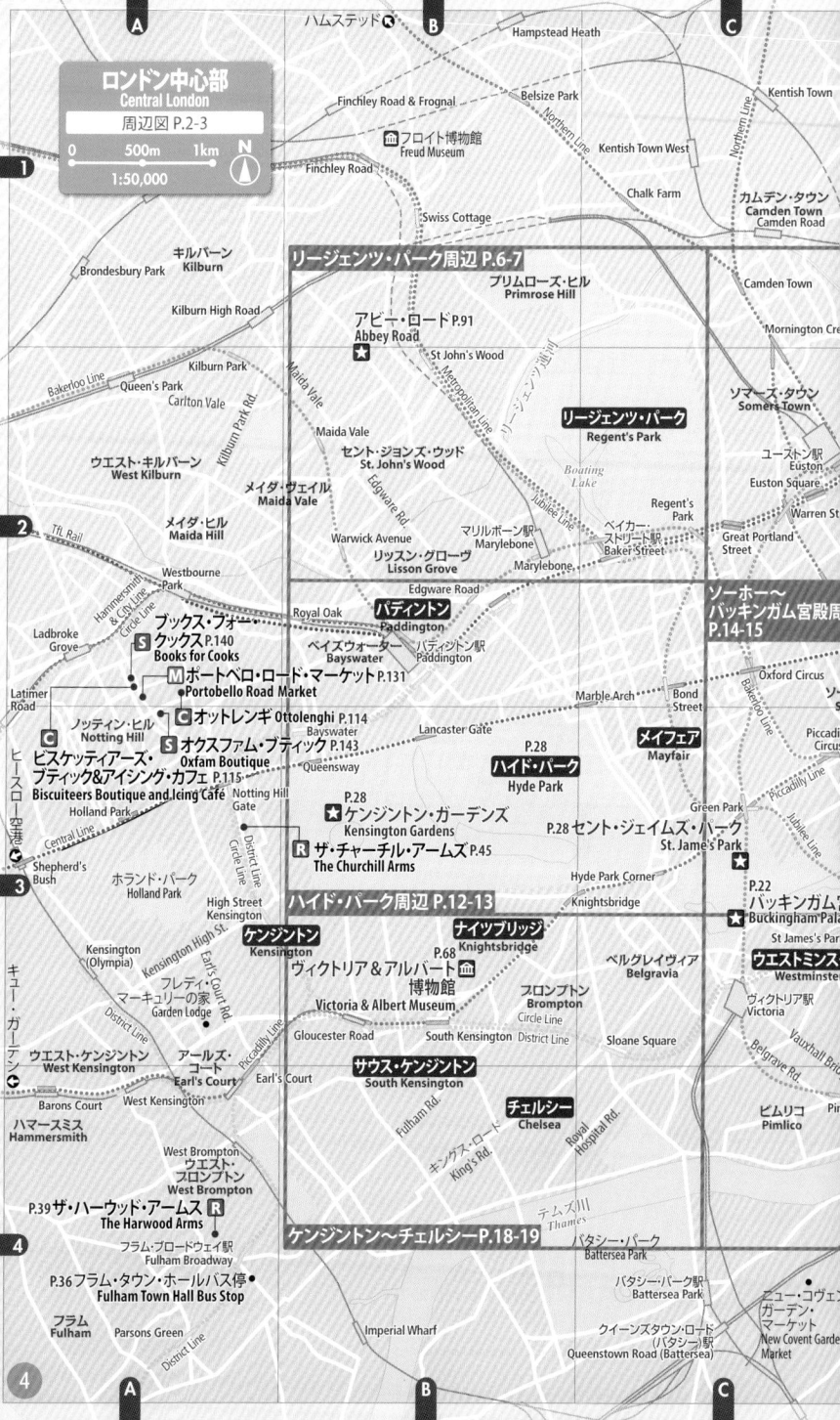

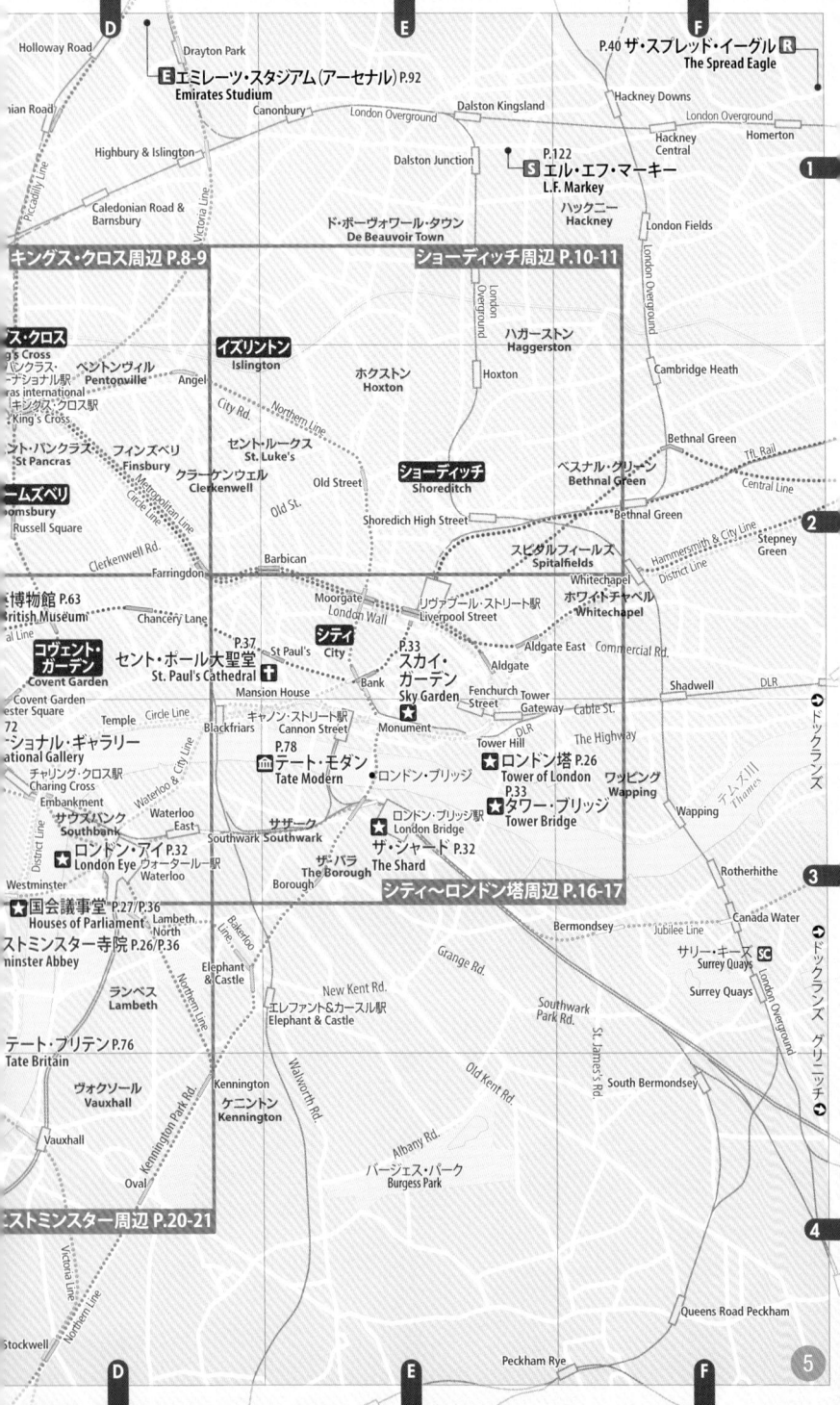

Holloway Road

Drayton Park

E エミレーツ・スタジアム（アーセナル）P.92
Emirates Studium

P.40 ザ・スプレッド・イーグル R
The Spread Eagle

Canonbury

Hackney Downs

London Overground

nian Road

Dalston Kingsland

Hackney
Central

Homerton

Highbury & Islington

London Overground

Dalston Junction

P.122
S エル・エフ・マーキー
L.F. Markey

Caledonian Road &
Barnsbury

Piccadilly Line
Victoria Line

ド・ボーヴォワール・タウン
De Beauvoir Town

ハックニー
Hackney

London Fields

London Overground

キングス・クロス周辺 P.8-9

ショーディッチ周辺 P.10-11

ス・クロス
g's Cross
バンクス・
ナショナル駅
ras international
キングス・クロス駅
King's Cross

ペントンヴィル
Pentonville

イズリントン
Islington

Angel

ホクストン
Hoxton
Hoxton

ハガーストン
Haggerston

London Overground

Cambridge Heath

City Rd.

Northern Line

ント・パンクラス
St Pancras

フィンズベリ
Finsbury

セント・ルークス
St. Luke's

ベスナル・グリーン
Bethnal Green

Bethnal Green

Tfl Rail

ームズベリ
oomsbury
Russell Square

Metropolitan Line
Circle Line

クラーケンウェル
Clerkenwell

Old St.

Old Street

ショーディッチ
Shoredich

Shoredich High Street

スピタルフィールズ
Spitalfields

Hammersmith & City Line

Central Line

Stepney
Green

Clerkenwell Rd.

Barbican

District Line

Farringdon

Moorgate
London Wall

Whitechapel

ホワイト・チャペル
Whitechapel

博物館 P.63
ritish Museum

al Line

Chancery Lane

リヴァプール・ストリート駅
Liverpool Street

Aldgate East

Commercial Rd.

St Paul's

シティ
City

P.37

コヴェント・
ガーデン
Covent Garden

セント・ポール大聖堂
St. Paul's Cathedral

Bank

スカイ・
ガーデン
Sky Garden

Aldgate

Fenchurch
Street

Tower
Gateway

Cable St.

Shadwell

DLR

ドックランズ

Covent Garden
ster Square

Mansion House

Monument

Tower Hill

The Highway

72

Circle Line

Temple

キャノン・ストリート駅
Cannon Street

★ロンドン塔 P.26
Tower of London

ワッピング
Wapping

ショナル・ギャラリー
ational Gallery

Blackfriars

P.78

テート・モダン
Tate Modern

ロンドン・ブリッジ
P.33

★タワー・ブリッジ
Tower Bridge

Wapping

テムズ川 Thames

チャリング・クロス駅
Charing Cross

Waterloo & City Line

ロンドン・ブリッジ駅
London Bridge

Rotherhithe

Embankment

サウスバンク
Southbank

Waterloo
East

サザーク
Southwark Southwark

ロンドン・ブリッジ駅
London Bridge

★ザ・シャード P.32
The Shard

3

Westminster

★ロンドン・アイ P.32
London Eye

ウォータールー駅
Waterloo

ザ・バラ
The Borough

シティ〜ロンドン塔周辺 P.16-17

Canada Water

ジュビリー・ライン
Jubilee Line

District Line

★国会議事堂 P.27/P.36
Houses of Parliament

Lambeth
North

Borough

Bermondsey

サリー・キーズ SC
Surrey Quays

ドックランズ

ストミンスター寺院 P.26/P.36
inster Abbey

ランベス
Lambeth

Bakerloo Line

エレファント&キャッスル駅
Elephant & Castle

New Kent Rd.

Grange Rd.

Southwark
Park Rd.

St. James's Rd.

Surrey Quays

London Overground

グリニッチ

テート・ブリテン P.76
Tate Britain

ヴォクソール
Vauxhall

Elephant
& Castle

Northern Park Rd.

Kennington

ケニントン
Kennington

Walworth Rd.

Old Kent Rd.

South Bermondsey

Vauxhall

Oval

Kennington Park Rd.

Albany Rd.

バージェス・パーク
Burgess Park

ストミンスター周辺 P.20-21

Victoria Line

Northern Line

Stockwell

Queens Road Peckham

リージェンツ・パーク周辺
Regent's Park

周辺図 P.4-5

0　100　200m
1:12,500

N

P.6-7　P.8-9　P.10-11
P.12-13　P.14-15　P.16-17
P.18-19　P.20-21

モスク
Shia Islamic Centre of England

サウス・ハムステッド駅
South Hampstead

Avenue Rd.

St. John's Wood Park

Woronzow Rd.

Loudoun Rd.

Finchley Rd.

Queen's Grove

Ordnance Hill

Acacia Rd.

St. John's Wood

カールトン・ヒル
Carlton Hill

Abbey Rd.

セント・ジョンズ・ウッド駅
St. John's Wood

テスコ・エクスプレス
Tesco Express

メイダ・ヴェイル
Baker loo Line

St. John's Wood

セント・マーク教会
St Mark's Church

P.91 アビー・ロード
Abbey Road

P.91 アビー・ロード・スタジオ
Abbey Road Studio

Wellington Rd.

Circus Rd.

サーカス Rd.

セント・ジョン＆
セント・エリザベス病院
Hospital of Saint John
and Saint Elizabeth

ウェリントン病院
The Wellington Hospital

セント・ジョンズ・ウッ
チャーチ・ガーデ
Saint John's
Church G

セント・ジョンズ・ウッド教会
St. John's Wood Chure

メイダ・ヴェイル駅
Maida Vale

セント・ジョンズ・ウッド
St John's Wood

Maida Vale

Grove End Rd.

ローズ・
クリケット・グラウンド
Lord's Cricket Ground

ダヌビウス
Danubius Hotel
Regents Park

Elgin Ave.

メイダ・ヴェイル
Maida Vale

Lauderdale Rd.

テスコ・エッソ・エクスプレス
Tesco Esso Express

エブリマン
Everyman Maida Vale

ウォリントン
The Warrington Hotel

聖母教会
Church of Our Lady

Regent's Can

Lisson Grove

Sutherland Ave.

Warrington Crescent

Clifton Gardens

テスコ・エクスプレス
Tesco Express

リッスン・グローヴ
Lisson Grove

ザ・コックピット
The Cockpit

ステファン・ラザラス
Stephen Lazarus

Edgware Rd.

チャーチ・ストリート・マーケット
Church Street Market

ヒーロー・オブ・メイダ
The Hero of Maida

Shirland Rd.

コロネイド
The Colonnade

ワリック・アヴェニュー駅
Warwick Avenue

ウォーターウェイ
The Waterway

クリフトン・ナーサリーズ
Clifton Nurseries

リトル・ヴェニス
Little Venice

Warwick Ave.

水上バス乗り場

リッスン・ギャラリ
Lisson Gal

エッジウェア・ロード駅
Edgware Road

Broad

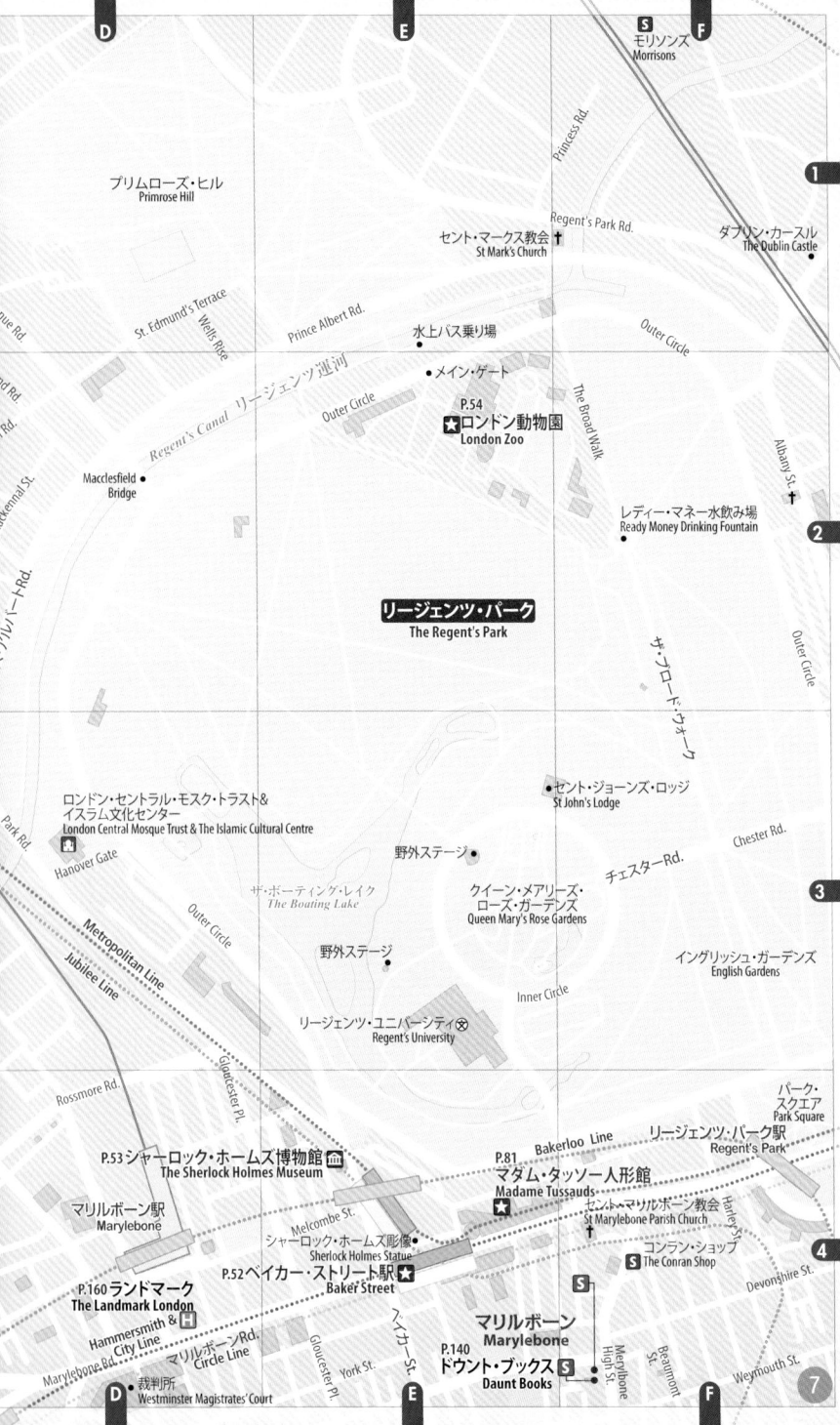

D · E · F

S モリソンズ
Morrisons

1

プリムローズ・ヒル
Primrose Hill

ダブリン・カースル
The Dublin Castle

St. Edmund's Terrace
Wells Rise

Avenue Rd.

セント・マークス教会 ✝
St Mark's Church

Regent's Park Rd.

Prince Albert Rd.

水上バス乗り場

メイン・ゲート

リージェンツ運河
Regent's Canal

Outer Circle

P.54
★ロンドン動物園
London Zoo

The Broad Walk

Outer Circle

Albany St. ✝

2

Macclesfield
Bridge

Rd.

レディー・マネー水飲み場
Ready Money Drinking Fountain

リージェンツ・パーク
The Regent's Park

Outer Circle

ザ・ブロード・ウォーク

Park Rd.

ロンドン・セントラル・モスク・トラスト&
イスラム文化センター
London Central Mosque Trust & The Islamic Cultural Centre

Hanover Gate

セント・ジョーンズ・ロッジ
St John's Lodge

Chester Rd.

チェスター Rd.

3

ザ・ボーティング・レイク
The Boating Lake

野外ステージ

クイーン・メアリーズ・
ローズ・ガーデンズ
Queen Mary's Rose Gardens

Outer Circle

イングリッシュ・ガーデンズ
English Gardens

Metropolitan Line

Jubilee Line

野外ステージ

Inner Circle

Rossmore Rd.

リージェンツ・ユニバーシティ ✖
Regent's University

Gloucester Pl.

パーク・
スクエア
Park Square

Bakerloo Line

リージェンツ・パーク駅
Regent's Park

P.53 シャーロック・ホームズ博物館 🏛
The Sherlock Holmes Museum

P.81
マダム・タッソー人形館
Madame Tussauds ★

セント・マリルボーン教会
St Marylebone Parish Church ✝

Harley St.

4

マリルボーン駅
Marylebone

Melcombe St.

シャーロック・ホームズ彫像 •
Sherlock Holmes Statue

コンラン・ショップ
S The Conran Shop

P.160 ランドマーク
The Landmark London 🏨

P.52 ベイカー・ストリート駅 ★
Baker Street

Devonshire St.

Hammersmith &
City Line

Circle Line

ベイカー St.

S

マリルボーン
Marylebone

Beaumont St.

Marylebone High St.

Marylebone Rd.

裁判所
Westminster Magistrates' Court

York St.

Gloucester Pl.

P.140
ドウント・ブックス S
Daunt Books

Weymouth St.

7

D · E · F

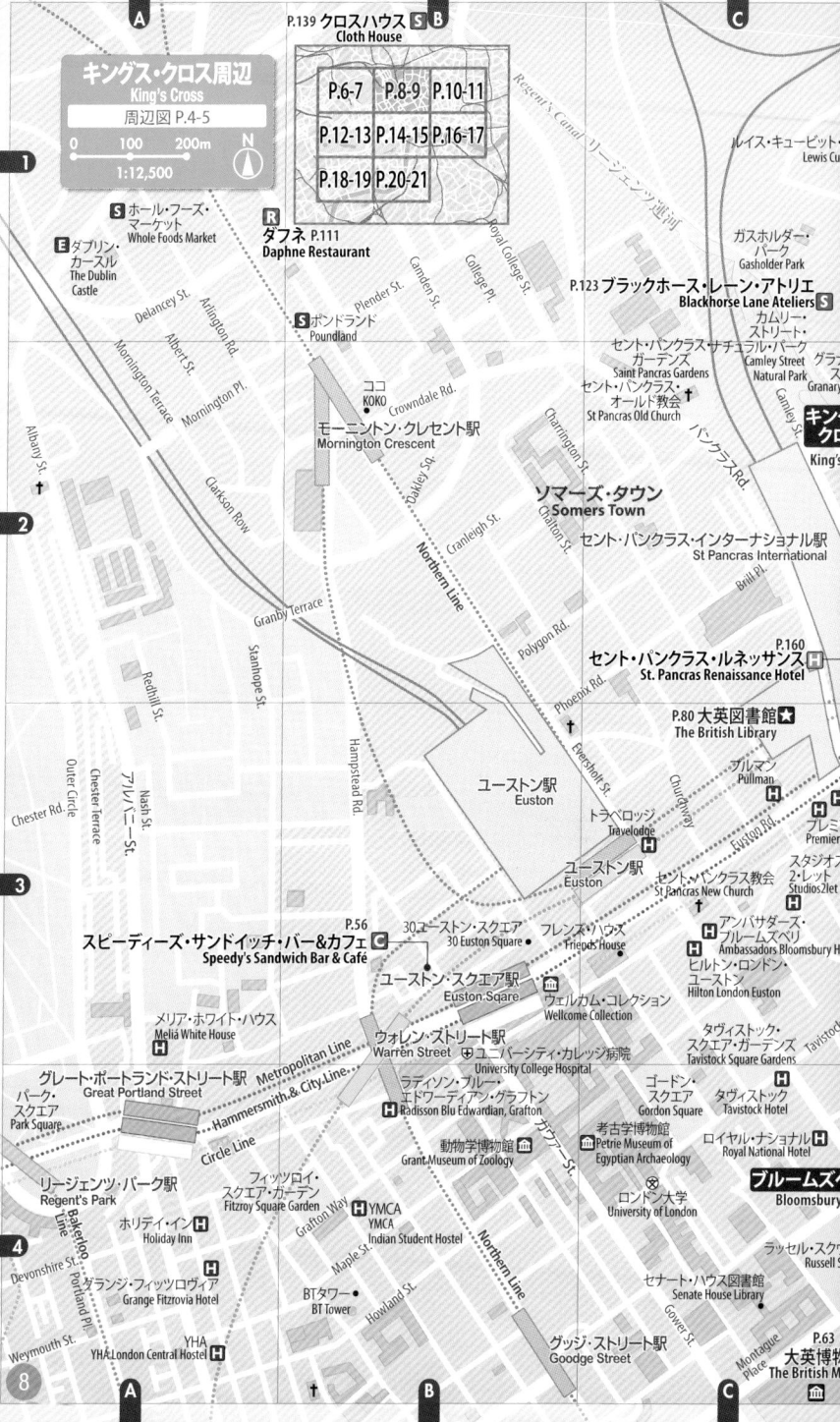

キングス・クロス周辺
King's Cross
周辺図 P.4-5
0　100　200m
1:12,500
N

P.139 クロスハウス **S B**
Cloth House

P.6-7	P.8-9	P.10-11
P.12-13	P.14-15	P.16-17
P.18-19	P.20-21	

S ホール・フーズ・マーケット
Whole Foods Market

E ダブリン・カースル
The Dublin Castle

R ダフネ P.111
Daphne Restaurant

ルイス・キュービット・
Lewis Cut

ガスホルダー・パーク
Gasholder Park

P.123 ブラックホース・レーン・アトリエ **S**
Blackhorse Lane Ateliers

デランシー・St. Delancey St.
アーリントン・Rd. Arlington Rd.
アルバート・St. Albert St.
モーニントン・テラス Mornington Terrace
クラークソン・Row Clarkson Row

S ポンドランド
Poundland

プレンダー・St. Plender St.
カムデン・St. Camden St.
カレッジ・Pl. College Pl.
ロイヤル・カレッジ・St. Royal College St.

ココ
KOKO

モーニントン・クレセント駅
Mornington Crescent

クラウンデール・Rd. Crowndale Rd.
オークリー・Sq. Oakley Sq.
カムリー・ストリート・
Camley Street
セント・パンクラス・ナチュラル・ガーデンズ
Saint Pancras Gardens
セント・パンクラス・ナチュラル・パーク
Camley Street Natural Park
グラナ
Granary

セント・パンクラス・オールド教会
St Pancras Old Church

キング クE
King's

アルバニー・St. Albany St.

Northern Line

チャリントン・St. Charrington St.
チャルトン・St. Chalton St.
クランリー・St. Cranleigh St.

ソマーズ・タウン
Somers Town

パンクラス・Rd. Pancras Rd.
ブリル・Pl. Brill Pl.

セント・パンクラス・インターナショナル駅
St Pancras International

グランビー・テラス Granby Terrace
レッドヒル・St. Redhill St.
スタンホープ・St. Stanhope St.
ポリゴン・Rd. Polygon Rd.
フェニックス・Rd. Phoenix Rd.

P.160
セント・パンクラス・ルネッサンス **H**
St Pancras Renaissance Hotel

アウター・サークル Outer Circle
チェスター・Rd. Chester Rd.
ネッシュ・St. Nash St.
チェスター・テラス Chester Terrace
アルバニー・St.
ハムステッド・Rd. Hampstead Rd.
エバーショルト・St. Eversholt St.
チャーチ・Way Churchway
ユーストン・Rd. Euston Rd.

P.80 大英図書館 ★
The British Library

プルマン
Pullman

ユーストン駅
Euston

トラベロッジ **H**
Travelodge

プレミ
Premier

スタジオズ
2・レット
Studios2let

ユーストン駅 **H**
Euston

セント・パンクラス教会
St Pancras New Church

アンバサダーズ・ブルームズベリ **H**
Ambassadors Bloomsbury

ヒルトン・ロンドン・ユーストン **H**
Hilton London Euston

P.56
スピーディーズ・サンドイッチ・バー&カフェ **C**
Speedy's Sandwich Bar & Café

30ユーストン・スクエア
30 Euston Square

フレンズ・ハウス
Friends House

メリア・ホワイト・ハウス
Melia White House

ユーストン・スクエア駅
Euston Square

ウォレン・ストリート駅
Warren Street

ウェルカム・コレクション
Wellcome Collection

タヴィストック・スクエア・ガーデンズ
Tavistock Square Gardens

タヴィストック Tavistock

グレート・ポートランド・ストリート駅
Great Portland Street

パーク・スクエア
Park Square

Metropolitan Line

ハマースミス&シティー・ライン Hammersmith & City Line

ユニバーシティ・カレッジ病院
University College Hospital

ゴードン・スクエア
Gordon Square

タヴィストック・ホテル **H**
Tavistock Hotel

ラディソン・ブルー・エドワーディアン・グラフトン **H**
Radisson Blu Edwardian, Grafton

考古学博物館
Petrie Museum of Egyptian Archaeology

ロイヤル・ナショナル **H**
Royal National Hotel

リージェンツ・パーク駅
Regent's Park

Circle Line

ベーカールー・ライン Bakerloo Line
ポートランド・Pl. Portland Pl.
デヴォンシャー・St. Devonshire St.

ホリデイ・イン **H**
Holiday Inn

フィッツロイ・スクエア・ガーデン
Fitzroy Square Garden

ガワー・St. Gower St.

動物学博物館
Grant Museum of Zoology

ロンドン大学
University of London

ブルームズ
Bloomsbury

ラッセル・スクウ
Russell S

YMCA **H**
YMCA
Indian Student Hostel

グラフトン・Way Grafton Way
メープル・St. Maple St.
ハウランド・St. Howland St.

Northern Line

セネート・ハウス図書館
Senate House Library

グランジ・フィッツロヴィア・ホテル **H**
Grange Fitzrovia Hotel

ウェイマス・St. Weymouth St.

YHA **H**
YHA London Central Hostel

BTタワー
BT Tower

グッジ・ストリート駅
Goodge Street

モンタギュー・Pl. Montague Place

P.63
大英博物
The British Mu

8

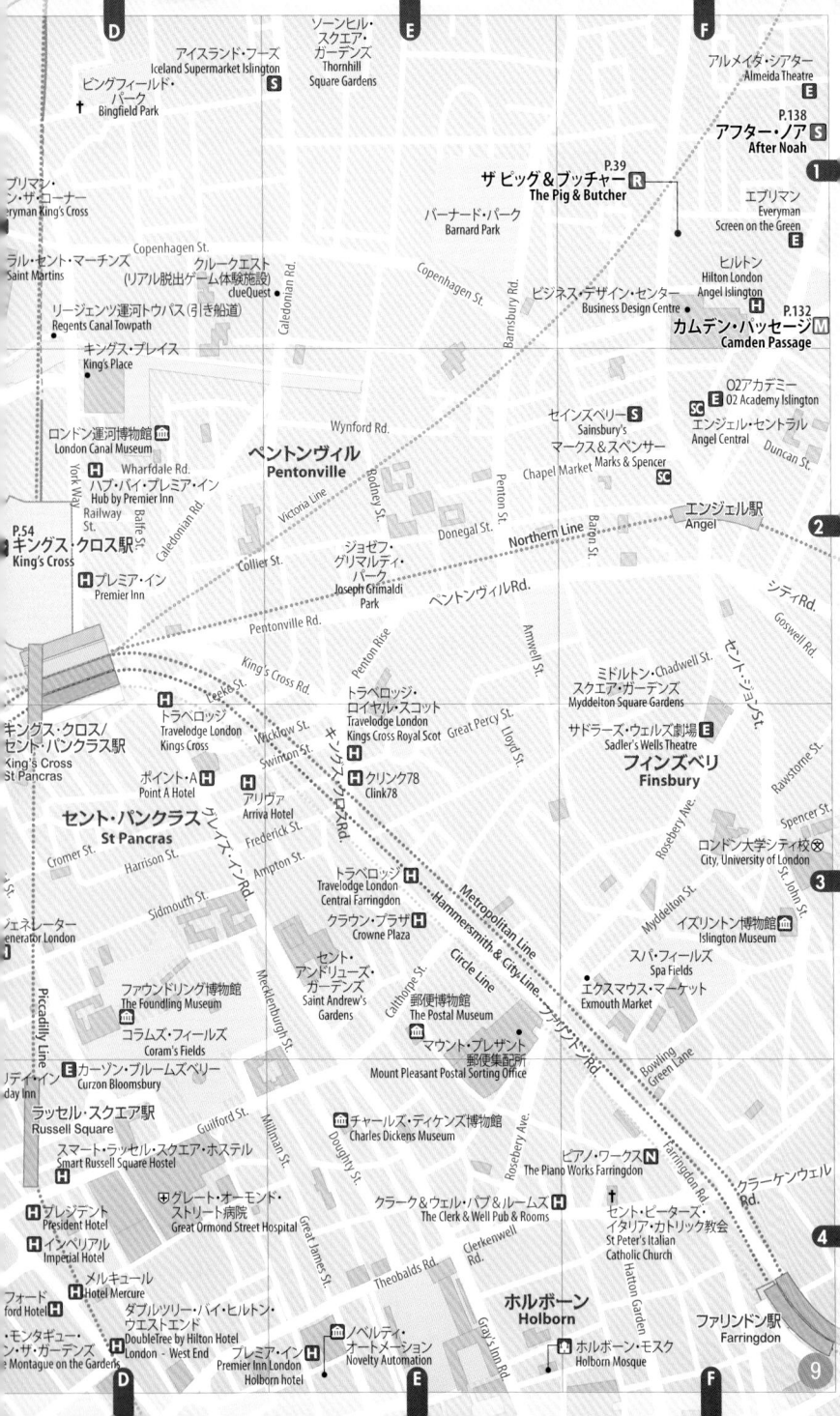

アイスランド・フーズ
Iceland Supermarket Islington **S**

ソーンヒル・
スクエア・
ガーデンズ
Thornhill
Square Gardens

アルメイダ・シアター
Almeida Theatre **E**

ビングフィールド・
パーク
† Bingfield Park

P.138
アフター・ノア **S**
After Noah

P.39
ザ ビッグ＆ブッチャー **R**
The Pig & Butcher

エブリマン
Everyman
Screen on the Green **E**

ブリマン・
ン・ザ・コーナー
eryman King's Cross

バーナード・パーク
Barnard Park

ラル・セント・マーチンズ
Saint Martins

Copenhagen St.

クルークエスト
（リアル脱出ゲーム体験施設）
clueQuest

ヒルトン
Hilton London
Angel Islington **H**

リージェンツ運河トウパス（引き船道）
Regents Canal Towpath

Copenhagen St.

Barnsbury Rd.

ビジネス・デザイン・センター
Business Design Centre

P.132
カムデン・パッセージ **M**
Camden Passage

キングス・プレイス
King's Place

Wynford Rd.

セインズベリー **S**
Sainsbury's

O2アカデミー
O2 Academy Islington **SC**

ロンドン運河博物館 **血**
London Canal Museum

ペントンヴィル
Pentonville

マークス＆スペンサー
Marks & Spencer

エンジェル・セントラル
Angel Central **SC**

Duncan St.

Wharfdale Rd.
ハブ・バイ・プレミア・イン **H**
Hub by Premier Inn

Rodney St.

Chapel Market

York Way

Victoria Line

Penton St.

P.54
キングス・クロス駅
King's Cross

Railway St.

Baffe St.

Caledonian Rd.

Collier St.

Donegal St.

Northern Line

エンジェル駅
Angel

シティRd.

プレミア・イン **H**
Premier Inn

Pentonville Rd.

ジョセフ・
グリマルディ・
パーク
Joseph Grimaldi
Park

ペントンヴィルRd.

Amwell St.

Goswell Rd.

ミドルトン・Chadwell St.
スクエア・ガーデンズ
Myddelton Square Gardens

Penton Rise

King's Cross Rd.

トラベロッジ・
ロイヤル・スコット
Travelodge London
Kings Cross Royal Scot

Great Percy St.

Lloyd St.

サドラーズ・ウェルズ劇場 **E**
Sadler's Wells Theatre

Rawstorne St.

キングス・クロス/
セント・パンクラス駅
King's Cross
St Pancras

Peers St.

Swinton St.

クリンク78 **H**
Clink78

フィンズベリ
Finsbury

Rosebery Ave.

Spencer St.

トラベロッジ
Travelodge London
Kings Cross **H**

ポイント・A **H**
Point A Hotel

アリヴァ
Arriva Hotel **H**

Frederick St.

Ampton St.

Metropolitan Line

ロンドン大学シティ校 ⊗
City, University of London

St. John St.

セント・パンクラス
St Pancras

Cromer St.

Harrison St.

トラベロッジ
Travelodge London
Central Farringdon **H**

Hammersmith & City Line

Myddelton St.

イズリントン博物館 **血**
Islington Museum

ェネレーター
enerator London

Sidmouth St.

Mecklenburgh St.

クラウン・プラザ
Crowne Plaza **H**

Circle Line

Catthorpe St.

郵便博物館
The Postal Museum

スパ・フィールズ
Spa Fields

エクスマウス・マーケット
Exmouth Market

Piccadilly Line

ファウンドリング博物館
The Foundling Museum

セント・
アンドリューズ・
ガーデンズ
Saint Andrew's
Gardens

マウント・プレザント
郵便集配所
Mount Pleasant Postal Sorting Office

Bowling Green Lane

コラムズ・フィールズ
Coram's Fields

ファリンドンRd.

ティ・
day Inn **E**

カーゾン・ブルームズベリー
Curzon Bloomsbury

チャールズ・ディケンズ博物館 **血**
Charles Dickens Museum

ピアノ・ワークス **N**
The Piano Works Farringdon

クラーケンウェル
Rd.

ラッセル・スクエア駅
Russell Square

Guilford St.

Millman St.

Doughty St.

Rosebery Ave.

Farringdon Rd.

セント・ピーターズ・
イタリア・カトリック教会
St Peter's Italian
Catholic Church

スマート・ラッセル・スクエア・ホステル
Smart Russell Square Hostel

グレート・オーモンド・
ストリート病院
Great Ormond Street Hospital

クラーク＆ウェル・パブ＆ルームス **H**
The Clerk & Well Pub & Rooms

Hatton Garden

プレジデント
President Hotel **H**

インペリアル
Imperial Hotel **H**

メルキュール
Hotel Mercure **H**

Great James St.

Clerkenwell
Rd.

ホルボーン
Holborn

ファリンドン駅
Farringdon

フォード
ford Hotel **H**

ダブルツリー・バイ・ヒルトン・
ウエストエンド
DoubleTree by Hilton Hotel
London - West End **H**

Theobalds Rd.

モンタギュー・
・ザ・ガーデンズ
Montague on the Gardens

ノベルティ・
オートメーション **血**
Novelty Automation

プレミア・イン **H**
Premier Inn London
Holborn hotel

Gray's Inn Rd.

ホルボーン・モスク
Holborn Mosque

ファリンドン駅
Farringdon

D

E

F

9

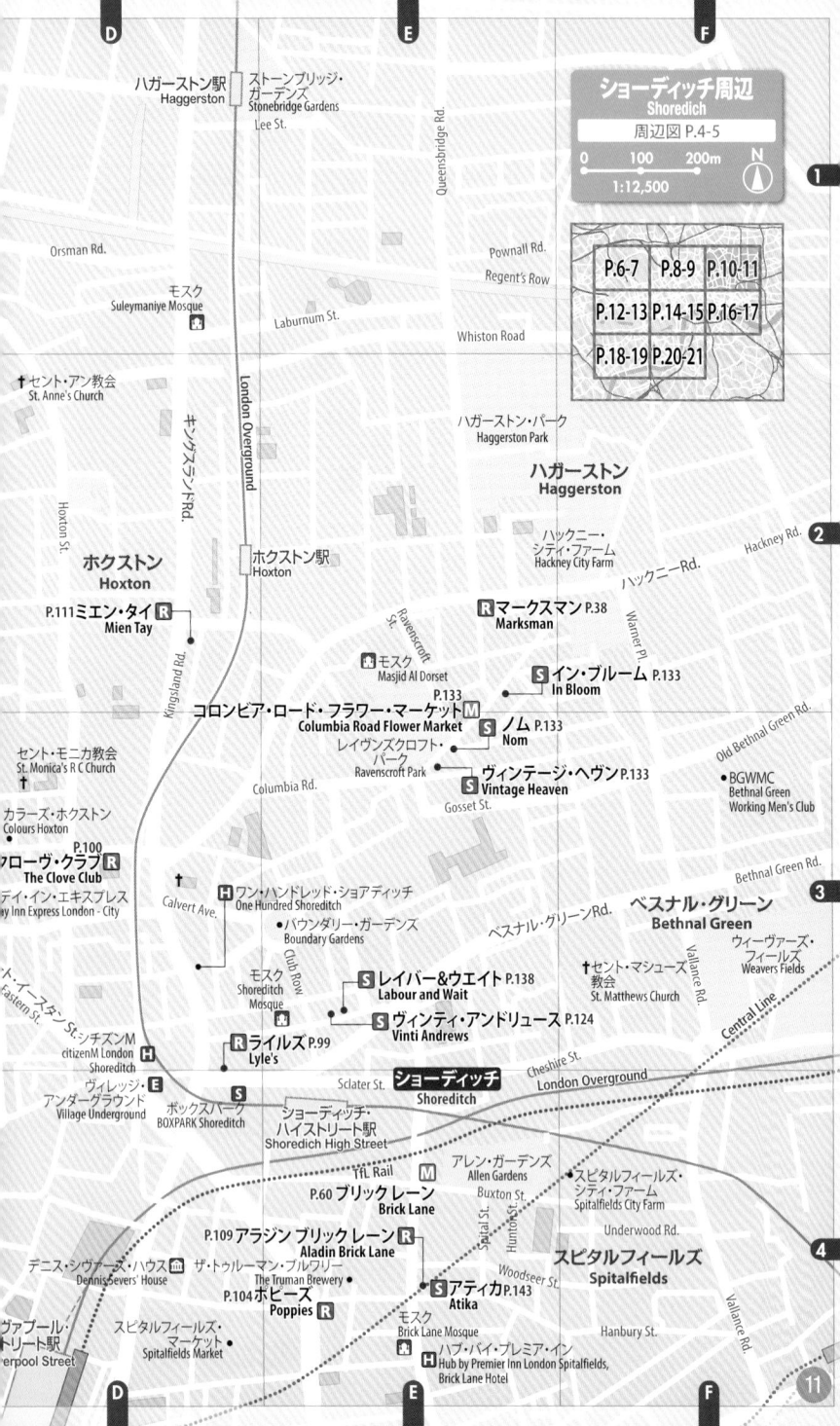

ハガーストン駅
Haggerston

ストーンブリッジ・ガーデンズ
Stonebridge Gardens

Lee St.

Orsman Rd.

Queensbridge Rd.

Pownall Rd.

Regent's Row

モスク
Suleymaniye Mosque

Laburnum St.

Whiston Road

セント・アン教会
St. Anne's Church

ハガーストン・パーク
Haggerston Park

ハガーストン
Haggerston

ハックニー・シティ・ファーム
Hackney City Farm

Hackney Rd.

ハックニーRd.

ホクストン
Hoxton

ホクストン駅
Hoxton

Warner Pl.

2

P.111 ミエン・タイ R
Mien Tay

R マークスマン P.38
Marksman

Ravenscroft St.

モスク
Masjid Al Dorset

S イン・ブルーム P.133
In Bloom

P.133

コロンビア・ロード・フラワー・マーケット M
Columbia Road Flower Market

S ノム P.133
Nom

レイヴンズクロフト・パーク
Ravenscroft Park

S ヴィンテージ・ヘヴン P.133
Vintage Heaven

Old Bethnal Green Rd.

BGWMC
Bethnal Green
Working Men's Club

セント・モニカ教会
St. Monica's R C Church

Columbia Rd.

Gosset St.

カラーズ・ホクストン
Colours Hoxton

P.100

クローヴ・クラブ R
The Clove Club

Bethnal Green Rd.

デイ・イン・エキスプレス
ay Inn Express London - City

H ワン・ハンドレッド・ショアディッチ
One Hundred Shoreditch

Calvert Ave.

バウンダリー・ガーデンズ
Boundary Gardens

ベスナル・グリーンRd.

ベスナル・グリーン
Bethnal Green

3

ウィーヴァーズ・フィールズ
Weavers Fields

ス・イースタンSt.
Fasten St.

Club Row

モスク
Shoreditch
Mosque

S レイバー&ウエイト P.138
Labour and Wait

S ヴィンティ・アンドリュース P.124
Vinti Andrews

Vallance Rd.

セント・マシューズ教会
St. Matthews Church

Central Line

シチズンM
citizenM London
Shoreditch H

R ライルズ P.99
Lyle's

ヴィレッジ・
アンダーグラウンド E
Village Underground

ボックスパーク
BOXPARK Shoreditch

ショーディッチ
Shoredich

Sclater St.

Cheshire St.

London Overground

ショーディッチ
ハイストリート駅
Shoredich High
Street

TfL Rail

M アレン・ガーデンズ
Allen Gardens

Buxton St.

スピタルフィールズ・シティ・ファーム
Spitalfields City Farm

P.60 ブリックレーン
Brick Lane

Spital St.

Hunton St.

Underwood Rd.

4

デニス・シヴァーズ・ハウス
Dennis Severs' House

P.109 アラジン ブリックレーン R
Aladin Brick Lane

ザ・トゥルーマン・ブルワリー
The Truman Brewery

Woodseer St.

スピタルフィールズ
Spitalfields

ヴァプール・
トリート駅
rpool Street

スピタルフィールズ・マーケット
Spitalfields Market

P.104 ポピーズ R
Poppies

S アティカ P.143
Atika

モスク
Brick Lane Mosque

Hanbury St.

H ハブ・バイ・プレミア・イン
Hub by Premier Inn London Spitalfields,
Brick Lane Hotel

London Overground

London Overground

キングズランドRd.

ヒアクリーン Rd.

D   E   F

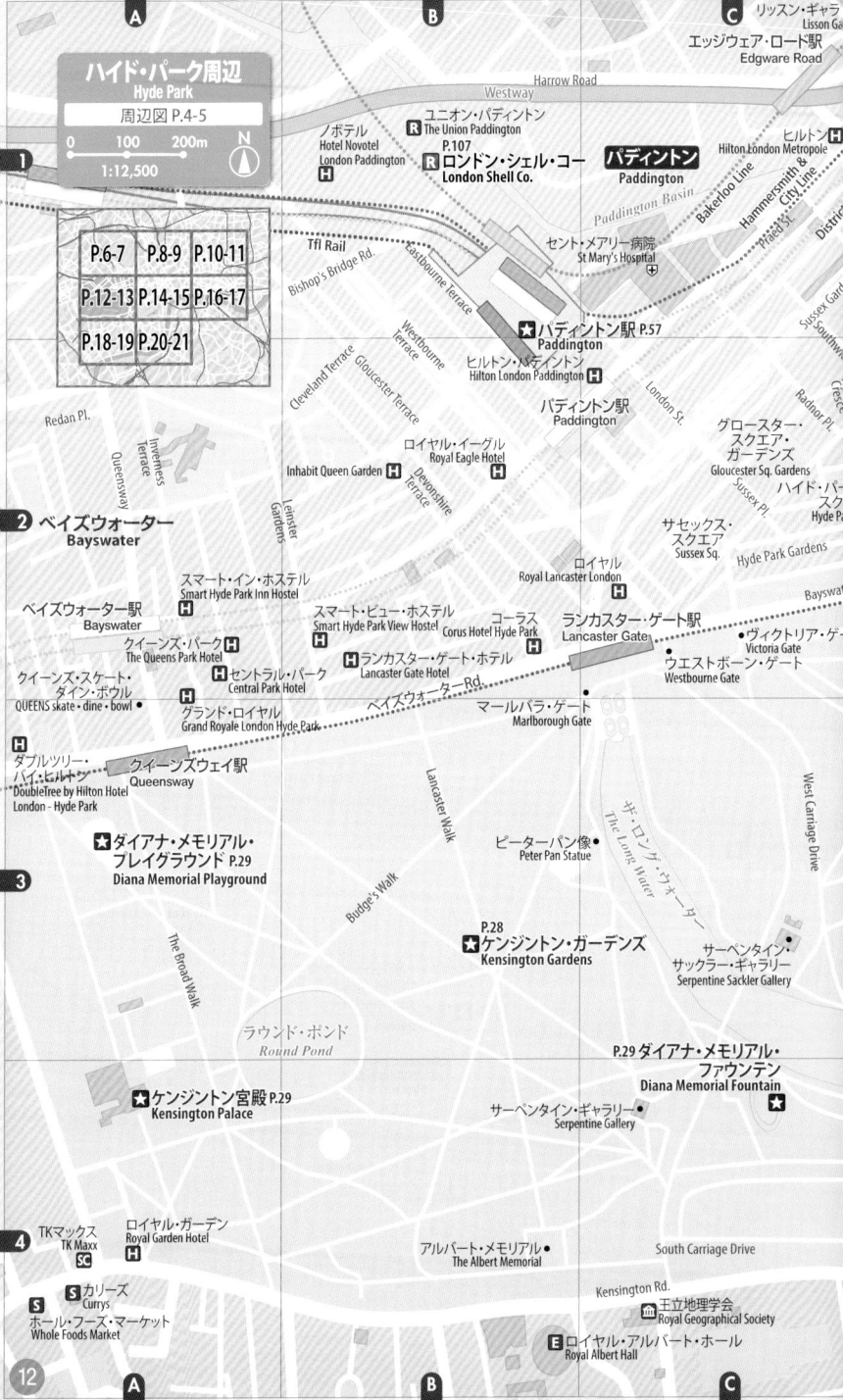

ハイド・パーク周辺
Hyde Park
周辺図 P.4-5

0 100 200m
1:12,500
N

P.6-7	P.8-9	P.10-11
P.12-13	P.14-15	P.16-17
P.18-19	P.20-21	

リッスン・ギャラ
Lisson Ga

エッジウェア・ロード駅
Edgware Road

Harrow Road
Westway

ユニオン・パディントン
The Union Paddington
P.107

ロンドン・シェル・コー
London Shell Co.

パディントン
Paddington

ヒルトン
Hilton London Metropole

ノボテル
Hotel Novotel
London Paddington

Paddington Basin

Bakerloo Line

Hammersmith &
City Line

Distric

Tfl Rail

Bishop's Bridge Rd.

Eastbourne Terrace

セント・メアリー病院
St Mary's Hospital

Praed St.

Sussex Gard

Sussex Southw

★パディントン駅 P.57
Paddington

Westbourne
Terrace

Cleveland Terrace

Gloucester Terrace

ヒルトン・パディントン
Hilton London Paddington

London St.

Radnor Pl.

Cresc.

パディントン駅
Paddington

グロースター・
スクエア・
ガーデンズ
Gloucester Sq. Gardens

Redan Pl.

Inverness
Terrace

Queensway

Leinster
Gardens

Devonshire
Terrace

ロイヤル・イーグル
Royal Eagle Hotel

Inhabit Queen Garden

サセックス・
スクエア
Sussex Sq.

Sussex Pl.

ハイド・パー
スク
Hyde

★ベイズウォーター
Bayswater

ロイヤル
Royal Lancaster London

Hyde Park Gardens

スマート・イン・ホステル
Smart Hyde Park Inn Hostel

Bayswat

ベイズウォーター駅
Bayswater

クイーンズ・パーク
The Queens Park Hotel

スマート・ビュー・ホステル
Smart Hyde Park View Hostel

コーラス
Corus Hotel Hyde Park

ランカスター・ゲート駅
Lancaster Gate

ヴィクトリア・ゲー
Victoria Gate

クイーンズ・スケート・
ダイン・ボウル
QUEENS skate・dine・bowl ●

セントラル・パーク
Central Park Hotel

ランカスター・ゲート・ホテル
Lancaster Gate Hotel

ベイズウォーター Rd.
Bayswater Rd.

ウエストボーン・ゲート
Westbourne Gate

グランド・ロイヤル
Grand Royale London Hyde Park

マールバラ・ゲート
Marlborough Gate

ダブルツリー・
バイ・ヒルトン
DoubleTree by Hilton Hotel
London - Hyde Park

クイーンズウェイ駅
Queensway

Lancaster Walk

West Carriage Drive

★ダイアナ・メモリアル・
プレイグラウンド P.29
Diana Memorial Playground

Budge's Walk

ピーター・パン像
Peter Pan Statue

The Long Water

The Broad Walk

P.28
★ケンジントン・ガーデンズ
Kensington Gardens

サーペンタイン・
サックラー・ギャラリー
Serpentine Sackler Gallery

ラウンド・ポンド
Round Pond

P.29 ダイアナ・メモリアル・
ファウンテン
Diana Memorial Fountain

★ケンジントン宮殿 P.29
Kensington Palace

サーペンタイン・ギャラリー ●
Serpentine Gallery

★

TKマックス
TK Maxx

ロイヤル・ガーデン
Royal Garden Hotel

アルバート・メモリアル ●
The Albert Memorial

South Carriage Drive

カリーズ
Currys

ホール・フーズ・マーケット
Whole Foods Market

Kensington Rd.

王立地理学会
Royal Geographical Society

ロイヤル・アルバート・ホール
Royal Albert Hall

A B C

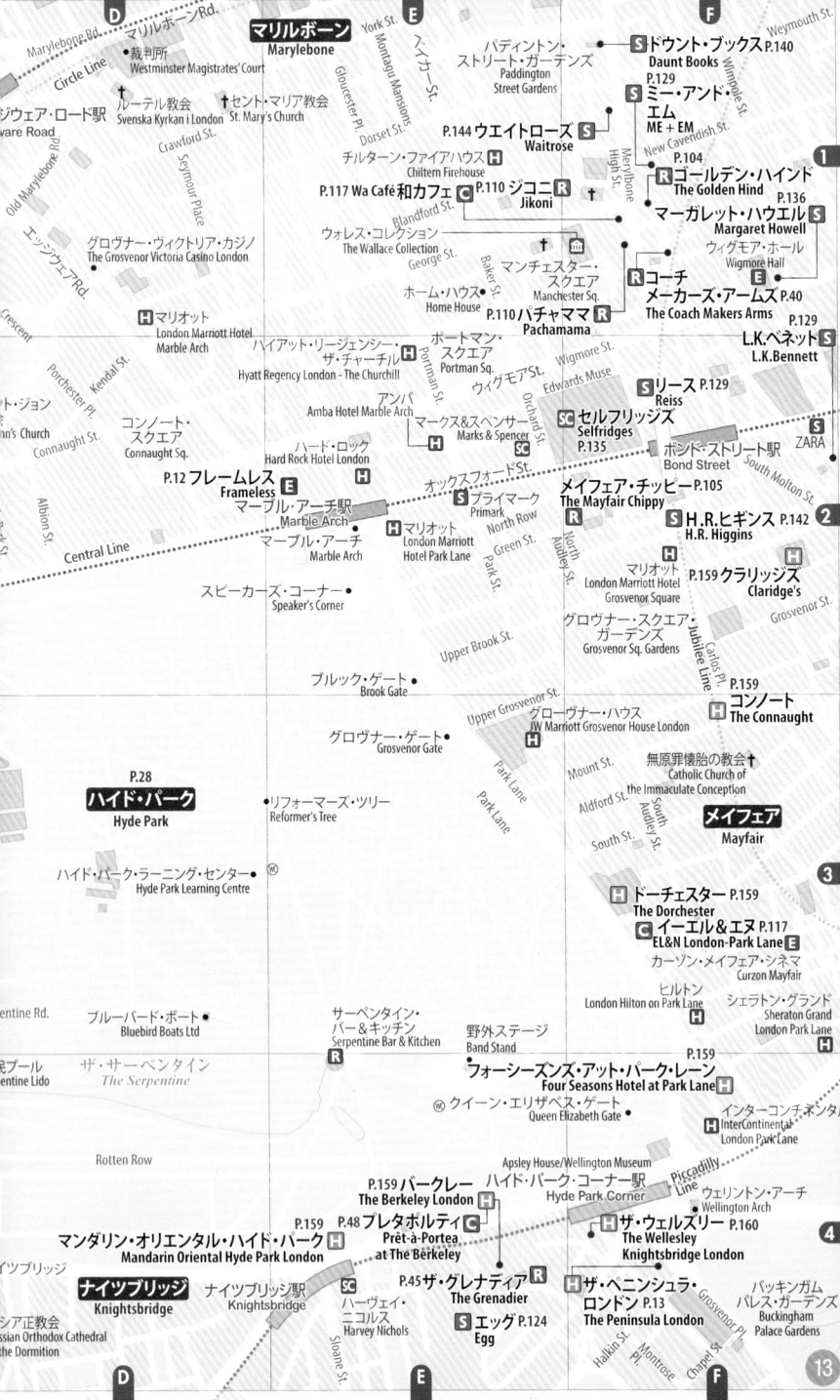

マリルボーンRd. Marylebone Rd.

Circle Line

D

裁判所
Westminster Magistrates' Court

ルーテル教会
Svenska Kyrkan i London

セント・マリア教会
St. Mary's Church

ジウェア・ロード駅
ware Road

York St.

Montagu Mansions

Gloucester Pl.

バイカー・St.

Crawford St.

Dorset St.

チルターン・ファイアハウス
Chiltern Firehouse

P.117 Wa Café 和カフェ **C**

ウォレス・コレクション
The Wallace Collection

George St.

Blandford St.

Baker St.

ホーム・ハウス
Home House

マリルボーン
Marylebone

パディントン・
ストリート・ガーデンズ
Paddington
Street Gardens

P.144 ウエイトローズ **S**
Waitrose

P.110 ジコニ **R**
Jikoni

†

マンチェスター・
スクエア
Manchester Sq.

P.110 パチャママ **R**
Pachamama

Weymouth St.

S ドウント・ブックス P.140
Daunt Books

P.129

ミー・アンド・
エム
ME + EM
P.104

R ゴールデン・ハインド
The Golden Hind P.136

マーガレット・ハウエル **S**
Margaret Howell

ウィグモア・ホール
Wigmore Hall

R コーチ
メーカーズ・アームズ P.40
The Coach Makers Arms P.129

L.K.ベネット **S**
L.K.Bennett

Wimpole St.

New Cavendish St.

Marylebone High St.

グロヴナー・ヴィクトリア・カジノ
The Grosvenor Victoria Casino London

H マリオット
London Marriott Hotel
Marble Arch

ポーチェスター Pl.

コンノート・
スクエア
Connaught Sq.

Connaught Street

E

ハイアット・リージェンシー・
ザ・チャーチル
Hyatt Regency London - The Churchill

アンバ
Amba Hotel Marble Arch

マーブル・アーチ駅
Marble Arch

マーブル・アーチ
Marble Arch

ボートマン・
スクエア
Portman Sq.

Portman St.

マークス&スペンサー
Marks & Spencer **H**

オックスフォード・St.

Orchard St.

プライマーク
Primark

North Row

North Audley St.

Park Lane

1

2

Wigmore St.

Edwards Muse

S リース P.129
Reiss

SC セルフリッジズ
Selfridges
P.135

ボンド・ストリート駅
Bond Street

ZARA

South Molton St.

メイフェア・チッピー P.105
The Mayfair Chippy

S H.R.ヒギンズ P.142
H.R. Higgins

マリオット
London Marriott Hotel
Grosvenor Square

P.159 クラリッジズ
Claridge's

Brook St.

Grosvenor St.

ハード・ロック
Hard Rock Hotel London

P.12 フレームレス **E**
Frameless

Crescent

Porchester Pl.

Kendal St.

ト・ジョン
n's Church

Albion St.

Central Line

Seymour Place

Old Marylebone Road

エッジウェア Rd.

スピーカーズ・コーナー
Speaker's Corner

Upper Brook St.

ブルック・ゲート
Brook Gate

Green St.

North Audley St.

グロヴナー・スクエア・
ガーデンズ
Grosvenor Sq. Gardens

Carlos Pl.

Jubilee Line

コンノート
The Connaught
P.159 **H**

Grosvenor St.

3

P.28
ハイド・パーク
Hyde Park

リフォーマーズ・ツリー
Reformer's Tree

ハイド・パーク・ラーニング・センター
Hyde Park Learning Centre

Upper Grosvenor St.

グロヴナー・ゲート
Grosvenor Gate

グロヴナー・ハウス
JW Marriott Grosvenor House London **H**

Park Lane

Mount St.

Aldford St.

South Audley St.

無原罪懐胎の教会 †
Catholic Church of
the Immaculate Conception

メイフェア
Mayfair

H ドーチェスター P.159
The Dorchester

C イーエル&エヌ P.117
EL&N London-Park Lane **E**

カーゾン・メイフェア・シネマ
Curzon Mayfair

ヒルトン
London Hilton on Park Lane

シェラトン・グランド
Sheraton Grand
London Park Lane

4

entine Rd.

ブルーバード・ボート
Bluebird Boats Ltd

ザ・サーペンタイン
The Serpentine

モプール
entine Lido

サーペンタイン・
バー&キッチン
Serpentine Bar & Kitchen **R**

野外ステージ
Band Stand

クイーン・エリザベス・ゲート
Queen Elizabeth Gate

Park Lane

P.159
フォーシーズンズ・アット・パーク・レーン
Four Seasons Hotel at Park Lane **H**

P.159
インターコンチネンタル
InterContinental
London Park Lane **H**

Rotten Row

Apsley House/Wellington Museum

ハイド・パーク・コーナー駅
Hyde Park Corner

Piccadilly Line

ウェリントン・アーチ
Wellington Arch

P.159 バークレー
The Berkeley London **H**

P.48 プレタポルティ **C**
Prêt-à-Portea
at The Berkeley

マンダリン・オリエンタル・ハイド・パーク P.159
Mandarin Oriental Hyde Park London

ナイツブリッジ
Knightsbridge

ナイツブリッジ駅
Knightsbridge

ハーヴェイ・
ニコルズ
Harvey Nichols **SC**

P.45 ザ・グレナディア **R**
The Grenadier

S エッグ P.124
Egg

ザ・ウェルズリー P.160
The Wellesley
Knightsbridge London **H**

ザ・ペニンシュラ・
ロンドン P.13
The Peninsula London **H**

バッキンガム
パレス・ガーデンズ
Buckingham
Palace Gardens

シア正教会
ssian Orthodox Cathedral
the Dormition

ツブリッジ

Sloane St.

Halkin St.

Montrose Pl.

Grosvenor Pl.

Chapel St.

Chapel St.

D

E

F

13

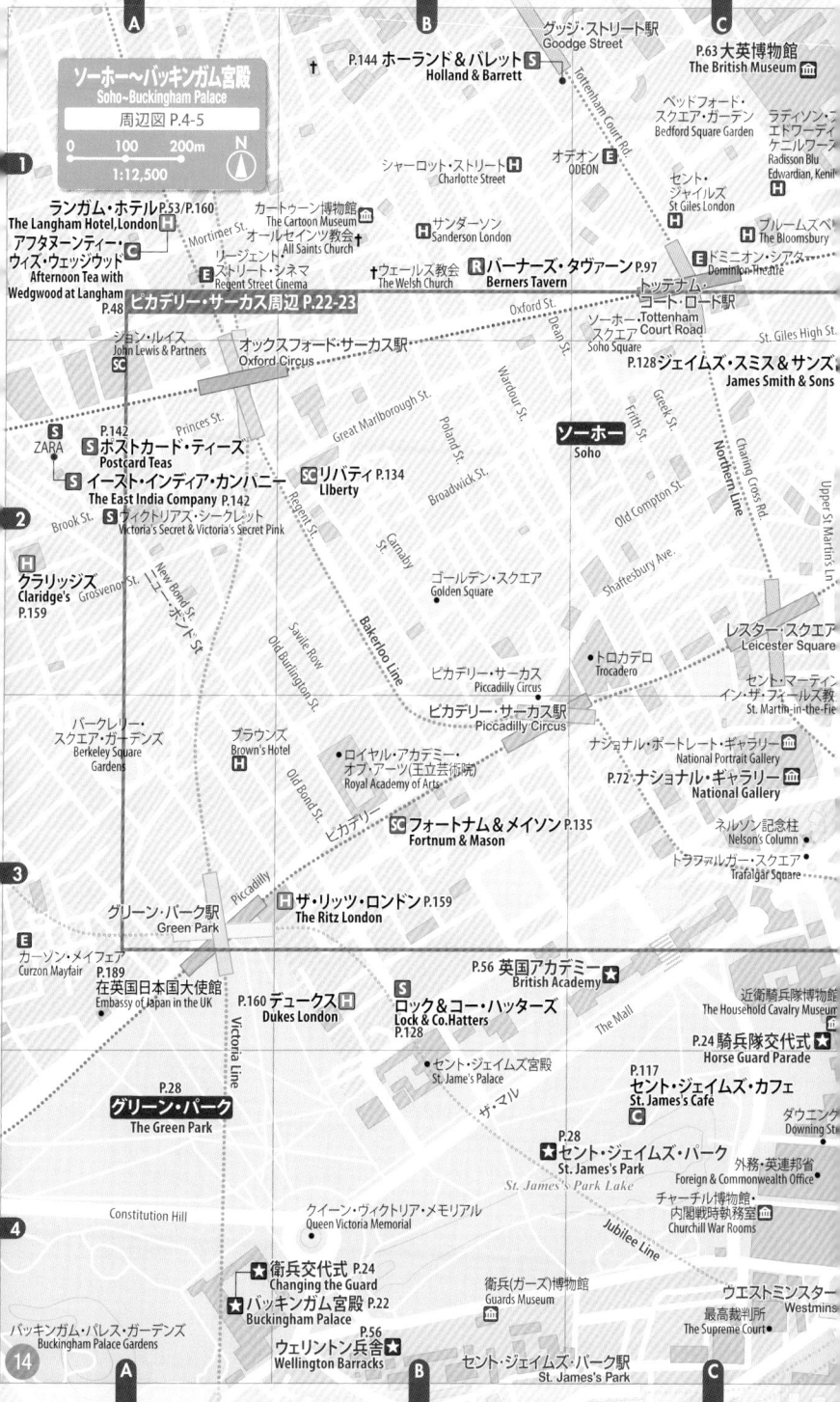

† P.144 ホーランド＆バレット
Holland & Barrett S

グッジ・ストリート駅
Goodge Street

P.63 大英博物館
The British Museum 🏛

ベッドフォード・
スクエア・ガーデン
Bedford Square Garden

ラディソン・
エドワーディアン・
ケニルワーフ
Radisson Blu
Edwardian, Kenil

シャーロット・ストリート
Charlotte Street H

オデオン
ODEON

セント・
ジャイルズ・ロンドン
St Giles London
H

ブルームズベリ
The Bloomsbury
H

ランガム・ホテル P.53/P.160
The Langham Hotel,London H

アフタヌーン・ティー・
ウィズ・ウェッジウッド
Afternoon Tea with
Wedgwood at Langham
P.48

カートゥーン博物館
The Cartoon Museum 🏛

オール・セインツ教会
All Saints Church †

サンダーソン・ロンドン
Sanderson London H

ドミニオン・シアター
Dominion Theatre
E

リージェント・
ストリート・シネマ
Regent Street Cinema E

ウェールズ教会
The Welsh Church †

バーナーズ・タヴァーン P.97
Berners Tavern R

トッテナム・
コート・ロード駅
Tottenham
Court Road

ピカデリー・サーカス周辺 P.22-23

ソーホー・
スクエア
Soho Square

St. Giles High St.

ジョン・ルイス
John Lewis & Partners
SC

オックスフォード・サーカス駅
Oxford Circus

P.128 ジェイムズ・スミス＆サンズ
James Smith & Sons

P.142
ポストカード・ティーズ S
Postcard Teas

リバティ P.134
Liberty SC

ソーホー
Soho

ZARA S

イースト・インディア・カンパニー P.142
The East India Company P.142 S

ヴィクトリアス・シークレット S
Victoria's Secret & Victoria's Secret Pink

2

クラリッジス
Claridge's
P.159
H

ゴールデン・スクエア
Golden Square

レスター・スクエア
Leicester Square

トロカデロ
Trocadero

セント・マーティン・
イン・ザ・フィールズ教
St. Martin-in-the-Fie

バークレリー・
スクエア・ガーデンズ
Berkeley Square
Gardens

ブラウンズ・ホテル
Brown's Hotel
H

ピカデリー・サーカス
Piccadilly Circus

ピカデリー・サーカス駅
Piccadilly Circus

ナショナル・ポートレート・ギャラリー 🏛
National Portrait Gallery

ロイヤル・アカデミー・
オブ・アーツ（王立芸術院）
Royal Academy of Arts

P.72 ナショナル・ギャラリー 🏛
National Gallery

3

ピカデリー
Piccadilly

フォートナム＆メイソン P.135
Fortnum & Mason SC

ネルソン記念柱
Nelson's Column

トラファルガー・スクエア
Trafalgar Square

グリーン・パーク駅
Green Park

ザ・リッツ・ロンドン P.159
The Ritz London H

カーソン・メイフェア
Curzon Mayfair E

在英国日本国大使館
Embassy of Japan in the UK
P.189

P.160 デュークス H
Dukes London

ロック＆コー・ハッターズ
Lock & Co.Hatters
P.128
S

P.56 英国アカデミー ★
British Academy

近衛騎兵隊博物館
The Household Cavalry Museum

The Mall

P.24 騎兵隊交代式 ★
Horse Guard Parade

グリーン・パーク
The Green Park
P.28

セント・ジェイムズ宮殿
St. James's Palace

ザ・マル

P.117
セント・ジェイムズ・カフェ
St. James's Cafe
C

ダウニング・
ストリート
Downing St

外務・英連邦省
Foreign & Commonwealth Office

4

Constitution Hill

クイーン・ヴィクトリア・メモリアル
Queen Victoria Memorial

セント・ジェイムズ・パーク ★
St. James's Park
P.28

St. James's Park Lake

Jubilee Line

チャーチル博物館・
内閣戦時執務室 🏛
Churchill War Rooms

バッキンガム・パレス・ガーデンズ
Buckingham Palace Gardens

衛兵交代式 P.24 ★
Changing the Guard

バッキンガム宮殿 P.22 ★
Buckingham Palace

P.56
ウェリントン兵舎 ★
Wellington Barracks

衛兵（ガーズ）博物館
Guards Museum 🏛

最高裁判所
The Supreme Court ●

ウエストミンスター
Westmins

セント・ジェイムズ・パーク駅
St. James's Park

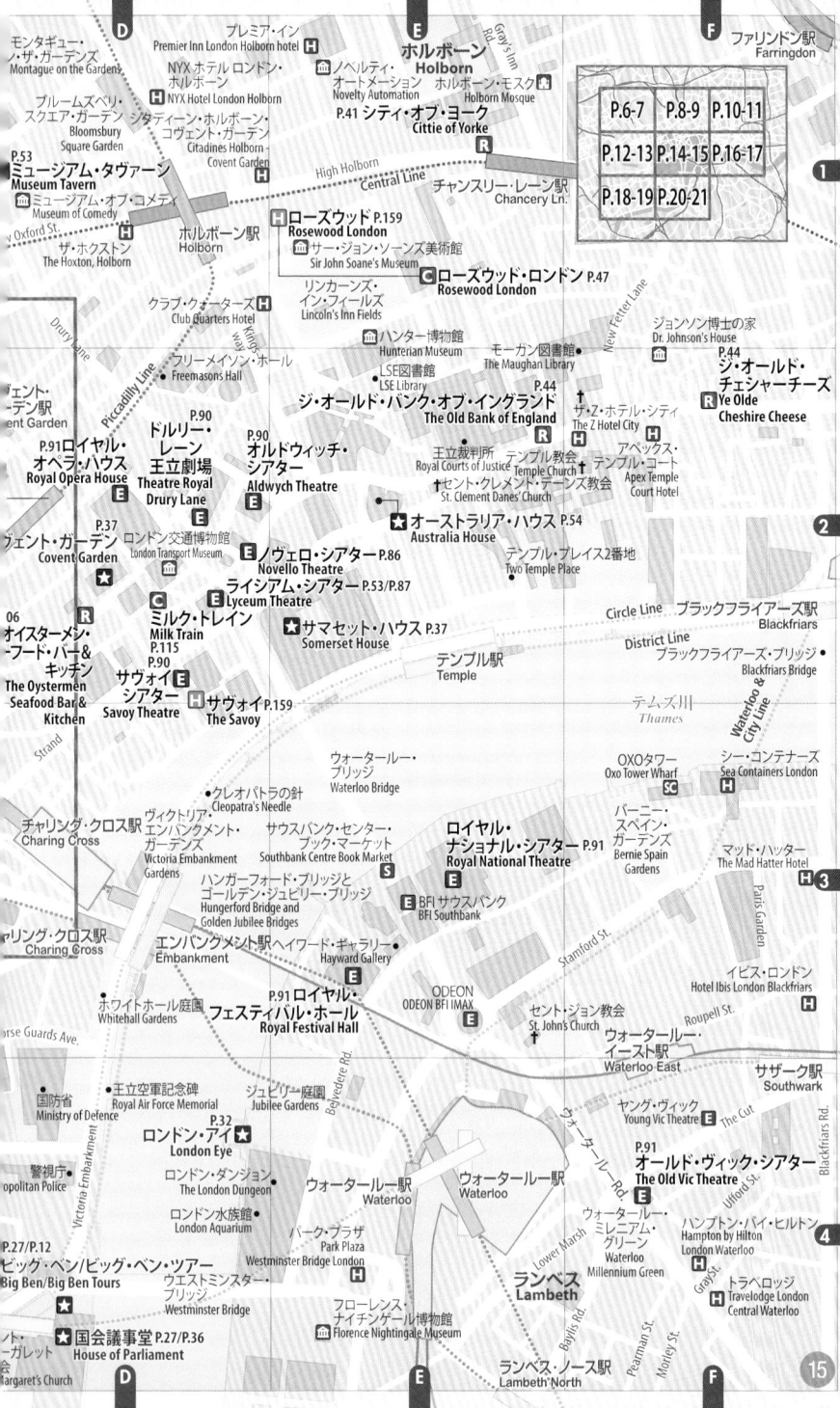

D

モンタギュー・
オン・ザ・ガーデンズ
Montague on the Gardens

ブルームズベリー・
スクエア・ガーデン
Bloomsbury
Square Garden

プレミア・イン
Premier Inn London Holborn hotel

NYX ホテル ロンドン・
ホルボーン
NYX Hotel London Holborn

シタディーン・ホルボーン・
コヴェント・ガーデン
Citadines Holborn -
Covent Garden

ノヴェルティ・
オートメーション
Novelty Automation

E

ホルボーン
Holborn

ホルボーン・モスク
Holborn Mosque

F

ファリンドン駅
Farringdon

P.41 シティ・オブ・ヨーク
Cittie of Yorke

1

P.6-7 | P.8-9 | P.10-11

P.12-13 | P.14-15 | P.16-17

P.18-19 | P.20-21

P.53
ミュージアム・タヴァーン
Museum Tavern

ミュージアム・オブ・コメディ
Museum of Comedy

ザ・ホクストン
The Hoxton, Holborn

ホルボーン駅
Holborn

クラブ・クォーターズ
Club Quarters Hotel

フリーメイソン・ホール
Freemasons Hall

ヴェント・
デン駅
nt Garden

P.91 ロイヤル・
オペラ・ハウス
Royal Opera House

P.37
ヴェント・ガーデン
Covent Garden

ドルリー・
レーン
王立劇場
Theatre Royal
Drury Lane

P.90

P.90
オルドウィッチ・
シアター
Aldwych Theatre

ローズウッド P.159
Rosewood London

サー・ジョン・ソーンズ美術館
Sir John Soane's Museum

リンカーンズ・
イン・フィールズ
Lincoln's Inn Fields

ハンター博物館
Hunterian Museum

LSE図書館
LSE Library

ジ・オールド・バンク・オブ・イングランド
The Old Bank of England

王立裁判所
Royal Courts of Justice

テンプル教会
Temple Church

セント・クレメント・デーンズ教会
St. Clement Danes' Church

ローズウッド・ロンドン P.47
Rosewood London

モーガン図書館
The Maughan Library

ジョンソン博士の家
Dr. Johnson's House

P.44
ジ・オールド・
チェシャーチーズ
Ye Olde
Cheshire Cheese

ザ・Z・ホテル・シティ
The Z Hotel City

アペックス・
テンプル・コート
Apex Temple
Court Hotel

P.44

オーストラリア・ハウス P.54
Australia House

ロンドン交通博物館
London Transport Museum

ノヴェロ・シアター P.86
Novello Theatre

ライシアム・シアター P.53/P.87
Lyceum Theatre

ミルク・トレイン
Milk Train

サマセット・ハウス P.37
Somerset House

テンプル・プレイス2番地
Two Temple Place

06
オイスターメン・
フード・バー＆
キッチン
The Oystermen
Seafood Bar &
Kitchen

P.90
サヴォイ
シアター
Savoy Theatre

サヴォイ P.159
The Savoy

2

サークル・ライン
Circle Line

ブラックフライアーズ駅
Blackfriars

ディストリクト・ライン
District Line

ブラックフライアーズ・ブリッジ
Blackfriars Bridge

ウォータールー・シティ・ライン
Waterloo &
City Line

テムズ川
Thames

テンプル駅
Temple

ウォータールー・
ブリッジ
Waterloo Bridge

OXOタワー
Oxo Tower Wharf

シー・コンテナーズ
Sea Containers London

クレオパトラの針
Cleopatra's Needle

ヴィクトリア・
エンバンクメント・
ガーデンズ
Victoria Embankment
Gardens

チャリング・クロス駅
Charing Cross

サウスバンク・センター・
ブック・マーケット
Southbank Centre Book Market

ハンガーフォード・ブリッジと
ゴールデン・ジュビリー・ブリッジ
Hungerford Bridge and
Golden Jubilee Bridges

ロイヤル・
ナショナル・シアター P.91
Royal National Theatre

バーニー・
スペイン・
ガーデンズ
Bernie Spain
Gardens

マッド・ハッター
The Mad Hatter Hotel

3

チャリング・クロス駅
Charing Cross

エンバンクメント駅
Embankment

ヘイワード・ギャラリー
Hayward Gallery

ホワイトホール庭園
Whitehall Gardens

BFI サウスバンク
BFI Southbank

ODEON
ODEON BFI IMAX

P.91 ロイヤル・
フェスティバル・ホール
Royal Festival Hall

セント・ジョン教会
St. John's Church

ウォータールー・
イースト駅
Waterloo East

イビス・ロンドン
Hotel Ibis London Blackfriars

ルーペル・ストリート
Roupell St.

サザーク駅
Southwark

ヤング・ヴィック
Young Vic Theatre

P.91
オールド・ヴィック・シアター
The Old Vic Theatre

4

国防省
Ministry of Defence

王立空軍記念碑
Royal Air Force Memorial

ジュビリー庭園
Jubilee Gardens

P.32
ロンドン・アイ
London Eye

ロンドン・ダンジョン
The London Dungeon

ロンドン水族館
London Aquarium

ウォータールー駅
Waterloo

ウォータールー駅
Waterloo

ウォータールー・
ミレニアム・
グリーン
Waterloo
Millennium Green

ハンプトン・バイ・ヒルトン
Hampton by Hilton
London Waterloo

警視庁
opolitan Police

P.27/P.12
ビッグ・ベン/ビッグ・ベン・ツアー
Big Ben/Big Ben Tours

ウエストミンスター・
ブリッジ
Westminster Bridge

パーク・プラザ
Park Plaza
Westminster Bridge London

フローレンス・
ナイチンゲール博物館
Florence Nightingale Museum

ランベス
Lambeth

トラベロッジ
Travelodge London
Central Waterloo

ト・
マーガレット
argaret's Church

国会議事堂 P.27/P.36
House of Parliament

D

E

ランベス・ノース駅
Lambeth North

F

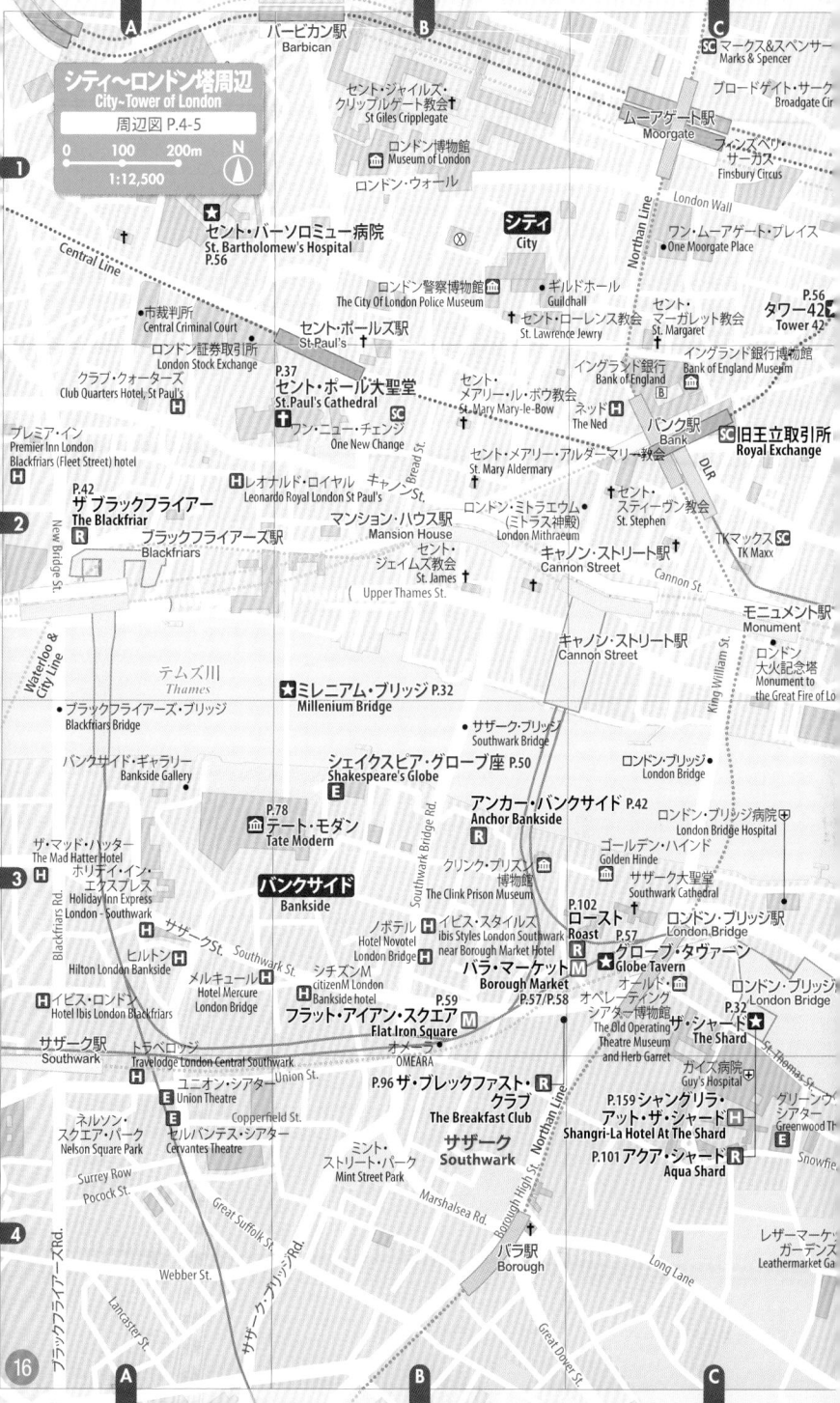

A　バービカン駅　B　SC マークス&スペンサー　C
　　Barbican　　　　　Marks & Spencer

セント・ジャイルズ・　　ブロードゲイト・サーク
クリップルゲイト教会　　Broadgate Cir
St Giles Cripplegate

ロンドン博物館　ムーアゲート駅　フィンズベリー
Museum of London　Moorgate　サーカス
ロンドン・ウォール　　　　　　　　Finsbury Circus
London Wall

シティ　　　ワン・ムーアゲート・プレイス
City　　　One Moorgate Place

セント・バーソロミュー病院　　セント・　タワー42 P.56
St. Bartholomew's Hospital　　マーガレット教会　Tower 42
P.56

† 市裁判所　ロンドン警察博物館　ギルドホール
Central Criminal Court　The City Of London Police Museum　Guildhall
† セント・ローレンス教会　イングランド銀行博物館
St. Lawrence Jewry　Bank of England Museum
セント・ポールズ駅　　　　　St. Margaret
St-Paul's

ロンドン証券取引所　イングランド銀行
London Stock Exchange　Bank of England
クラブ・クォーターズ　セント・ポール大聖堂 P.37
Club Quarters Hotel, St Paul's　St.Paul's Cathedral
セント・　バンク駅
メアリー・ル・ボウ教会　Bank
St. Mary Mary-le-Bow
プレミア・イン　ワン・ニュー・チェンジ　ネッド　SC 旧王立取引所
Premier Inn London　One New Change　The Ned　Royal Exchange
Blackfriars (Fleet Street) hotel
セント・メアリー・アルダーマリー教会
St. Mary Aldermary
ザ・ブラックフライアー P.42　レオナルド・ロイヤル　キャノン St.　セント・
The Blackfriar　Leonardo Royal London St Paul's　スティーヴン教会
ブラックフライアーズ駅　　　　　　St. Stephen
Blackfriars
マンション・ハウス駅　ロンドン・ミトラエウム　TKマックス SC
Mansion House　(ミトラ神殿)　TK Maxx
セント・　London Mithraeum
ジェイムズ教会　キャノン・ストリート駅
St. James　Cannon Street
(Upper Thames St.　Cannon St.

モニュメント駅
Monument

テムズ川　　　　　　　　　　　　ロンドン
Thames　　キャノン・ストリート駅　大火記念塔
Cannon Street　Monument to
the Great Fire of Lo

★ミレニアム・ブリッジ P.32
Millenium Bridge

ブラックフライアーズ・ブリッジ　サザーク・ブリッジ　ロンドン・ブリッジ
Blackfriars Bridge　Southwark Bridge　London Bridge

バンクサイド・ギャラリー　シェイクスピア・グローブ座 P.50
Bankside Gallery　Shakespeare's Globe

ザ・マッド・ハッター　　テート・モダン P.78　アンカー・バンクサイド P.42
The Mad Hatter Hotel　Tate Modern　Anchor Bankside

ホリデイ・イン・　　　　　　　ロンドン・ブリッジ病院
エクスプレス　クリンク・プリズン　London Bridge Hospital
Holiday Inn Express　博物館　ゴールデン・ハインド
London - Southwark　The Clink Prison Museum　Golden Hinde
ヒルトン　バンクサイド　サザーク大聖堂
Hilton London Bankside　Bankside　Southwark Cathedral
イビス・ロンドン　ノボテル　ロースト P.102　ロンドン・ブリッジ駅
Hotel Ibis London Blackfriars　Hotel Novotel　Roast　London Bridge
London Bridge
イビス・スタイルズ・
サザーク駅　メルキュール　ロンドン・サウスワーク　グローブ・タヴァーン P.57
Southwark　Hotel Mercure　ibis Styles London Southwark　Globe Tavern
London Bridge　near Borough Market Hotel
トラベロッジ　シチズンM　バラ・マーケット　オールド・　ロンドン・ブリッジ
Travelodge London Central Southwark　CitizenM London　Borough Market　オペレーティング　London Bridge
ユニオン・シアター　London Bridge　P.57/P.58　シアター博物館
Union Theatre　フラット・アイアン・スクエア P.59　The Old Operating　ザ・シャード P.32
Union St.　Flat Iron Square　Theatre Museum　The Shard
ネルソン・　オメーラ　and Herb Garret
スクエア・パーク　セルバンテス・シアター　OMEARA　ガイズ病院
Nelson Square Park　Cervantes Theatre　Guy's Hospital
Copperfield St.　P.96 ザ・ブレックファスト・　グリーン
クラブ　P.159 シャングリラ・　ウッド
Surrey Row　The Breakfast Club　アット・ザ・シャード　シアター
ミント・　サザーク　Shangri-La Hotel At The Shard　Greenwood Th
Pocock St.　ストリート・パーク　Southwark
Mint Street Park　P.101 アクア・シャード
Marshalsea Rd.　Aqua Shard　Snowfie

レザーマーケット・
ガーデンズ
Leathermarket Ga

バラ駅
Borough

Webber St.　Long Lane

Great Dover St.

A　B　C

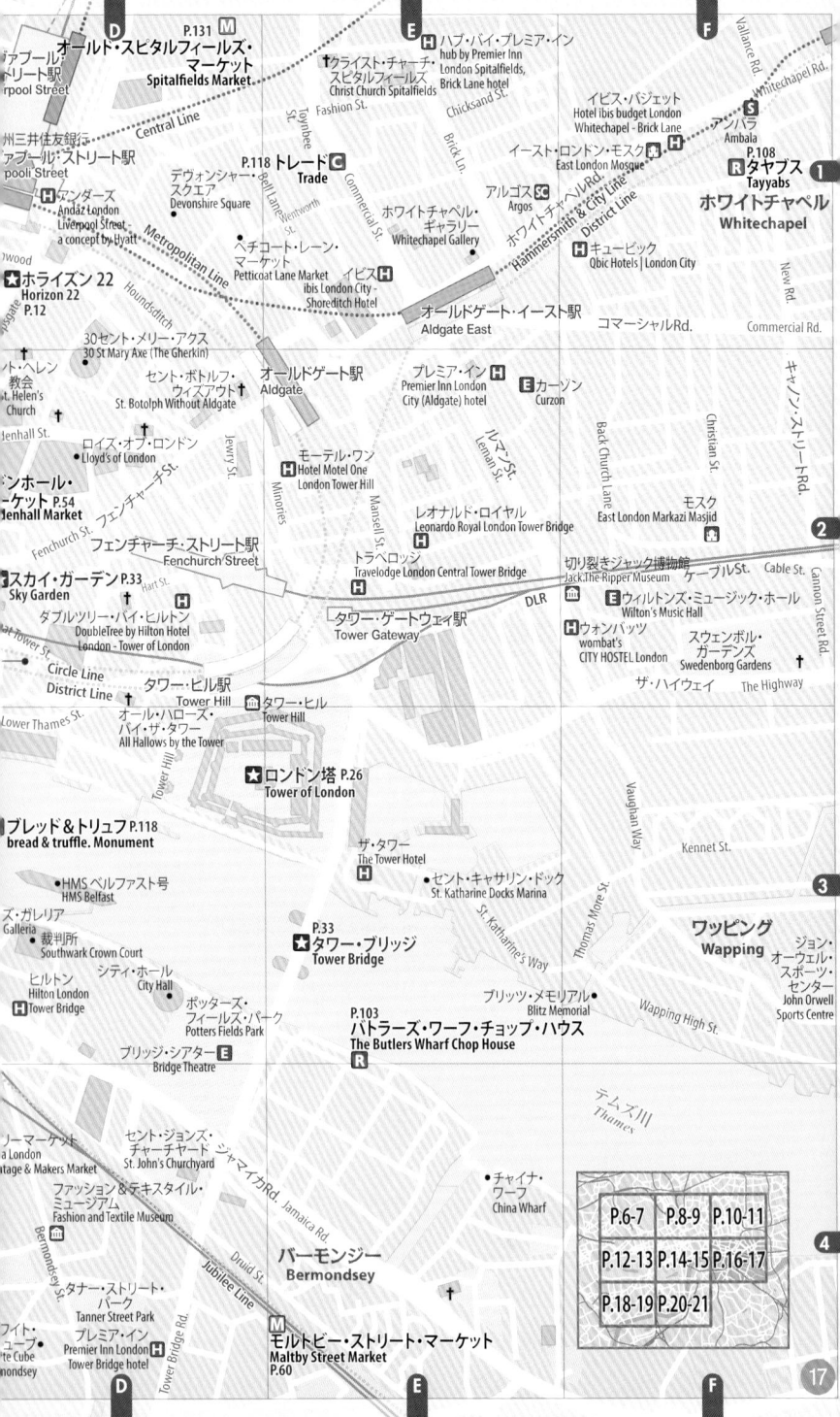

オールド・スピタルフィールズ・マーケット
Spitalfields Market P.131

クライスト・チャーチ・スピタルフィールズ
Christ Church Spitalfields

ハブ・バイ・プレミア・イン
hub by Premier Inn
London Spitalfields,
Brick Lane hotel

イビス・バジェット
Hotel ibis budget London
Whitechapel - Brick Lane

イースト・ロンドン・モスク
East London Mosque

アンバラ
Ambala

タヤブス P.108
Tayyabs

ホワイトチャペル
Whitechapel

アンダーズ・ロンドン・
リバプール・ストリート
Andaz London
Liverpool Street
- a concept by Hyatt

トレード P.118
Trade

デヴォンシャー・
スクエア
Devonshire Square

ホワイトチャペル・
ギャラリー
Whitechapel Gallery

アルゴス
Argos

キュービック
Qbic Hotels | London City

ホライズン 22
Horizon 22 P.12

ペチコート・レーン・
マーケット
Petticoat Lane Market

イビス
ibis London City -
Shoreditch Hotel

オールドゲート・イースト駅
Aldgate East

30 セント・メリー・アクス
30 St Mary Axe (The Gherkin)

セント・ボトルフ・
ウィズアウト
St. Botolph Without Aldgate

オールドゲート駅
Aldgate

プレミア・イン
Premier Inn London
City (Aldgate) hotel

カーゾン
Curzon

セント・ヘレン
教会
St. Helen's
Church

ロイズ・オブ・ロンドン
Lloyd's of London

ジュエリー・St.
Jewry St.

モーテル・ワン
Hotel Motel One
London Tower Hill

リーマン・St.
Leman St.

モスク
East London Markazi Masjid

レナード・ロイヤル
Leonardo Royal London Tower Bridge

レドンホール・
マーケット P.54
Leadenhall Market

フェンチャーチ・ストリート駅
Fenchurch Street

トラベロッジ
Travelodge London Central Tower Bridge

切り裂きジャック博物館
Jack The Ripper Museum

ウィルトンズ・ミュージック・ホール
Wilton's Music Hall

スカイ・ガーデン P.33
Sky Garden

ダブルツリー・バイ・ヒルトン
DoubleTree by Hilton Hotel
London - Tower of London

タワー・ゲートウェイ駅
Tower Gateway

ウォンバッツ
wombat's
CITY HOSTEL London

スウェンボル・
ガーデンズ
Swedenborg Gardens

Circle Line
District Line

タワー・ヒル駅
Tower Hill

タワー・ヒル
Tower Hill

ザ・ハイウェイ
The Highway

オール・ハローズ・
バイ・ザ・タワー
All Hallows by the Tower

ロンドン塔 P.26
Tower of London

ブレッド＆トリュフ P.118
bread & truffle. Monument

ザ・タワー
The Tower Hotel

HMS ベルファスト号
HMS Belfast

ズ・ガレリア
Galleria

セント・キャサリン・ドック
St. Katharine Docks Marina

ワッピング
Wapping

ジョン・
オーウェル・
スポーツ・
センター
John Orwell
Sports Centre

裁判所
Southwark Crown Court

タワー・ブリッジ P.33
Tower Bridge

ヒルトン・
ロンドン
Hilton London
Tower Bridge

シティ・ホール
City Hall

ポッターズ・
フィールズ・パーク
Potters Fields Park

ブリッツ・メモリアル
Blitz Memorial

バトラーズ・ワーフ・チョップ・ハウス P.103
The Butlers Wharf Chop House

ブリッジ・シアター
Bridge Theatre

ローマーケット
a London
Vintage & Makers Market

セント・ジョンズ・
チャーチヤード
St. John's Churchyard

チャイナ・
ワーフ
China Wharf

ファッション＆テキスタイル・
ミュージアム
Fashion and Textile Museum

バーモンジー
Bermondsey

タナー・ストリート・
パーク
Tanner Street Park

プレミア・イン
Premier Inn London
Tower Bridge hotel

モルトビー・ストリート・マーケット
Maltby Street Market
P.60

ザ・キューブ
te Cube
ndsey

P.6-7	P.8-9	P.10-11
P.12-13	P.14-15	P.16-17
P.18-19	P.20-21	

17

ケンジントン〜チェルシー
Kensington~Chelsea
周辺図 P.4-5

0	100	200m
1:12,500		

ロイヤル・
アルバート・ホール
Royal Albert Hall

プリンシズ・
ゲート・ガーデン
Princes Gate Garden

エニスモ
ア・ガーデン
Ennismore C

王立音楽カレッジ⊗
Royal College of Music

プリンシズ・
ガーデンズ
Princes Gardens

Exhibition Rd.

Gloucester Rd.

インペリアル・カレッジ⊗
Imperial College

Elvaston Pl.

Queen's Gate

Imperial College Rd.

Stanford Rd.

Eldon Rd.

ホーリー・トリニ
ブロンプトン
Holy Trinity Brom

**P.71 モリス、ガンブル&
ポインター・ルームズ**
Morris, Gamble & Poynter Rooms

P.80 科学博物館 🏛
Science Museum

P.116 V&Aカフェ
The V&A Café

P.68

クイーンズ・ゲート・
ガーデンズ
Queen's Gate Gardens

P.57/P.79
自然史博物館 🏛
Natural History Museum

**ヴィクトリア & アルバート
博物館** 🏛
Victoria and Albert Museum

イスマイリ・センター
Ismaili Centre

バッパ・
クロムウェル病院
Bupa Cromwell
Hospital ✛

セント・スティーヴンズ教会
St Stephen's, Gloucester Road

ラディソン・ブル・エドワーディアン・ 🅗
ヴァンダービルト
Radisson Blu Edwardian,
Vanderbilt

🆂🅲 セインズベリー
Sainsbury's

フォーティファイブ・
ケンジントン
Forty Five Kensington

Thurloe Pl.

Alexan

Cromwell Rd.

グロスター・ロード駅
Gloucester Road

シネ・ルミエール
Cine Lumiere 🅔

サウス・ケンジントン駅
South Kensington

🅗
ミレニアム・グロスター
Millennium Gloucester Hotel
London Kensington

P.113 ノット・チュロス 🅲
The Knot Churross

Fulham Rd.

Collingham Rd.

サウス・ケンジントン
South Kensington

Old Brompton Rd.

HTBオンスロー・スクエア ✝
HTB Onslow Square

Sydney St.

ブラマム・
ガーデンズ・
Bramham Gardens

Old Brompton Rd.

Boltons Pl.

✝アルメニア教会
St Yeghiche Armenian Church

ブロンプトン王立病院
Royal Brompton Hospital

Coleherne Rd.

✝セント・メアリー・ザ・ボルトンズ
St Mary The Boltons

フラム・ロード・
ピクチャーハウス
Fulham Road
Picturehouse 🅔

フラム Rd.

チェルシー
Chelsea

Manresa Rd.

Dove

✝セント・ルークス
St Luke's Earls Court

Tregunter Rd.

Gilston Rd.

Elm Park Rd.

A.A. ミルンの家
A.A. Milne's House

🅲

フィンバラ・シアター
Finborough Theatre 🅔

Redcliffe Gardens

Cathcart Rd.

Redcliffe Rd.

ペギー・ポーション
Peggy Porschen
P.112

Finborough Rd.

セント・アンドリューズ教会
St Andrew's Church

Mallord St.

Lauren

Beaufort St.

Fawcett St.

ブロンプトン墓地
Brompton Cemetery

Gunter Grove

Fernshaw Rd.

Limerston St.

チェルシー&
✛ウエストミンスター病院
Chelsea and Westminster Hospital

St.

チェルシー・オールド・チャーチ
Chelsea Old Church

**スタンフォード・ブリッジ
（チェルシー）P.92**
Stamford Bridge
(Chelsea)
🅔

Edith Grove

ヴィヴィアン・ウエストウッド・
ワールズエンド 🆂
Vivienne Westwood Worlds End

Ann Lane

Riley St.

✝トマス・モア像
Sir Thomas More

Cheyne Walk

バタシー・ブリ
Battersea Bridge

コールリッジ・
ガーデンズ
Coleridge Gardens

King's Rd.

チェルシー・
シアター
Chelsea Theatre

コープフード
Co-op Food 🅔

✝

🕌 モスク
Chelsea Muslim Community Hub

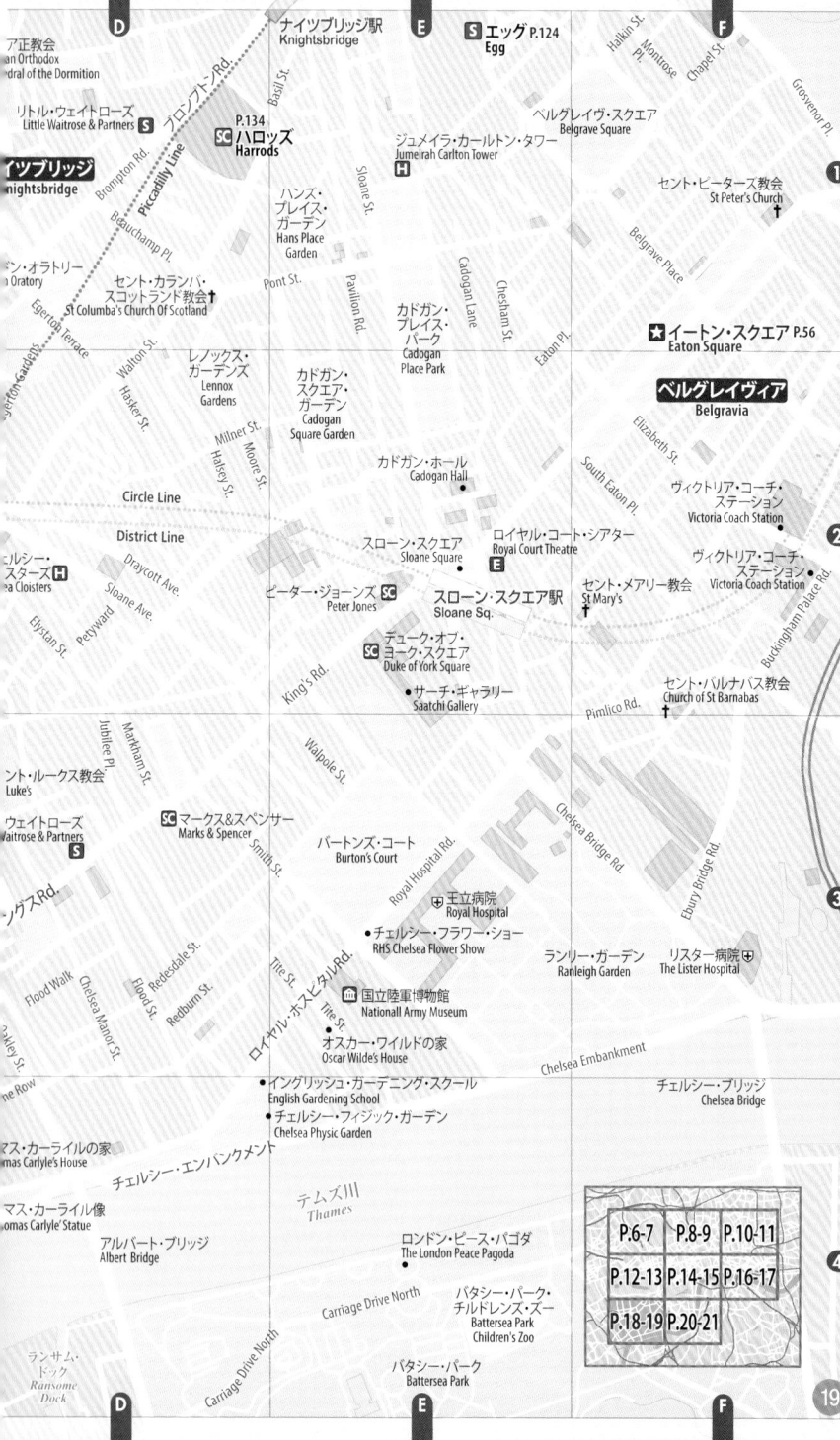

正教会
an Orthodox
dral of the Dormition

リトル・ウェイトローズ
Little Waitrose & Partners S

ブロンプトンRd.

SC P.134
ハロッズ
Harrods

ベルグレイヴ・スクエア
Belgrave Square

ジュメイラ・カールトン・タワー
Jumeirah Carlton Tower H

イツブリッジ
nightsbridge

セント・ピーターズ教会
St Peter's Church †

Basil St.

Sloane St.

ハンス・
プレイス・
ガーデン
Hans Place
Garden

ベルグレイヴ・スクエア
Belgrave Square

ン・オラトリー
n Oratory

Beauchamp Pl.

Piccadilly Line

セント・カランバ・
スコットランド教会 †
St Columba's Church Of Scotland

Pont St.

Cadogan Lane

Chesham St.

Belgrave Place

Egerton Terrace

カドガン・
プレイス・
パーク
Cadogan
Place Park

Eaton Pl.

★ イートン・スクエア P.56
Eaton Square

レノックス・
ガーデンズ
Lennox
Gardens

カドガン・
スクエア・
ガーデン
Cadogan
Square Garden

Elizabeth St.

ベルグレイヴィア
Belgravia

Walton St.

Hasker St.

Milner St.

Moore St.

Halsey St.

カドガン・ホール
Cadogan Hall

South Eaton Pl.

ヴィクトリア・コーチ・
ステーション
Victoria Coach Station

Circle Line

District Line

スローン・スクエア
Sloane Square

ロイヤル・コート・シアター
Royal Court Theatre E

ヴィクトリア・コーチ・
ステーション ●
Victoria Coach Station

ルシー・
スターズ H
a Cloisters

Draycott Ave.

Sloane Ave.

Elystan St.

Petyward

ピーター・ジョーンズ
Peter Jones SC

スローン・スクエア駅
Sloane Sq.

セント・メアリー教会
St Mary's †

Buckingham Palace Rd.

デューク・オブ・
ヨーク・スクエア
Duke of York Square SC

King's Rd.

●サーチ・ギャラリー
Saatchi Gallery

Pimlico Rd.

セント・バルナバス教会
Church of St Barnabas †

Markham St.

Jubilee Pl.

Walpole St.

ント・ルークス教会
Luke's

ウェイトローズ
Vaitrose & Partners S

SC マークス&スペンサー
Marks & Spencer

バートンズ・コート
Burton's Court

Royal Hospital Rd.

Chelsea Bridge Rd.

グスRd.

Smith St.

Flood Walk

Chelsea Manor St.

Redesdale St.

Flood St.

Redburn St.

Tite St.

ロイヤル・ホスピタルRd.

●王立病院
Royal Hospital

●チェルシー・フラワー・ショー
RHS Chelsea Flower Show

ランリー・ガーデン
Ranleigh Garden

リスター病院 ✚
The Lister Hospital

Ebury Bridge Rd.

kley St.

ne Row

国立陸軍博物館
Nationall Army Museum

Tite St.

●オスカー・ワイルドの家
Oscar Wilde's House

Chelsea Embankment

●イングリッシュ・ガーデニング・スクール
English Gardening School

チェルシー・ブリッジ
Chelsea Bridge

マス・カーライルの家
homas Carlyle's House

●チェルシー・フィジック・ガーデン
Chelsea Physic Garden

チェルシー・エンバンクメント

マス・カーライル像
homas Carlyle' Statue

テムズ川
Thames

アルバート・ブリッジ
Albert Bridge

ロンドン・ピース・パゴダ
The London Peace Pagoda

ランサム・
ドック
Ransome
Dock

Carriage Drive North

パタシー・パーク・
チルドレンズ・ズー
Battersea Park
Children's Zoo

パタシー・パーク
Battersea Park

Carriage Drive North

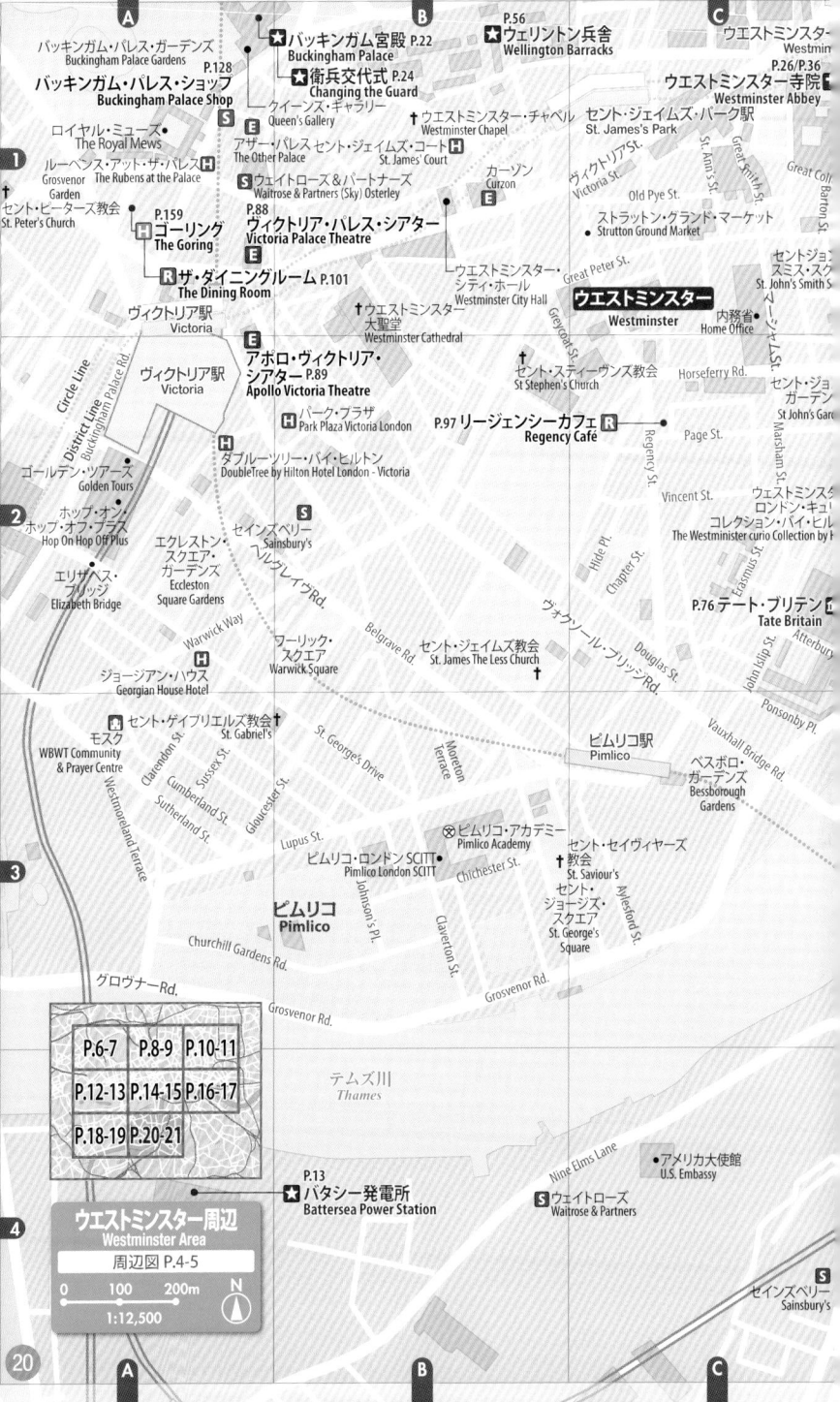

バッキンガム・パレス・ガーデンズ
Buckingham Palace Gardens
P.128

★バッキンガム宮殿 P.22
Buckingham Palace

★ウェリントン兵舎
Wellington Barracks
P.56

ウエストミンスター・
Westmin
P.26/P.36
ウエストミンスター寺院
Westminster Abbey

バッキンガム・パレス・ショップ
Buckingham Palace Shop

★衛兵交代式 P.24
Changing the Guard

クイーンズ・ギャラリー
Queen's Gallery

ウエストミンスター・チャペル
Westminster Chapel

セント・ジェイムズ・パーク駅
St. James's Park

ロイヤル・ミューズ●
The Royal Mews

アザー・パレス セント・ジェイムズ・コート
The Other Palace St. James' Court

セント・ピーターズ教会
St. Peter's Church

ルーベンス・アット・ザ・パレス
Grosvenor The Rubens at the Palace
Garden

P.159
ゴーリング
The Goring

ウェイトローズ＆パートナーズ
Waitrose & Partners (Sky) Osterley

カーソン
Curzon

Old Pye St.

ストラットン・グランド・マーケット
Strutton Ground Market

セントジョ
スミス・スク
John's Smith S

ザ・ダイニングルーム P.101
The Dining Room

P.88
ヴィクトリア・パレス・シアター
Victoria Palace Theatre

ウエストミンスター・
シティ・ホール
Westminster City Hall

ウエストミンスター
Westminster

内務省
Home Office

ヴィクトリア駅
Victoria

ヴィクトリア駅
Victoria

ウエストミンスター
大聖堂
Westminster Cathedral

セント・スティーヴンズ教会
St Stephen's Church

Horseferry Rd.

セント・ジョ
ガーデン
St John's Gard

アポロ・ヴィクトリア・
シアター P.89
Apollo Victoria Theatre

Page St.

P.97 リージェンシーカフェ
Regency Café

ウエストミンスタ
ロンド・キュ！
The Westminster curio Collection by H

パーク・プラザ
Park Plaza Victoria London

Vincent St.

ゴールデン・ツアーズ
Golden Tours

ダブルツリー・バイ・ヒルトン
DoubleTree by Hilton Hotel London - Victoria

ホップ・オン・
ホップ・オフ・プラス
Hop On Hop Off Plus

エクルストン・
スクエア・
ガーデンズ
Eccleston
Square Gardens

セインズベリー
Sainsbury's

P.76 テート・ブリテン
Tate Britain

エリザベス・
ブリッジ
Elizabeth Bridge

Warwick Way

ワーリック・
スクエア
Warwick Square

ベルグレイヴ・
Belgrave Rd.

セント・ジェイムズ教会
St. James The Less Church

Douglas St.

ジョージアン・ハウス
Georgian House Hotel

Ponsonby

モスク
WBWT Community
& Prayer Centre

セント・ゲイブリエルズ教会
St. Gabriel's

ピムリコ駅
Pimlico

ベスボロ・
ガーデンズ
Bessborough
Gardens

St. George's Drive

⊗ピムリコ・アカデミー
Pimlico Academy

セント・セイヴィヤーズ
St. Saviour's
教会

Churchill Gardens Rd.

ピムリコ・ロンドン SCITT
Pimlico London SCITT

ピムリコ
Pimlico

Johnson's Pl.

Chichester St.

セント・
ジョージズ・
スクエア
St. George's
Square

グロヴナーRd.
Grosvenor Rd.

Grosvenor Rd.

P.6-7	P.8-9	P.10-11
P.12-13	P.14-15	P.16-17
P.18-19	P.20-21	

テムズ川
Thames

Nine Elms Lane

●アメリカ大使館
U.S. Embassy

P.13
★バタシー発電所
Battersea Power Station

ウェイトローズ＆パートナーズ
Waitrose & Partners

セインズベリー
Sainsbury's

ウエストミンスター周辺
Westminster Area

周辺図 P.4-5

0   100   200m

1:12,500

N

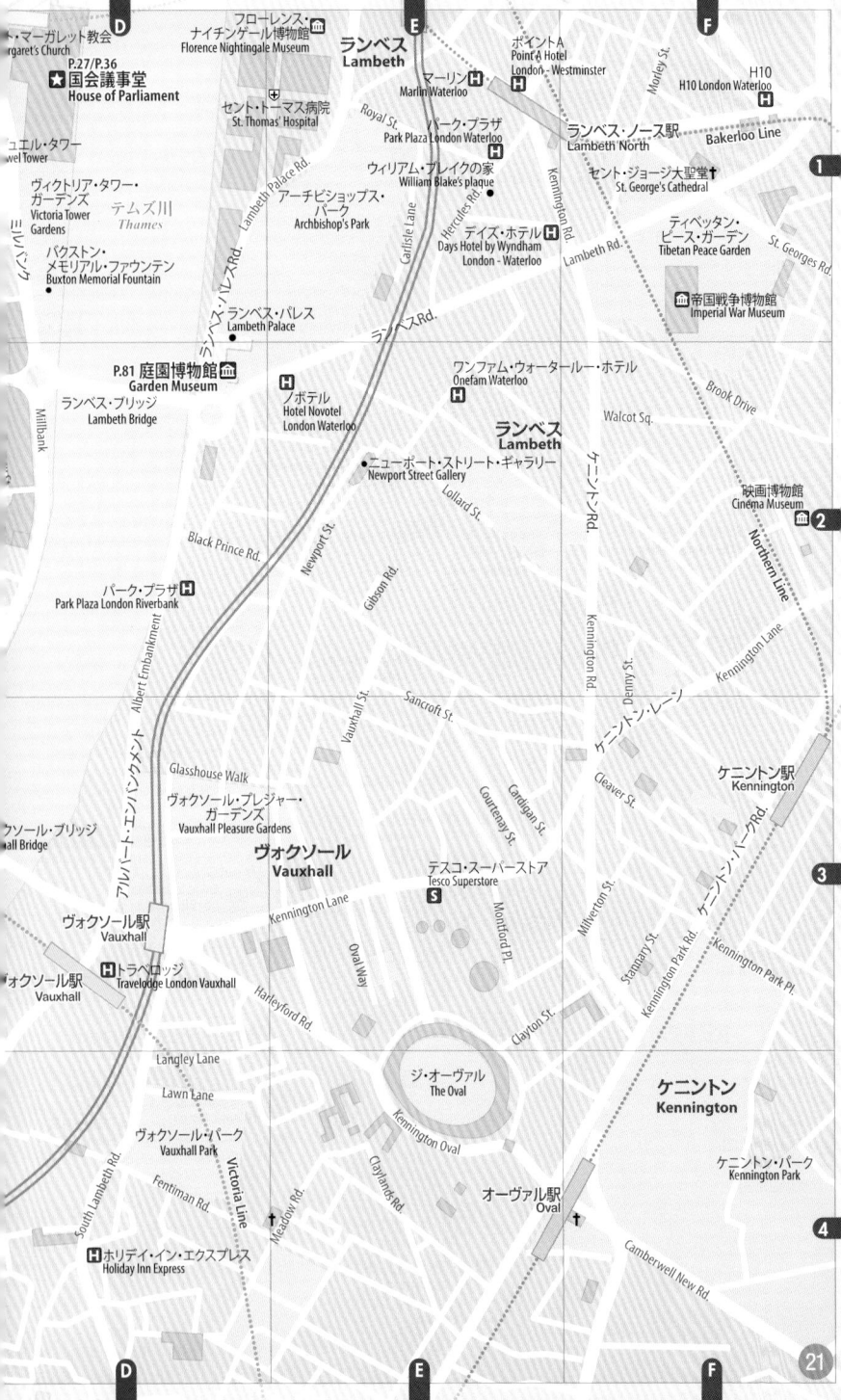

ト・マーガレット教会
argaret's Church

フローレンス・
ナイチンゲール博物館
Florence Nightingale Museum

ランベス
Lambeth

ポイントA
Point A Hotel
London - Westminster

モーリー・ストリート
Morley St.

H10
H10 London Waterloo

P.27/P.36
★ 国会議事堂
House of Parliament

セント・トーマス病院
St. Thomas' Hospital

マーリン
Marlin Waterloo

パーク・プラザ
Park Plaza London Waterloo

ランベス・ノース駅
Lambeth North

ベイカールー・ライン
Bakerloo Line

ュエル・タワー
wel Tower

Royal St.

ウィリアム・ブレイクの家
William Blake's plaque

ハーキュリーズ・ロード
Hercules Rd.

セント・ジョージ大聖堂
St. George's Cathedral

ヴィクトリア・タワー・
ガーデンズ
Victoria Tower
Gardens

テムズ川
Thames

アーチビショップス・
パーク
Archbishop's Park

デイズ・ホテル
Days Hotel by Wyndham
London - Waterloo

ランベス・ロード
Lambeth Rd.

ティベッタン・
ピース・ガーデン
Tibetan Peace Garden

St. Georges Rd.

バクストン・
メモリアル・ファウンテン
Buxton Memorial Fountain

ランベス・パレス・ロード
Lambeth Palace Rd.

ランベス・パレス
Lambeth Palace

ランベス Rd.

帝国戦争博物館
Imperial War Museum

ブルック・ドライブ
Brook Drive

P.81 庭園博物館
Garden Museum

ワンファム・ウォータールー・ホテル
Onefam Waterloo

ウォルコット・スクエア
Walcot Sq.

ランベス
Lambeth

Millbank

ランベス・ブリッジ
Lambeth Bridge

ノボテル
Hotel Novotel
London Waterloo

ケニントン・ロード
Kennington Rd.

映画博物館
Cinema Museum

ニューポート・ストリート・ギャラリー
Newport Street Gallery

ノーザン・ライン
Northern Line

Black Prince Rd.

Newport St.

Gibson Rd.

Lollard St.

ケニントン・レーン
Kennington Lane

パーク・プラザ
Park Plaza London Riverbank

Sancroft St.

ケニントン・パーク・ロード
Kennington Park Rd.

Vauxhall St.

Kennington Rd.

ジョナサン・ペニー・ストリート
Jonathan Penny St.

ケニントン駅
Kennington

Albert Embankment

アルバート・エンバンクメント

Glasshouse Walk

ヴォクソール・プレジャー・
ガーデンズ
Vauxhall Pleasure Gardens

Cardigan St.

Courtenay St.

Cleaver St.

クソール・ブリッジ
all Bridge

ヴォクソール
Vauxhall

テスコ・スーパーストア
Tesco Superstore

Milverton St.

Stannary St.

Kennington Park Rd.

ヴォクソール駅
Vauxhall

Kennington Lane

Montford Pl.

Kennington Park Pl.

トラベロッジ
Travelodge London Vauxhall

Oval Way

Harleyford Rd.

Langley Lane

Lawn Lane

ジ・オーヴァル
The Oval

ケニントン
Kennington

Victoria Line

ヴォクソール駅
Vauxhall

ヴォクソール・パーク
Vauxhall Park

Kennington Oval

ケニントン・パーク
Kennington Park

South Lambeth Rd.

Fentiman Rd.

Clayton St.

Meadow Rd.

Claylands Rd.

オーヴァル駅
Oval

ホリデイ・イン・エクスプレス
Holiday Inn Express

Camberwell New Rd.

ピカデリー・サーカス周辺
Piccadilly Circus
周辺図 P.14-15
0 50m 100m
1:6,000

ユニクロ
UNIQLO

Central Line

S サムスン
Samsung
Experience Store

S マークス＆スペンサー P.144
M&S

JDスポーツ
JD Sports

オックスフォード・
サーカス駅
Oxford Circus

フォトグラファーズ・ギャラリー
The Photographers' Gallery

ロンドン・パレイディアム
The London Palladium

P.116 レト・カフェ C
L'ETO Coffee

P.114 クロスタウン C
Crosstown

ハノーヴァー・
スクエア
Hanover Square

SC リバティ P.134
Liberty

SC フェンウィック
Fenwick

P.108
S ディシューム・カーナビー C
Dishoom Carnaby

ウィンドミル・メイフェア P.103
The Windmill Mayfair

P.47
C スケッチ
Sketchk

P.136
S マッキントッシュ
Mackintosh

S ハムリーズ
Hamleys

P.113 カッター＆スクイッジ
Cutter & Squidge

P.127
S スマイソン
Smythson

P.136
S ヴィヴィアン・ウエストウッド
Vivienne Westwood

P.111
オットレンギ・ノピ R
Ottolenghi Nopi

ゴールデン・
スクエア
Golden Square

P.159
ハム・ヤード H
Ham Yard Hotel

S トミー・ヒルフィガー
Tommy Hilfiger

S バーバリー P.136
Burberry

P.137
ヘンリー・プール R
Henry Poole & Co.

S ZARA
ザラ

ピカデリー・シアター
Piccadilly Theatre E

P.144
ホール・フーズ・
マーケット
Whole Foods Market

S ドレイクス P.137
Drake's

P.109 ヴィーラスワミー
Veeraswamy

ピカデリー・サーカス P.57
Piccadilly Circus

P.137 ギーブス＆ホークス
Gieves & Hawkes

ユニクロ S
UNIQLO

P.114
ケークス＆バブルズ R
Cakes & Bubbles
by Albert Adrià

エロス像 R
Eros

R ベナレス P.109
Benares
Restaurant & Bar

P.106 ベントレーズ・オイスター・バー＆グリル R
Bentley's Oyster Bar & Grill

P.107 フィッシュワークス R
FishWorks -Swallow Street

ホリスター・
カンパニー
Hollister Co.

ポール・スミス P.136
Paul Smith S

ブラウンズ・ホテル H
Brown's Hotel

ロイヤル・アカデミー・
オブ・アーツ(王立芸術院)
Royal Academy of Arts

P.144
テスコ
Tesco

C シャボネル・エ・ウォーカー P.115
Charbonnel et Walker

P.49 ブラウンズ H
Brown's

P.125 グローブ・トロッター
Globe-Trotter

C フォートナム＆メイソン P.49
Fortnum & Mason

セント・ジェイムズ教会
St. James's Piccadilly

パーム・ビーチ・カジノ
The Palm Beach Casino

メイ・フェア H
The May Fair,
A Radisson
Collection Hotel

SC フォートナム＆メイソン P.135
Fortnum & Mason

R 45ジャーミン St. P.103
45 Jermyn St.

S フローリス P.126
Floris

H キャベンディッシュ
The Cavendish
Hotel London

ロンドン図書館
The London Library

セント・ジェイム
スクエア
St. James's Square

R ザ・ウォルズリー P.96
The Wolseley

C ザ・リッツ・ロンドン P.46
The Ritz London

H ザ・リッツ・ロンドン P.159
The Ritz London

グリーン・パーク駅
Green Park

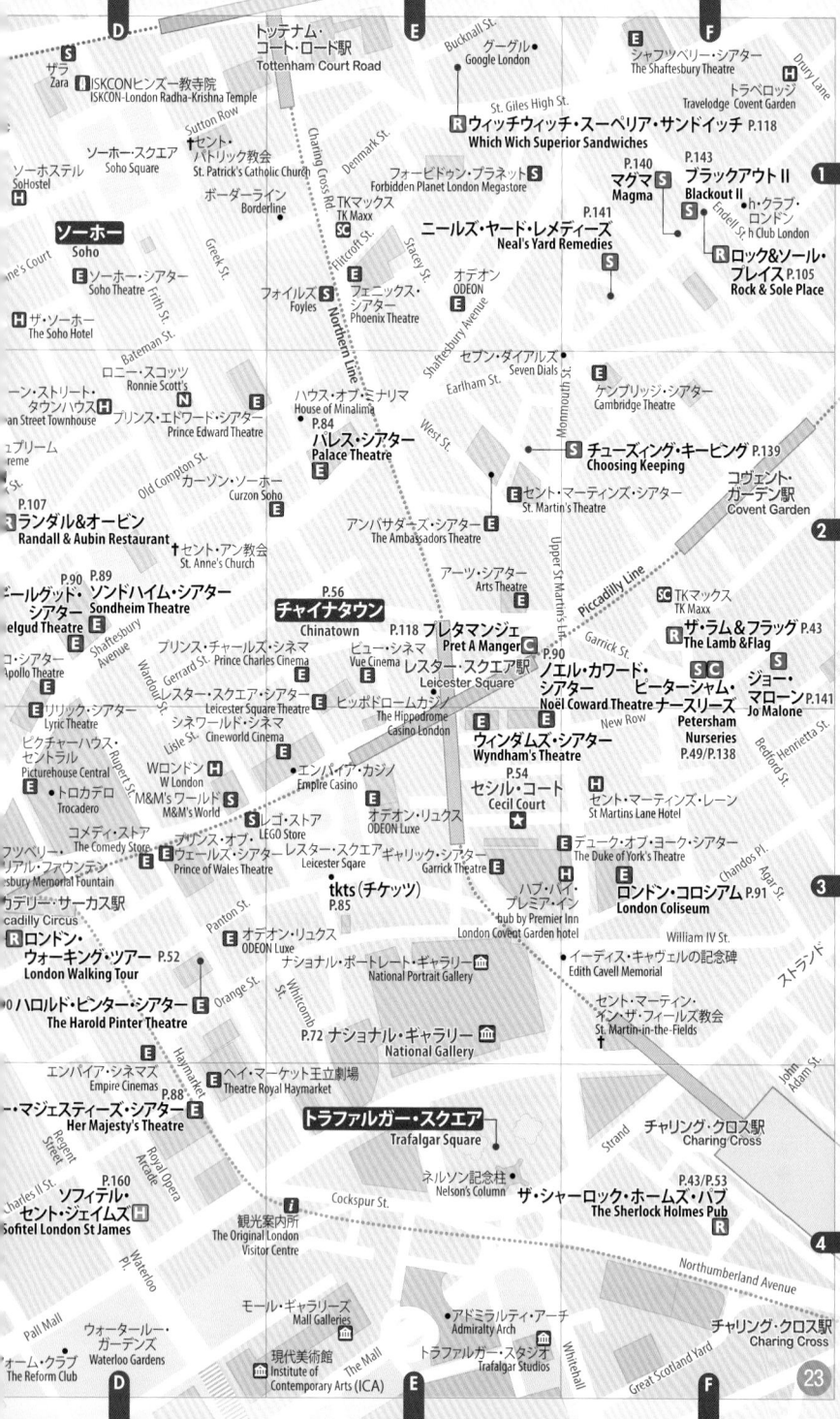

D | トテナム・
コート・ロード駅
Tottenham Court Road | **E** | Bucknall St.
グーグル •
Google London | **E** | シャフツベリー・シアター
The Shaftesbury Theatre | Drury Lane
F

S ザラ
Zara

ISKCONヒンズー教寺院
ISKCON-London Radha-Krishna Temple
Sutton Row

ソーホステル
SoHostel **H**

ソーホー・スクエア
Soho Square

St. Giles High St.

トラベロッジ
Travelodge Covent Garden

R ウィッチウィッチ・スーペリア・サンドウィッチ
Which Wich Superior Sandwiches P.118

セント・
パトリック教会
St. Patrick's Catholic Church

ボーダーライン
Borderline

P.140
マグマ
Magma **S**

P.143
ブラックアウトⅡ
Blackout Ⅱ

S h・クラブ・
ロンドン
Endell St. h Club London

ソーホー
Soho

ソーホー・シアター **E**
Soho Theatre

ザ・ソーホー **H**
The Soho Hotel

Greek St.

Frith St.

フォービドゥン・プラネット **S**
Forbidden Planet London Megastore

TKマックス
TK Maxx
SC

ニールズ・ヤード・レメディーズ P.141
Neal's Yard Remedies

R ロック&ソール・
プレイス P.105
Rock & Sole Place

Charing Cross Rd.

Denmark St.

フォイルズ **S**
Foyles

フェニックス・シアター
Phoenix Theatre
E

オテオン
ODEON
E

Shaftesbury Avenue

Northern Line

セブン・ダイアルズ
Seven Dials

1

ロニー・スコッツ
Ronnie Scott's

House of Minalima
P.84

West St.

Earlham St.

ケンブリッジ・シアター
Cambridge Theatre
E

ーン・ストリート・
タウンハウス
an Street Townhouse

プリンス・エドワード・シアター
Prince Edward Theatre
E

ハウス・オブ・ミナリマ

パレス・シアター
Palace Theatre
E

S チューズィング・キーピング P.139
Choosing Keeping

コヴェント・
ガーデン駅
Covent Garden

ュプリーム
reme
St.

Old Compton St.

カーゾン・ソーホー
Curzon Soho
E

Monmouth St.

Upper St Martin's Lane

E セント・マーティンズ・シアター
St. Martin's Theatre
E

2

P.107
R ランダル&オービン
Randall & Aubin Restaurant

セント・アン教会
St. Anne's Church

アンバサダーズ・シアター
The Ambassadors Theatre
E

アーツ・シアター
Arts Theatre
E

Piccadilly Line

SC TKマックス
TK Maxx

ーールグッド・ P.90 P.89
シアター ソンドハイム・シアター
elgud Theatre Sondheim Theatre

プリンス・チャールズ・シネマ
Prince Charles Cinema

P.56
チャイナタウン
Chinatown

P.118 プレタマンジェ
Pret A Manger **C**

R ザ・ラム&フラッグ P.43
The Lamb &Flag

コ・シアター
Apollo Theatre
E

Gerrard St.

ビュー・シネマ
Vue Cinema

P.90
ノエル・カワード・
シアター
Noël Coward Theatre

ピーターシャム・
ナースリーズ
Petersham
Nurseries
P.49/P.138

ジョー・
マローン
Jo Malone P.141

Shaftesbury Avenue

Wardour St.

Lisle St.

レスター・スクエア駅
Leicester Square

ーリリック・シアター
Lyric Theatre
E

レスター・スクエア・シアター
Leicester Square Theatre

シネワールド・シネマ
Cineworld Cinema

ヒッポドロームカジノ
The Hippodrome
Casino London

Garrick St.

SC

ウィンダムズ・シアター
Wyndham's Theatre
E

New Row

Bedford St.

Henrietta St.

ピクチャーハウス・
セントラル
Picturehouse Central
E

Rupert St.

Wロンドン
W London **H**

H

エンパイア・カジノ
Empire Casino

P.54
セシル・コート
Cecil Court
★

セント・マーティンズ・レーン
St Martins Lane Hotel

トロカデロ
Trocadero

S M&M's ワールド
M&M's World

レゴ・ストア
LEGO Store

オデオン・リュクス
ODEON Luxe
E

E デューク・オブ・ヨーク・シアター
The Duke of York's Theatre

Chandos Pl.

コメディ・ストア
The Comedy Store

プリンス・オブ・
ウェールズ・シアター
Prince of Wales Theatre

レスター・スクエア
Leicester Sqare
E

ギャリック・シアター
Garrick Theatre
E

Apar Rd.

ストランド
3

フツベリー・
リアル・ファウンテン
sbury Memorial Fountain

tkts(チケッツ)
P.85

ハブ・バイ・
プレミア・イン
hub by Premier Inn
London Coveut Garden hotel

R ロンドン・
コロシアム P.91
London Coliseum

カデリー・サーカス駅
ccadilly Circus

R ロンドン・
ウォーキング・ツアー P.52
London Walking Tour

Panton St.

オデオン・リュクス
ODEON Luxe
E

William IV St.

E イーディス・キャヴェルの記念碑
Edith Cavell Memorial

0 ハロルド・ピンター・シアター **E**
The Harold Pinter Theatre

Orange St.

Whitcomb St.

ナショナル・ポートレート・ギャラリー
National Portrait Gallery

セント・マーティン・
イン・ザ・フィールズ教会
St. Martin-in-the-Fields

E

E

P.72 ナショナル・ギャラリー
National Gallery

エンパイア・シネマズ
Empire Cinemas P.88
E

E ヘイ・マーケット王立劇場
Theatre Royal Haymarket

Strand

チャリング・クロス駅
Charing Cross

ー・マジェスティーズ・シアター
Her Majesty's Theatre
E

トラファルガー・スクエア
Trafalgar Square

John Adam St.

4

P.160
ソフィテル・
セント・ジェイムズ **H**
Sofitel London St James

観光案内所
The Original London
Visitor Centre
i

ネルソン記念柱
Nelson's Column

ザ・シャーロック・ホームズ・パブ P.43/P.53
The Sherlock Holmes Pub

R

Cockspur St.

Pall Mall

ウォータールー・
ガーデンズ
Waterloo Gardens

モール・ギャラリーズ
Mall Galleries

アドミラルティ・アーチ
Admiralty Arch

チャリング・クロス駅
Charing Cross

ーム・クラブ
The Reform Club

D

Waterloo Pl.

現代美術館
Institute of
Contemporary Arts (ICA)

The Mall

トラファルガー・スタジオ
Trafalgar Studios

Whitehall

Great Scotland Yard

Northumberland Avenue

E

F

世界最古の地下鉄であるUnderground、愛称Tubeをはじめ公共交通機関が充実。
地下鉄やバス、公共自転車レンタルを乗りこなして、楽しく効率よく街を満喫したい。

旅行者の街歩きをカバーする

地下鉄 Underground

料金の設定方法を除けば、日本国内都市部の地下鉄とほぼ同じ感覚で利用できる。通常は早朝5:00台〜深夜0:00台まで運行。金・土曜の夜間は、ヴィクトリア線、ジュビリー線、ノーザン線、ピカデリー線、セントラル線が運行している。

「ゾーン」を知っておこう

ロンドンとその近郊を、年輪のような同心円で1〜9までのゾーンに区切り、運賃を定めている。バッキンガム宮殿、ビッグベン、バッキンガム宮殿など主要な見どころの多くはゾーン1〜2。ヒースロー空港はゾーン6となる。

地下鉄での注意事項

●車両のメンテナンスやストなどによる欠便も比較的多い。公式ホームページや改札周辺の掲示板などを要チェック。
●乗り越し制度がなく、罰金としての割高な課金となるため乗車前に目的地までの切符を購入、あるいはICカードに十分な金額を入金しておく。
●スリや置き引きなどにも要注意。ドア近くの席でスマートフォンを見ていたら、停車駅でドアが閉まる寸前に降車しながらひったくり、そのまま逃げられてしまったという例もある。また、週末の終夜運行は便利だが、郊外に近づくにつれ車内の人数が減るので安全には気を付けたい。
●日本と異なり、駅にトイレは設置されていない。

チケットの種類

地下鉄、電車、トラム、バス、水上バスすべてをTFLが運行しておりICカードが共通で使える。一度ずつ切符を購入するよりICカードでの利用の方が安く、バスやトラムリンクは現金不可のため、滞在の日数や計画にあわせて下記のどちらかを持つのが便利。

好きなだけチャージして利用できる

オイスターカード　Oyster Card

日本のSuicaやicocaと同様のプリペイド式交通ICカード。はじめにカードを£7で購入し、チャージしながら使用する。地下鉄では1回ごとに購入する切符の半額以下だったり、ゾーンごとに1日の上限額（一定額以上は乗り放題となる）が決まっていたりと公共交通機関の利用がかなり割安になる。ただし、日本のICカードのように降車時に不足分を精算する考え方が一般的ではなく、乗車前に十分な料金をチャージしておかないと、罰金的に割高な料金を請求されるので、乗車前に十分な金額をチャージしておく。

滞在日数と移動区域で値段が決まる定額制

トラベルカード　Travelcard

TFLの運行する乗り物に乗り放題のパス。24時間、7日間、1ヵ月、1年間の各有効期間と、ゾーンごとの移動可能区域によって値段が異なる。例えば7日間の場合、ゾーン1〜3で£47.90、1〜4で£58.50、1〜5で£69.60、ゾーン1〜6で£74.40。オイスターカードも、ゾーンごとに1日の上限額が決められているので、一般にオイスターカードが返金可能となる48時間以上のロンドン滞在で、日によって移動区間が異なり、市内をあちこちまわろうと考えている旅行者にとってはオイスターカードのほうがお得、というケースがほとんど。

① 改札を通る

改札は無人。紙製のトラベルカードや片道切符はTicketと書かれた差込口に入れると改札機上部から排出されるので忘れずに受け取って構内に入る。オイスターカードは、黄色い円の部分をタッチして通過する。

② 乗車する

複数の路線が1つのホームで発着することもあるので、ホームの頭上に設置された電光掲示板に書かれている行き先表示を確認してから、電車に乗り込む。

③ 降車する

目的の駅に着き、ホームに降りたらWay outというサインと矢印に従って出口に向かう。

オイスターカード、トラベルカードの購入

どの駅にもある券売機で買うのが一般的。大きな駅にある有人のビジターセンターや一部コンビニなどでも購入できる。

① 言語とICカードや切符の種類を選択

日の丸のマークを選択すると画面が日本語に切り替わる。「Oyster」の「新規カードを購入する」を選択。トラベルカードの場合は「1日券」をタッチ。

② チャージ金額や使用交通機関を選ぶ

1人につき1枚のカードが必要なので、購入者人数を選択する。オイスターカードの場合は£5〜£50のなかからチャージしたい金額を選んでタッチ。トラベルカードの場合は使用する期間や交通機関を選ぶ。

③ 料金を支払う

オイスターカードの場合はチャージ額にデポジットの£7を加えた合計金額をVISA、JCBなどの各クレジットカードまたは現金で支払う。クレジットカードの場合、暗証番号が必要。

オイスターカードのチャージ

英語でチャージはTop Upと表現する。券売機の画面右側にある黄色いカードリーダーにカードをかざすと、現在のカード残高と、チャージ希望金額選択肢が表示されるので、希望の金額を選んで支払う。再度、黄色のカードリーダーにオイスターカードをかざすと、画面に新残高が表示され、チャージ完了となる。

オイスターカードの返金

購入から48時間以上経過すると返金可能となる。上部の看板にrefundと書かれた券売機を使用。オイスターカードをカードリーダーにかざして、プリペイド払い戻しをタッチ。現金で返金される。£10以上の払い戻しは、大きな駅にあるビジターセンターの窓口での返却となる。

ロンドンと近郊を結ぶ列車

オーバーグラウンド
Overground

ロンドン市内と近郊を走る列車。Underground地下鉄に対して地上を走るためこの名で呼ばれる。一部地下鉄とも乗り入れ運転しており、ゾーン制、乗り方などは基本的に地下鉄と同じ。トラベルカード、オイスターカードも使用できる。

ロンドン市内から郊外へ

 鉄道 National Rail

ナショナル・レールとは複数の民間鉄道会社によって運営される統一ブランド。ロンドンにはパディントンやキングス・クロスなど11のターミナル駅があり、目的地によって乗車駅が異なる。予約は公式ホームページからのネット、駅窓口、現地旅行会社を通じての3種類があり、早めのネット予約では割引率が高くなる。一定期間、エリアごとに乗り放題のブリット・レイル・パス(Brit Rail Pass)もネット購入可能。

ナショナル・レールの乗り方

① チケットを購入する

当日でも駅の窓口、券売機での購入可。予約済みの切符はメールで届いた予約番号を券売機に入力して乗車当日に発券する。

② 改札を通る

自動改札を通る。切符は紛失すると未払いとみなされ、罰金的な料金が課せられる。降車時まで大切に保管する。

③ 乗車する

構内の電子掲示板で自分が乗る電車のプラットホームを確認。遅延による変更も掲示板に表示される。指定席の場合は、車両番号、座席番号を確認、大きな荷物は荷物置き場に置く。

④ 降車する

車内の電光掲示板とアナウンスで、降りる駅をチェックし、降車する。

ロンドン郊外を走る路面電車

 トラムリンク Tramlink

ロンドン南部を走る。バリアフリー構造なので乗り降りが楽で、路面電車という名の響きから想像するよりかなり速い。乗車時に停留所にあるカードリーダーにICカードをタッチ。現金での乗車は不可。片道£1.75。また1時間内なら同料金で乗り換えも可。

使いこなせたらすごく便利

 バス Bus

使いこなせると便利なバス。現金での支払いはできないので、トラベルカードかオイスターカード必携。

バスの乗り方

① バス停を探す

駅やバス停周辺の案内板で路線番号、乗り場、バス停名を確認する。最初の乗車から1時間以内なら複数のバスやトラムを乗り継いでも£1.75と定額で利用可能。

② バスに乗る

バスが来たら水平に手を挙げて乗車の合図を。車体の表示で路線番号、目的地を再確認。ICカードをカードリーダーにタッチする。

③ バスを降りる

車内電光掲示板とアナウンスで降りるバス停名が告知されたら、STOPボタンを押す。2階に乗車した場合などは降りる準備は早めに。

上空からの眺望が最高

 ケーブルカー IFS Cloud Cable Car

グリニッジ・ペニンシュラとロイヤル・ドックスを結ぶ10人乗りゴンドラのケーブルカー。トラベルカードは不可、トラベルカードは不可、オイスターカードや窓口での支払いは片道£6(往復£12)となる。

いざというときにやっぱり安心

タクシー Taxi

ロンドン名物のブラックキャブは、料金高めだが運転手は道を熟知したプロ中のプロ。予約制で少し安価なミニキャブも便利だが、客引きしてくる車など予約なしでの乗車には要注意。アプリで呼び出し、支払いをするUberも一般的。

どこから乗る?

流しのタクシーを見つけるのは難しい。ホテル、または駅や大通りにあるタクシースタンドを探そう。

料金はどのくらい?

ブラックキャブはメーター制で曜日や時間帯によって値段が変わる。電話、Webでの予約は＋£2、空港からは＋£3.60。6マイル以上の距離はレートが上がる。ミニキャブは予約時に目的地を告げ、料金が決まる。チップはともに10%ほど。

ロンドン市内のタクシー料金

距離 (マイル)	平日5:00 ～20:00	平日20:00～22:00 土・日曜5:00～22:00	夜間・祝日 22:00～5:00
初乗り	£3.80		
1	£7.60～11.80	£7.60～12.0	£9～13.0
2	£11.60～18.40	£12.20～18.60	£13.40～19.60
4	£20.00～29.00	£22.00～30.00	£23.00～34.00
6	£31.00～39.00	£38.00～42.00	£39.00～42.00

ロンドンっ子御用達の移動手段

貸し自転車 Santander Cycles

市内800カ所ものステーションがあり、目的地周辺のステーションに乗り捨てる形で利用。車道を通行する。料金は30分以内なら£3。30分を超える場合は30分ごとに£1.65追加される。クレジットカードで支払う。

貸し自転車の乗り方

① 料金を支払う

ステーションに設置されたタッチパネル式の支払い機を使う場合は、「Change language」を選び日本語で表示させる。画面の指示に従って手続き、支払いを済ますと5桁の番号が書かれた紙が出てくる。

② 自転車を選んで乗車

借りたい自転車を選び、前輪左上のボタンで紙に記された5桁の番号を入力。青色ランプが点灯したら取り外して乗車。

③ 返却する

返却時はドッキングステーションに力強く自転車をセットする。ランプが青色になれば返却完了。事前登録が必要だが、ステーションの場所や空き、待機自転車数などが表示されるアプリでの貸し出しも便利だ。

渋滞なし! テムズ川を移動

コミューター・サービス Commuter Service

テムズを行く水上バスで、全23の桟橋を発着する6系統。距離によって料金は異なるが大人片道、オイスターカード使用時で£5.60、桟橋での切符購入で£6.20。オイスターカードは乗船前と下船後にタッチ。また、観光用のボートも充実しており、食事付きクルーズなどもある。

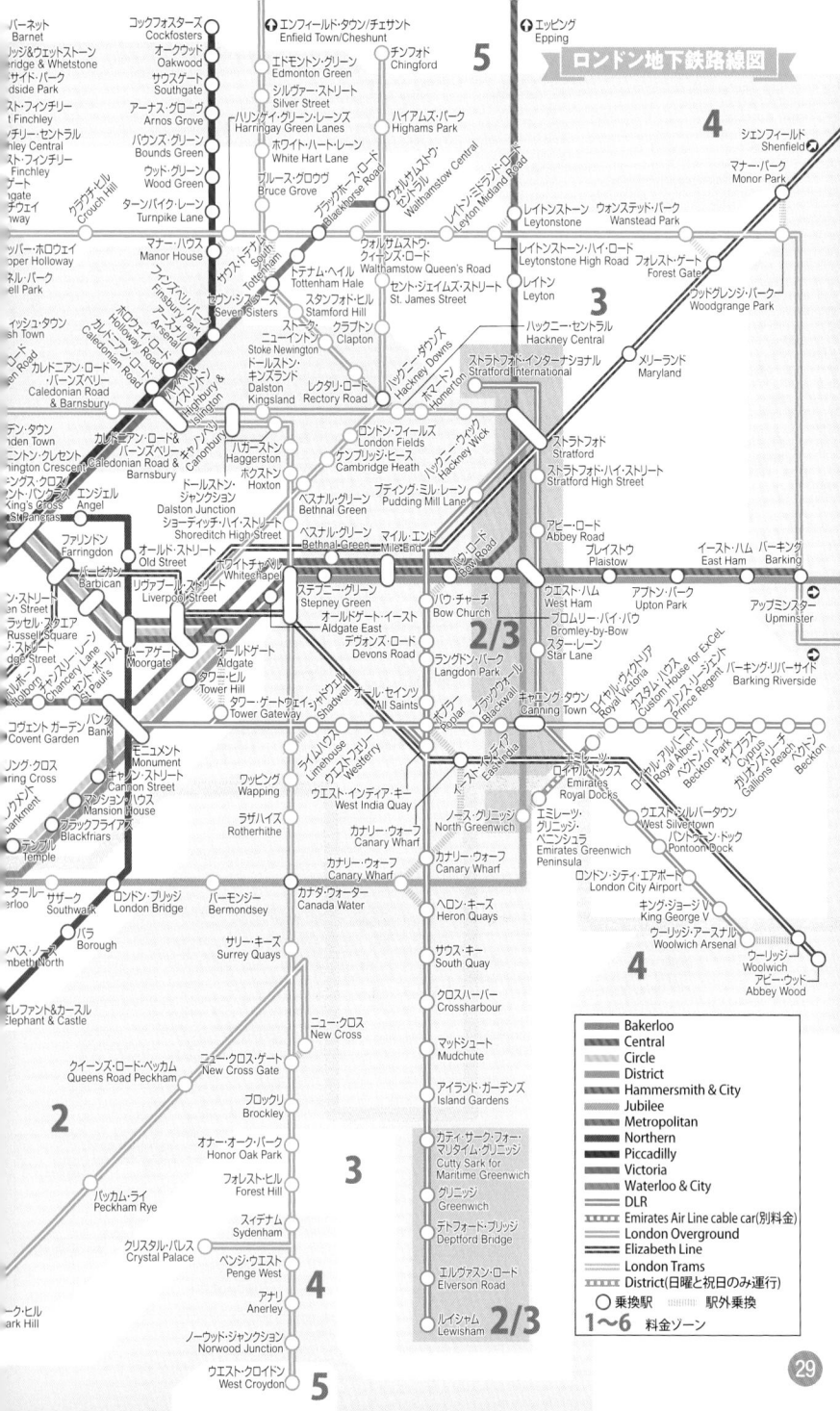

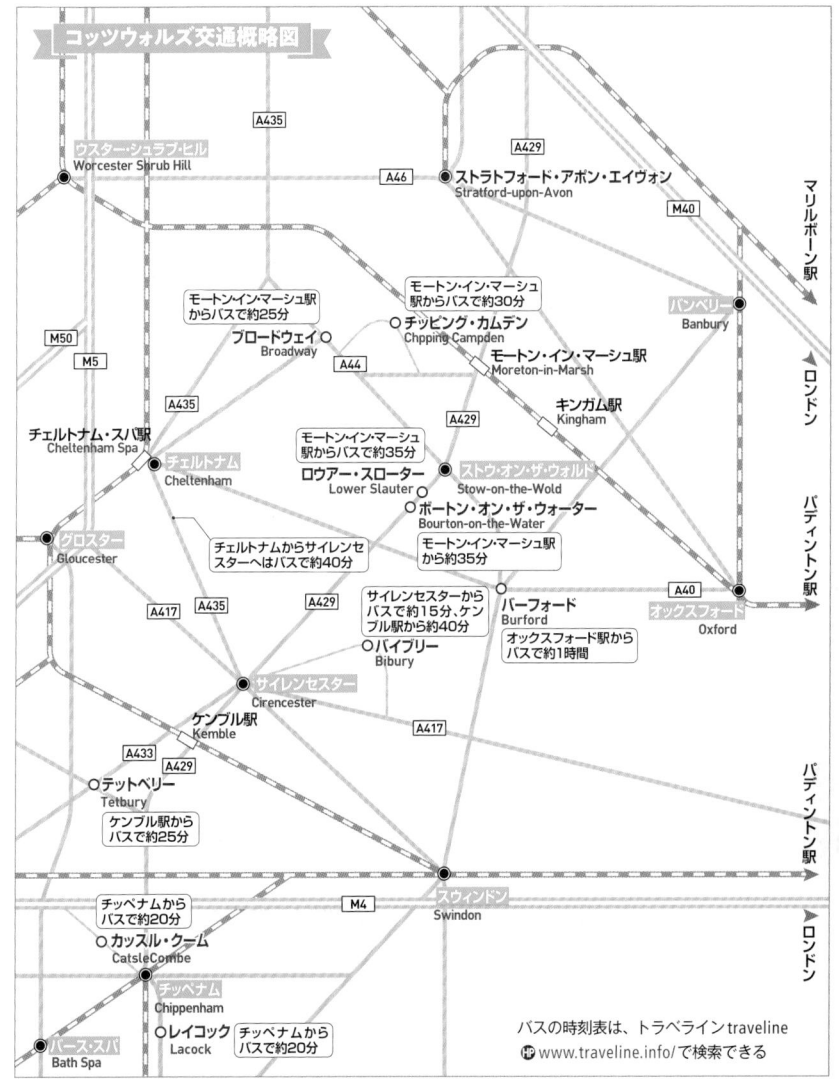

コッツウォルズ交通概略図

A435

ウスター・シュラブ・ヒル
Worcester Shrub Hill

A429

A46 ● ストラトフォード・アポン・エイヴォン
Stratford-upon-Avon

M40

マリルボーン駅

ロンドン

モートン・イン・マーシュ駅
からバスで約25分

モートン・イン・マーシュ
駅からバスで約30分

チッピング・カムデン
Chpping Campden

バンベリー
Banbury

M50

ブロードウェイ ○
Broadway

A44

モートン・イン・マーシュ駅
Moreton-in-Marsh

M5

A435

キンガム駅
Kingham

A429

チェルトナム・スパ駅
Cheltenham Spa

モートン・イン・マーシュ
駅からバスで約35分

ロウアー・スローター ○
Lower Slauter

ストウ・オン・ザ・ウォルド
Stow-on-the-Wold

パディントン駅

チェルトナム
Cheltenham

○ ボートン・オン・ザ・ウォーター
Bourton-on-the-Water

● グロスター
Gloucester

チェルトナムからサイレンセ
スターへはバスで約40分

モートン・イン・マーシュ駅
から約35分

A417 A435 A429

A429

○ バーフォード
Burford

A40

サイレンセスターから
バスで約15分、ケン
ブル駅から約40分

オックスフォード駅から
バスで約1時間

オックスフォード
Oxford

○ バイブリー
Bibury

● サイレンセスター
Cirencester

ケンブル駅
Kemble

A417

A433

A429

パディントン駅

○ テットベリー
Tetbury

ケンブル駅から
バスで約25分

チッペナムから
バスで約20分

M4

スウィンドン
Swindon

ロンドン

○ カッスル・クーム
CastleCombe

● チッペナム
Chippenham

○ レイコック
Lacock

チッペナムから
バスで約20分

バスの時刻表は、トラベライン traveline
🏠 www.traveline.info/ で検索できる

● バース・スパ
Bath Spa

基点となる街へのアクセス

ロンドンの出発駅	到着駅	所要時間
マリルボーン Marylebone	ストラトフォード・ アポン・エイヴォン Stratford-upon-Avon	約2時間
パディントン Paddington	モートン・イン・マーシュ Moreton-in-Marsh	約1時間30分

ロンドンの出発駅	到着駅	所要時間
パディントン Paddington	ケンブル Kemble	約1時間10分
	チッペナム Chippenham	約1時間10分

鉄道の時刻表は、トレインライン trainline 🏠 www.thetrainline.com で検索できる

旅の英会話
ENGLISH CONVERSATION

基本的な単語やフレーズだけでも
覚えておけば、現地の人と
コミュニケーションが取りやすくなる。

基本フレーズ

[　　　]をください（お願いします）。
[　　　], please.
プリーズ

ex. コーヒーをください。
Coffee, please.
コーフィー プリーズ

[　　　]はどこで買えますか。
Where can I get [　　　]?
ウェア キャナイ ゲット

ex. 水はどこで買えますか。
Where can I get mineral water?
ウェア キャナイ ゲット ミネラル ウォーター

[　　　]まで距離はどのくらいですか。
How far is it from here to [　　　]?
ハウ ファ イズィット フロム ヒヤ トゥ

ex. ロンドン塔まで距離はどのくらいですか。
How far is it from here to Tower of London?
ハウ ファ イズィット フロム ヒヤ トゥ タウァ オブ ロンドン

[　　　]へはどうやって行けばいいですか。
How do I get to [　　　]?
ハウ ドゥ アイ ゲットゥ

ex. バービカンへはどうやって行けばいいですか。
How do I get to Barbican?
ハウ ドゥ アイ ゲットゥ バービカン

《タクシー内で》[　　　]まで行ってください。
To [　　　], please.
トゥ　　　　　　プリーズ

ex. ピカデリー・サーカスまで行ってください。
To Piccadilly Circus, please.
トゥ ピカディリー サーカス プリーズ

[　　　]行きのバス乗り場はどこですか。
Where is the bus stop for [　　　]?
ウェア イズ ダ バス ストップ フォー

ex. タワー・ブリッジへのバス乗り場はどこですか。
Where is the bus stop for Tower Bridge?
ウェア イズ ダ バス ストップ フォー タウブリッジ

この地下鉄（バス）は[　　　]へ行きますか。
Does this tube(bus) go to [　　　]?
ダズ ディス チューブ（バス）ゴー トゥ

ex. この地下鉄はピカデリー・サーカスへ行きますか。
Does this tube go to Piccadilly Circus?
ダズ ディス チューブ ゴー トゥ ピカデリー サーカス

会話例

タクシー乗り場はどこですか。
Where can I get a taxi?
ウェア キャナイ ゲッタ タクスィー

《地下鉄・バス内で》この席は空いていますか。
May I sit here?
メアイ シット ヒア

トイレはどこですか。
Where is the restroom?
ウェア イズ ダ レストルーム

返品（交換）したいのですが。
I'd like to return(exchange) this.
アイドゥ ライク トゥ リターン(エクスチェンジ) ディス

メニューをください。
May I have a menu, please?
メアイ ハヴァ メニュー プリーズ

注文してもいいですか。
May I order?
メアイ オーダー

注文したものがまだきていません。
My order hasn't come yet.
マイ オーダー ハズント カム イェット

会計をお願いします。
Check, please.
チェック プリーズ

予約をしているのですが。
I have a reservation.
アイ ハヴァ リザヴェイション

荷物を預かってください。
Please keep my luggage.
プリーズ キープ マイ ラゲッジ

Wi-Fiのパスワードを教えてください。
Could you tell me the password for Wi-Fi?
クッジュー テルミー ザ パスワード フォー ワイファイ

締め出されてしまいました。
I rocked myself out.
アイ ロックド マイセルフ アウト

財布を盗まれました。
My wallet was stolen.
マイ ウォレット ワズ ストールン

盗難証明書を作成してくれますか。
Could you make a theft certificate?
クッジュー メイクァ セフトゥ サーティフィケット

31

おとな旅
プレミアム
PREMIUM

付録

とりはずして
使える

JN023504

MAP
ロンドン街歩き地図

地図凡例

★ 観光・見どころ
🏛 博物館・美術館
✝ 教会
🍴 飲食店
☕ カフェ
🛍 ショッピングセンター
🏪 ショップ

M マーケット
🎭 劇場・競技場
N パブ・ナイトスポット
🏨 宿泊施設
✈ 空港
i 観光案内所

TAC出版
TAC PUBLISHING Grc

切り取り線 ✂

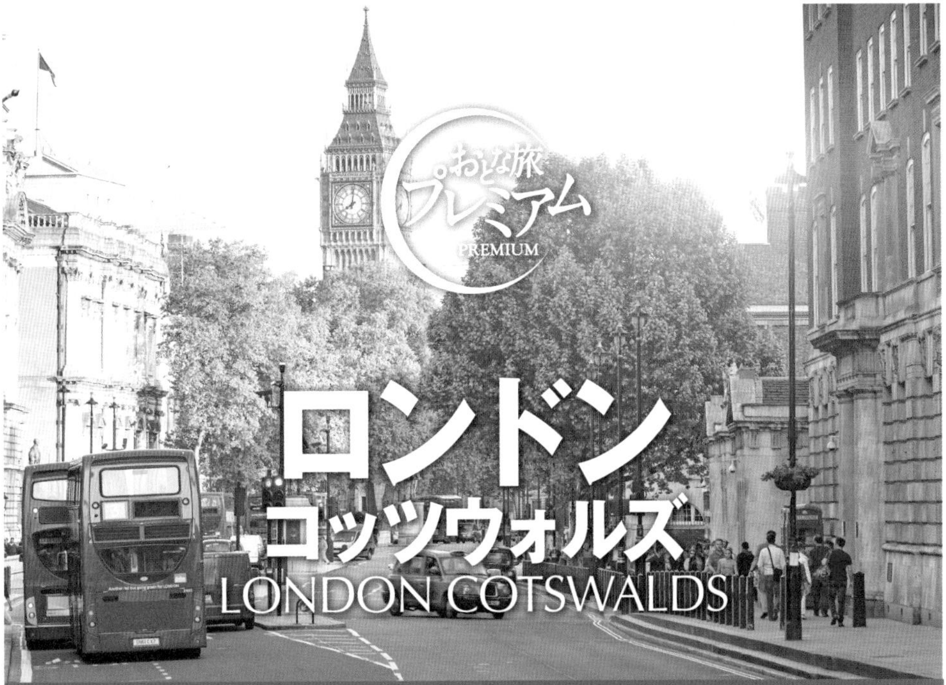

ロンドン
コッツウォルズ
LONDON COTSWALDS

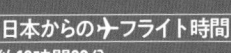

日本からの✈フライト時間
約12時間30分

ロンドンの空港
ヒースロー空港
▶P.184
ロンドン市内へヒースロー・エクスプレスで約15〜21分

ビザ
6カ月未満の滞在ならビザは不要

時差
東京
| 0 | 1 | 2 | 3 | 4 | 5 | 6 | 7 | 8 | 9 | 10 | 11 | 12 | 13 | 14 | 15 | 16 | 17 | 18 | 19 | 20 | 21 | 22 | 23 |

ロンドン
| 15 | 16 | 17 | 18 | 19 | 20 | 21 | 22 | 23 | 0 | 1 | 2 | 3 | 4 | 5 | 6 | 7 | 8 | 9 | 10 | 11 | 12 | 13 | 14 |

ロンドン（夏）
| 16 | 17 | 18 | 19 | 20 | 21 | 22 | 23 | 0 | 1 | 2 | 3 | 4 | 5 | 6 | 7 | 8 | 9 | 10 | 11 | 12 | 13 | 14 | 15 |

日本時間の前日

通貨と換算レート
ポンド（£）
£1＝約197円（2024年5月現在）

チップ
習慣としてはある
▶P.11　▶P.95

言語
英語

夏時間は、3月最終日曜〜10月最終日曜

ロンドン

CONTENTS

ロンドンでぜったいしたい9のコト … 21
BEST 9 THINGS TO DO IN LONDON

© Victoria and Albert Museum,
London

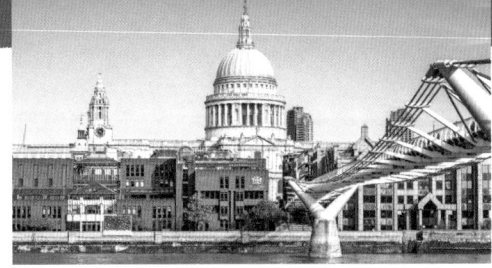

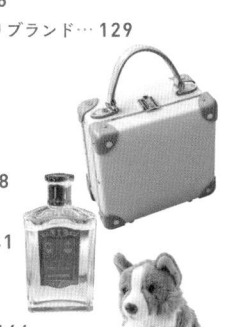

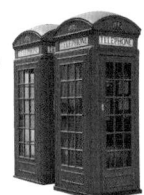

SHOPPING … 119
ショッピング

AREA WALKING… 145
歩いて楽しむロンドン

COTSWOLDS … 161
コッツウォルズ

HOTEL … 159
ホテル

本書の使い方

●本書に掲載の情報は2024年3〜5月の取材・調査によるものです。料金、営業時間、休業日、メニューや商品の内容などが、本書発売後に変更される場合がありますので、事前にご確認ください。
●本書に紹介したショップ、レストランなどとの個人的なトラブルに関しましては、当社では一切の責任を負いかねますので、あらかじめご了承ください。
●料金・価格は「£」で表記しています。また表示している金額とは別に、税やサービス料がかかる場合があります。
●電話番号は、市外局番から表示しています。日本から電話をする場合には→P.188を参照ください。
●営業時間、開館時間は実際に利用できる時間を示しています。ラストオーダー(LO)や最終入館の時間が決められている場合は別途表示してあります。
●休業日に関しては、基本的に年末年始、クリスマス、祝祭日などを除く定休日のみを記載しています。

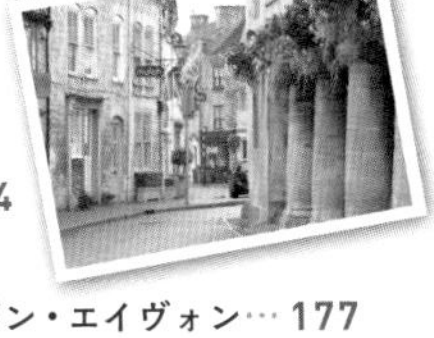

本文マーク凡例

- ☎ 電話番号
- 交 最寄り駅、バス停などからのアクセス
- Ⓤ 地下鉄駅
- 所 所在地 Hはホテル内にあることを示しています
- 休 定休日
- 料 料金
- HP 公式ホームページ
- J 日本語が話せるスタッフがいる
- J 日本語のメニューがある
- 予約が必要、または望ましい
- クレジットカードが利用できる

地図凡例

- ★ 観光・見どころ
- 博物館・美術館
- 教会
- E 劇場・競技場
- R 飲食店
- C カフェ
- SC ショッピングセンター
- S ショップ
- M マーケット
- N パブ・ナイトスポット
- H 宿泊施設
- 空港
- 地下鉄駅

本書では、下記の略称を使用しています。
St=Street　Rd=Road

あなたのエネルギッシュな好奇心に寄り添って、
この本はロンドン&コッツウォルズ滞在のいちばんの友だちです！

誰よりもいい旅を！　あなただけの思い出づくり

ロンドン&コッツウォルズへ出発！

伝統と革新を重ねながら進化を続けるロンドンと
緑の田園風景のなか、のんびりと時が流れるコッツウォルズ。
イギリスの多様で奥深い魅力のトリコにならずにいられない
2大エリアを訪ねる極上の旅へ。

イギリス王室の歴史を伝える
宮殿や要塞を巡る旅へ

ROYAL FAMILY

バッキンガム宮殿は衛
兵交代の時間を狙って
訪れるのが正解

SIGHTSEEING

劇場やパブ、ショップなど
が揃うピカデリー・サーカス
周辺には街の魅力が凝縮

MUSEUM

世界各地から集められ
た工芸品や美術品が揃
う大英博物館

「太陽の沈まない国」の
栄華を伝える世界の遺産

いつか夢に見た光景を
テムズのほとりから！

国会議事堂・ビッグベン(P.27)

GOURMET

グルメシーンの最前線
はモダンブリティッシュ
の名店でチェック

PUB

イングリッシュ・パブに
立ち寄れば、街で暮ら
す気分が味わえます

英国の素敵な時間
アフタヌーンティー

6

ザ・リッツ・ロンドン(P46)

SHOPPING

英国王室御用達の
名品を旅の記念に

ポートベロ・ロード・マー
ケットには多彩なアン
ティークが並ぶ

気品が漂う銘品を
旅の思い出に

美しくてかわいい村
コッツウォルズへ！

どこに何がある？
どこで何する？

街はこうなっています！
ロンドンのエリアと主要スポット

ロンドンの中心部はコンパクトだが、それぞれに特徴をもつエリアに分かれている。行きたい観光スポットの位置や特徴を押さえておきたい。

赤い2階建てのバス「ダブルデッカー」にトライ

英国を象徴する建造物が立ち並ぶ

A バッキンガム宮殿〜ウエストミンスター寺院 ▶P.146

英王室の中心となる宮殿

● Buckingham Palace, Westminster

バッキンガム宮殿に世界遺産のウエストミンスター寺院とウエストミンスター宮殿(現・国会議事堂)などが立ち並び、ロンドンのシンボルともいえる時計塔、ビッグ・ベンもここにある。

多くの観光客で賑わうロンドンの繁華街

B ソーホー〜コヴェント・ガーデン周辺 ▶P.148

● Soho, Covent Garden

各国の料理店が並ぶレストラン激戦区でギャラリーにブランドショップ、バー、劇場などが集中。おしゃれな店が揃うコヴェント・ガーデンは市民と旅行者で賑やか。マーケットも人気。

アカデミックな雰囲気が漂う街

C 大英博物館〜キングス・クロス周辺 ▶P.152

● The British Museum, Kings Cross

世界有数の規模を誇る大英博物館やロンドン図書館、ロンドン大学などが立ち並ぶ文教地区。キングス・クロス駅やセント・パンクラス駅など『ハリー・ポッター』のロケ地として知られる。

ロンドンはココ

ロンドン動物園
アビー・ロード
リージェンツ・パーク
リージェンツ・パーク周辺 E
セントパンクラス
ユーストン駅

マリルボーン駅
ベイカー・ストリート駅

ウエスト・エンドもこのエリア

パディントン駅

F ハイド・パーク周辺
ハイド・パーク
トラファルガー・スクエ
ケンジントン・ガーデンズ
ケンジントン宮殿
セント・ジェイムズパーク
バッキンガム宮殿
ヴィクトリア&アルバート博物館
ヴィクトリア駅

G ケンジントン〜チェルシー周辺

テムズ川

バタシー・パーク駅

クイーンズタウン・ロード(バタシー)駅

ロンドンってこんな街

テムズ川が街を横切るロンドン。主な観光スポットは、シティから見てテムズ川の北側と西側に集まっている。近年は東側のイースト・エンドが最先端の流行発信エリアとして注目を浴び、観光エリアも拡大しているが、ロンドンの中心となるトラファルガー・スクエアからほとんどの名所まで4～5分以内で歩ける。また、地下鉄やバスなどの交通網が発達しているので便利に使いたい。

キングス・クロス駅

C 大英博物館～キングス・クロス周辺
大英博物館

ショーディッチ～イースト・エンド周辺 **H**

リヴァプール・ストリート駅

B ソーホー～コヴェント・ガーデン周辺

セント・ポール大聖堂

スカイ・ガーデン

ナショナル・ギャラリー
チャリング・クロス駅

キャノン・ストリート駅
テート・モダン
ロンドン・ブリッジ
ロンドン塔
タワー・ブリッジ

ロンドン・アイ
ウォータールー駅

ザ・シャード
ロンドン・ブリッジ駅

D シティ～ロンドン塔周辺

国会議事堂
ウエストミンスター寺院

A バッキンガム宮殿～ウエストミンスター寺院

テート・ブリテン

エレファント&カースル駅

集合場所としても有名なトラファルガー・スクエア

N

0　　1km

新旧の顔をもつ経済の中心地
D シティ～ロンドン塔周辺 ▶P150
● City, Tower of London

ローマ帝国時代から存在するロンドン最古の街。セント・ポール大聖堂、ロンドン塔などの名所が集まり、荘厳な中世の建物と金融街として斬新なデザインの高層ビル群が混在する。

ホームズ、ビートルズの聖地
E リージェンツ・パーク周辺
● Regent's Park

湖周辺でピクニックができる

ホームズゆかりのベーカーStやビートルズの『アビイ・ロード』の横断歩道があるエリア。リージェンツ・パークは動物園や野外劇場があり、バラの季節は特に美しい。

ロンドン最大の緑のオアシス
F ハイド・パーク周辺
● Hyde Park

緑豊かなハイド・パークとケンジントン宮殿があるケンジントン・ガーデンズは市民の憩いの場。ボート遊びができる人工湖やダイアナ・メモリアル・プレイグラウンドなど家族連れに人気。

ハイソな高級住宅街
G ケンジントン～チェルシー周辺 ▶P154
● Kensington, Chelsea

ハロッズなど老舗デパートやブランド店が立ち並ぶ商店街と高級住宅地が広がるエリア。ヴィクトリア&アルバート博物館、科学博物館、自然史博物館の3大ミュージアムが隣接する。

ロンドンの旬を発信する下町エリア
H ショーディッチ～イースト・エンド周辺
● Shoreditch, East end

古くは移民街や倉庫街だったイースト・エンド。家賃の安さにひかれて多くのアーティストが移り住み、個性的な店が集まる最先端のカルチャーエリアとして注目されている。

まずはこれをチェック！
滞在のキホン

ロンドンへ出発する前に知っておきたいフライトや交通、通貨と物価、季節のイベント情報などをチェック。

イギリスの基本

❖ **地域名(国名)**
グレート・ブリテンおよび北アイルランド連合王国
United Kingdom of Great Britain and Northern Ireland

❖ **首都**
ロンドン

❖ **人口**
約902万人(2020年)

❖ **面積**
24万3531k㎡

❖ **言語**
基本は英語

❖ **宗教**
英国国教会、カトリックなどキリスト教が多く、ほかイスラム教、ヒンドゥ教、ユダヤ教、仏教など

❖ **政体**
立憲君主制

❖ **元首**
チャールズ3世

✈ **日本からの飛行時間**
❖ **日本からロンドンまで、平均約12時間30分**

羽田空港(HND)からは、ブリティッシュ・エアウェイズ、日本航空、全日空が直行便を運航。成田国際空港(NRT)と関西国際空港(KIX)からは、ブリティッシュ・エアウェイズ(BA)が直行便を運航している。日本に戻る便は約11時間45分。

💱 **為替レート&両替**
❖ **単位はポンド£とペンスp。1£=約143円**

ロンドンではクレジットカードの普及率が高いので、利便性と安全性を考えてカードがおすすめ。現地空港の両替所は為替レートが高く、両替は日本で済ませておくと安心。現地での両替は銀行、郵便局、ホテル、デパート、街なかの両替所などで可能。

🪪 **パスポート&ビザ**
❖ **パスポートの有効期限に注意**

6カ月未満の滞在の場合ビザは不要。パスポートの有効残存期間は基本的に滞在日数以上あればOK。入国カードは2019年5月に廃止された。日本のIC旅券保持者で、18歳以上および成人と同伴する12〜17歳の旅行者は自動化ゲートの利用が可能になった。

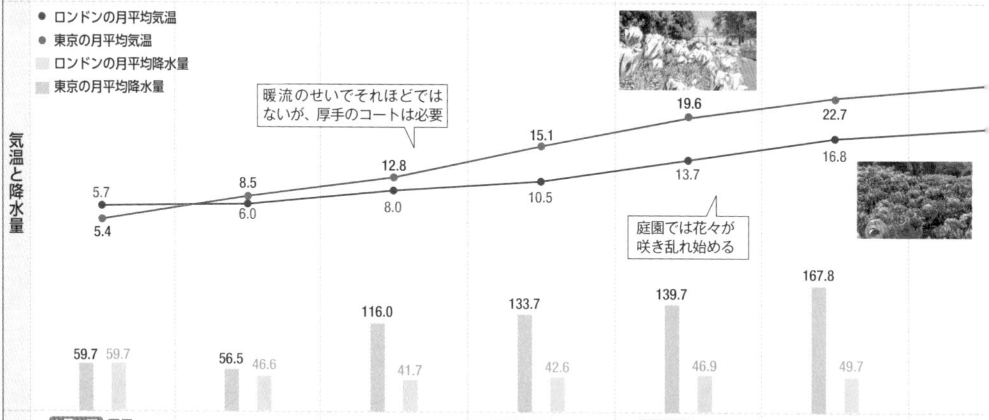

気温と降水量

凡例:
- ● ロンドンの月平均気温
- ● 東京の月平均気温
- □ ロンドンの月平均降水量
- □ 東京の月平均降水量

	1月	2月	3月	4月	5月	6月
ロンドン月平均気温	5.7	8.5	12.8	15.1	19.6	22.7
東京月平均気温	5.4	6.0	8.0	10.5	13.7	16.8
ロンドン降水量	59.7	56.5	116.0	133.7	139.7	167.8
東京降水量	59.7	46.6	41.7	42.6	46.9	49.7

暖流のせいでそれほどではないが、厚手のコートは必要

庭園では花々が咲き乱れ始める

祝祭日とイベント

1月1日 元日

4月10日
※グッド・フライデー
復活祭前の金曜。「受難日」「受苦日」とも呼ばれる

4月13日
※イースター・マンデー
復活祭

5月4日
アーリー・メイ・バンクホリデー
元来は5月1日の5月祭

5月25日
スプリング・バンクホリデー
聖霊降臨祭の翌日

掲載している日程は2024年1月〜2024年12月のものです
※印のあるイベントは、毎年日程が異なります
名称が赤字のものは国定休日です

日本との時差

❖ **日本との時差は−9時間。日本が正午のとき、ロンドンは午前3時。サマータイム実地時は8時間の時差となる**

東京	0	1	2	3	4	5	6	7	8	9	10	11	12	13	14	15	16	17	18	19	20	21	22	23
ロンドン	15	16	17	18	19	20	21	22	23	0	1	2	3	4	5	6	7	8	9	10	11	12	13	14
ロンドン（夏）	16	17	18	19	20	21	22	23	0	1	2	3	4	5	6	7	8	9	10	11	12	13	14	15

 言語

❖ **英語のほか、ウェールズ語、ゲール語も**

移民の多いロンドンでは英語のアクセントは十人十色。観光地の英語表記やレストランメニューに黙って指をさす、黙ってうなずくなどは避けたい。「ハロー」「サンキュー」「ノーサンキュー」など、何でもいいので、相手の目を見てしっかり答えるのがマナー。

交通事情

❖ **チューブと呼ばれる地下鉄が便利**

有名観光地のほとんどは地下鉄を使えばアクセス可能。ただし、突然のストや故障で運休になることも。また、ロンドンといえば、赤い2階建てのバスが有名。バスは現金での乗車ができないので、オイスターカードやコンタクトレスカードなど交通パスを購入のこと。

 物価＆チップ

❖ **物価は総じて日本より高く感じられる**

レストランやホテルなどの料金にはサービス料が含まれていることが多く、基本的には不要だが、快いサービスを受けたときなどには、レストランで10〜15％を置く。タクシー10〜15％、ホテルのベルボーイやルームサービスには£1程度を目安に。

サマータイム

❖ **スリや置き引きなど観光地では特に注意**

ほかの西欧諸国に比べて比較的治安がいいとされるが、スリや置き引き、ひったくりなどが観光名所や人通りの多いストリート、広場で多発。スマホやタブレットの盗難が増加しているので、自分の荷物からは目を離さず、地下鉄では乗客の少ない車両は避ける。

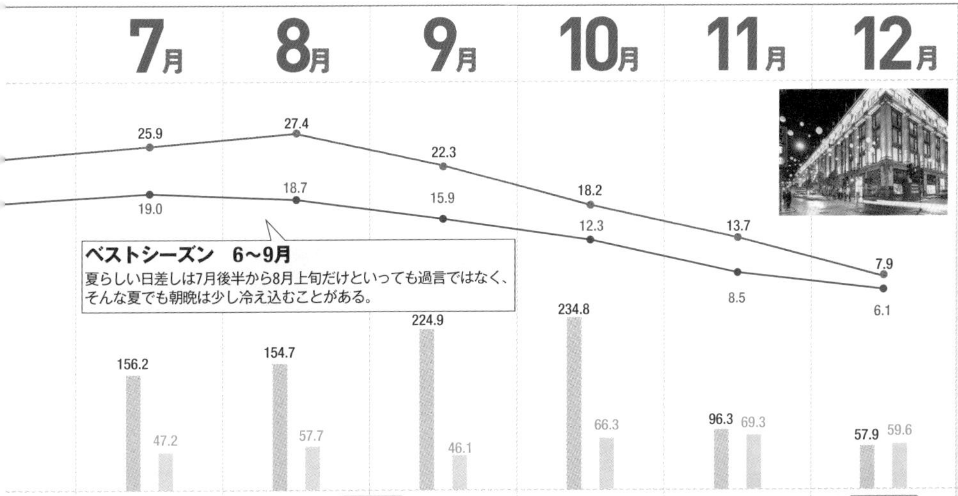

7月 8月 9月 10月 11月 12月

気温と降水量

- 25.9（7月）
- 27.4（8月）
- 22.3（9月）
- 18.2（10月）
- 13.7（11月）
- 7.9（12月）

- 19.0（7月）
- 18.7（8月）
- 15.9（9月）
- 12.3（10月）
- 8.5（11月）
- 6.1（12月）

ベストシーズン 6〜9月
夏らしい日差しは7月後半から8月上旬だけといっても過言ではなく、そんな夏でも朝晩は少し冷え込むことがある。

降水量:
- 156.2 / 47.2（7月）
- 154.7 / 57.7（8月）
- 224.9 / 46.1（9月）
- 234.8 / 66.3（10月）
- 96.3 / 69.3（11月）
- 57.9 / 59.6（12月）

祝祭日とイベント

- 8月31日 ※サマー・バンクホリデー 
- 12月25日 クリスマス
- 12月26日 ボクシング・デー
- 6月29日〜7月12日 ※全英オープンテニス

LONDON 2022-2024
NEWS & TOPICS

ハズせない街のトレンド！

ロンドンのいま！ 最新情報

ニューオープンや街のトレンドなど、注目の最新ニュースをしっかり押さえて、旅のプランに組み込んでみたい。

2023年9月オープン

ロンドンで最も高層階にある展望台
ホライズン22 がオープン!!

金融街の中心に建つ地上254m、62階の建物「22ビ6.50ショップゲート」。その58階に300度市街を見渡せる展望台が開業。HPから事前の予約が必要で、朝10時のオープン時には先着順で当日券がもらえる。

ロンドン塔周辺
MAP 付録P.16 D-2
☎なし ✕ⓊMonumentモニュメント駅から徒歩2分 ㊐22Bishopsgate, EC2N 4AJ ㉈10:00〜18:00(土曜は〜17:00、入場は〜16:00) ㉠無休 ㉟無料 ⓗhorizon22.co.uk/book/

曲がりくねるテムズ川やタワーブリッジが見える！

⤴競い合うように並ぶ近代的高層ビルのなかでもひときわ高いビル

⤵眼下に開閉する跳ね橋のタワーブリッジを一望

ツアーでは国会議事堂の中心の豪華なホールも見学

2023年7月スタート

ビッグ・ベン・ツアー で
名所の内部を見学!!

エリザベスタワー(通称ビッグ・ベン)の鐘楼見学では、334段の狭いらせん階段を上り、大小の鐘楼の内側や直径6.9mの文字盤の中も見学できる。時計技師のほか、ガラス・金メッキ・石材などの職人が保全する細部も興味深い。

ウストミンスター周辺 **MAP** 付録P.15 D-4
☎020-72193000 ✕ⓊWestminsterウエストミンスター駅から徒歩4分 ㊐Parlament, London SW1A 0 AA ㉈予約時間による ㉟所要時間90分 ㉠HPで要確認 ㊫£30

没入型アートスポット！
フレームレス が話題!!

4つの異なるコンセプトの部屋に、ダリ、ゴッホ、クリムト、モネ、アンチボルドなど巨匠たちの傑作が次々に出現。作品を体全体で多角的に感じられる。

ハイド・パーク周辺 **MAP** 付録P.13 E-2
☎なし ✕ⓊMable Archマーブル・アーチ駅から徒歩1分 ㊐6 Marble Arch, London W1H 7AP ㉈月・火曜11:00〜17:30 水曜14:30〜18:00 木・日曜10:00〜18:00 金曜・土曜10:00〜22:00 ※最終入場は各2時間前まで ㉠無休 ㊫£32(オンラインチケット£27)

四方に映し出されるアートの世界に身を置く人々

新感覚の体験施設
バブル・プラネット に注目！

特大ボールと戯れる「ジャイアント・バブル」、無数のLED照明が視覚に訴える「LEDルーム」、幻想に酔いしれる「インフィニティルーム」など、11のアトラクションで子どもも大人も大ハッスル。

ロンドン塔周辺 **MAP** 付録P.2 B-1
☎なし ✕ⓊWembley parkウェンブリー・パーク駅から徒歩8分 ㊐22 Fulton Rd, Wembley HA90TF ㉈10:00〜18:00(金曜は〜21:00)土曜9:00〜21:00 日曜9:00〜17:00 火曜㉠月曜£19.90、水・木曜£21.90、金曜£23.90、土・日曜£26.90

小ボールをプールいっぱいに満たしたバブル・オーシャン

◐◑カクテルバー「Control Room B」には発電所当時の機器がそのまま。軽食ニブルズ£6.50はカクテルのおつまみに

ブティック、飲食店などが入った総合ショッピングセンター

巨大複合施設になった
バタシー発電所 が人気!!

かつてロンドンの5分の1の電力を供給した発電所が、カフェ・バー・レストラン・ブティック・ショップ・シネマのある郊外型モダン・ショッピングセンターに変身。4つの煙突を持つ発電所の姿を残し、ブルーに映える夜景が人気。

ウエストミンスター周辺 MAP付録P.20 A-4

☎020-8176-6500 ⊗Ⓤ Battersea Power Stationバタシー・パワー・ステーション駅から徒歩1分 ㊟ Circus Rd W, Nine Elms, SW11 8DD ⊕10:00～20:00 日曜12:00～18:00 ⊛無休

◐◑アッパーグランドフロアにあるパンケーキ専門店「Where the Pancakes are」。バナナとキャラメルソースの相性が抜群£12.50

2023年9月オープン

壮観な外観とスタイリッシュなゲストルームが魅力

高級住宅街の一角に
ザ・ペニンシュラ・ロンドン がオープン!!

著名な建築家のピーター・マリノ氏が手掛けた英国式中庭が美しいホテル。ハイドパークやウェリントンアーチに隣接し、歴史的建造物と調和する設計。

ハイド・パーク周辺
MAP付録P.13 F-4

☎020-39592888 ⊗Ⓤ Hyde Park Cornerハイド・パーク・コーナー駅から徒歩2分 ㊟ 1 Grosvenor Pl, London SW1X 7HJ ㊖Ⓣ £1300～ ⊛190室

⬆1階にあるオールデイ・ダイニング「ザ・ロビー」

ロンドンの東西に延びる
エリザベス・ライン が開業!!

西はレディングまたはヒースロー空港、東はアビーウッドまたはシェンフィールドまで、ロンドン中心部と東西をつなぐ約117kmの鉄道路線。ヒースロー空港とパディントン駅は所要時間約30分。地下鉄路線にも連結する。

時速145kmで疾走。車両内はエアコン完備

➡パープルのサークルに「エリザベス・ライン」のロゴが目印

ELIZABETH LINE

至福のロンドン モデルプラン

とびっきりの
5泊7日

食べて、見て、遊んで。定番から旬のおすすめスポットまでを
効率よく網羅する厳選のプランでワンランク上のロンドン旅行を。

©iStock.com/
GordonBellPhotography

旅行には何日必要？

大人のロンドンを満喫するなら
4泊6日 以上

博物館や美術館、劇場巡りに買い物、テムズ川遊覧や街歩きとロンドンには一流のエンターテインメントが勢揃い。近年、レストランの多様化とレベル向上が目覚ましく、食の楽しみも加わった。

プランの組み立て方

❖ **人気スポットとレストランは事前に予約しておこう**
見逃せないスポットが目白押しのロンドン。ミュージカル、人気レストランなどは日本で事前予約しておくのがおすすめ。公式HPからの予約が難しい場合は宿泊するホテルに予約をお願いしよう。また、人気観光スポット巡りやビートルズ、ラグビーなどのテーマごとに数時間のガイドツアーも充実している。賢く活用したい。

❖ **どこのエリアに泊まる？**
比較的治安がよく、便利なのはピカデリー〜ソーホー、チェルシー、クイーンズウェイ駅周辺。

❖ **夜の楽しみ方**
ウエスト・エンドで観劇はロンドンの夜の大定番。パブ巡りも外せないが治安には細心の注意を。週末は終夜運行の地下鉄もあるが、1人で乗るのは要注意。また、2階建てバスも人の少ない時間帯は1階に乗車したい。

❖ **工事やストライキに注意**
工事やストライキで地下鉄の駅が閉鎖していることがある。最新情報はHPでチェックしよう。

【移動】日本▷ロンドン

DAY1

午前中出発の便はロンドンの午後に到着。
移動時間が長く大変だが、1日目の夜を楽しもう。

ロンドン
市街から約23km
西に位置する
ヒースロー空港

Heathrow Airport

15:00 → ## ロンドン到着 ✈

ヒースローエクスプレス利用でパディントン駅まで約20分

ヒースローエクスプレスかTFLレイルなら空港〜パディントン駅まで30分以内。ホテルまで1時間かからずに到着可能。

16:30 → ## ホテルにチェックイン

チェックインにはパスポートが必要。さらに予約時に旅行会社や予約サイトから届く予約票や予約番号があると安心。

17:00 → ## ロンドンの繁華街で街の薫りを感じる

まずはホテル最寄りの繁華街に出て街の雰囲気を味わいたい。地下鉄や2階建てバスに乗ってみるのもいい。

最寄りの繁華街まで地下鉄移動

➡大英帝国、首都の華やかさを堪能

20:00 → ## 着いた夜はイギリスの伝統料理を味わう ▶P.102

🍴

記念すべき旅の1食目はやはり英国伝統料理がいい。初日はパブで、キドニーパイやフィッシュ＆チップスなどカジュアルなディナーが気楽。英国ビールも楽しめる。

パイが絶品のパブ、ウィンドミル・メイフェア（→P.103）

Traditional British Dishes

DAY2

The British Museum

大英帝国が集めた歴史とアートのコレクション

©The Trustees of the British Museum

いよいよロンドンで本格始動。まずはアカデミックに世界最高峰の博物館やアートをガッツリ鑑賞する。

10:00

大英博物館で歴史的遺物を鑑賞 ▶P62

世界最大規模にして、世界最高峰のコレクションを誇る博物館。敷地が広く、常時展示されているものだけでも15万点と膨大なため、見たいものを絞り、効率よくまわりたい。

徒歩12〜13分

12:30

コヴェント・ガーデンでランチ ▶P37

おしゃれな店やカフェも多い繁華街でランチ。今日は夕食が遅めなのでたっぷりと。

セント・ポール大聖堂近くに大道芸人が集結

徒歩8分

14:00

ウエスト・エンドの劇場街を散策する ▶P90

ランチのあとは新しくなったロイヤル・オペラ・ハウスを見たりしながら、ウエスト・エンドの劇場街を歩き、テムズ河畔のヴィクトリア・エンバンクメント沿いを散策。ウォータールー・ブリッジを渡って、ナショナル・ギャラリーへ。

徒歩40分

14:40

ナショナル・ギャラリーであの名画に出会う ▶P72

ボッティチェリ、ラファエロ、ダ・ヴィンチ、フェルメールなどなど、美術の教科書で見た珠玉の西欧名画が集まる大美術館。ミュージアム・ショップも要チェック。

絵画好きなら一日でも足りない名画の質と量。事前に見たい絵をチェックしよう

17:30

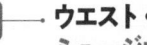
ピカデリー・サーカス周辺でショッピング ▶P135

ロンドンでも屈指の繁華街で、王室御用達の老舗有名店が軒を連ねる。フォートナム&メイソンの本店もここにある。

©iStock.com/ Alena Kravchenko

↑老舗デパート、リバティは店構えも素敵

徒歩3分

19:30

ウエスト・エンドでミュージカル鑑賞 ▶P83

NYのブロードウェイと並び称される舞台の聖地。ロングランの名作ミュージカルは英語が苦手でも楽しめる。

徒歩2分

22:00

評判のシーフード店でディナー ▶P107

舞台鑑賞後の夕食は夜遅くなるので、劇場近くで胃にもたれにくい海鮮料理をチョイス。カキもロブスターも絶品。

Seafood

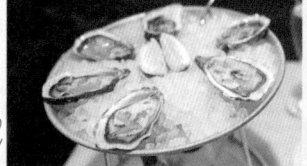

↑洗練された雰囲気のランダル&オービン

衛兵交代式の予定は、王室師団のHPで確認を

Buckingham Palace

↑花と緑に囲まれたバッキンガム宮殿。衛兵交代式はロンドン観光のハイライト

【移動】ロンドン市内

DAY 3

ロンドン観光の王道スポットをたどる3日目は、撮影したくなるスポットも多数。カメラの準備も万全に。

8:30

ケンジントン・ガーデンズから ハイド・パークへ ▶P28

隣り合わせに位置する2つの施設。どちらも王室ゆかりで緑と花が美しい。朝は優雅に英国式庭園の散歩からスタート。

↑市内最大の公園、ハイド・パーク

徒歩12分

1605年に築かれたケンジントン・ガーデンズ

ダイアナ・メモリアル・ファウンテン

10:30

バッキンガム宮殿で 衛兵交代式を見学する ▶P24

行進は11:00頃から始まり、宮殿前庭での交代式は11:30頃。見学者が多いので少し早めに着いて見学場所を確保したい。

徒歩4分

12:00

セント・ジェイムズ・パークで 水鳥たちに会う ▶P28

市内最古の王立公園。水鳥を中心にアヒルやキツツキなど鳥類が多く、14:30頃にはペリカンの餌付けも見られる。

St. James's Park

徒歩4分

↑湖を中心に庭が広がる

12:30 → **ホース・ガーズで
騎兵パレードを拝見** ▶P24

衛兵といえばベアスキン帽姿の歩兵が有
名だが、騎馬隊もかっこいい。歩兵より
も間近で見学できるのもうれしい。

バッキンガム宮殿の衛兵交代式と同時
刻に騎兵隊の交代式も行われている

徒歩6分

13:00 → **ランチはパブで
フィッシュ＆チップス** ▶P38

パブ、というとビールなどのお酒を飲む
場所という印象が強いが、ランチもおす
すめ。名物料理が評判の店も多い。

Fish and Chips

↑ザ・シャーロック・ホームズ・パブで
ロンドン名物に舌鼓

徒歩12分

14:30 → **イギリスの象徴
ビッグ・ベンを眺める** ▶P27

テムズ川のほとりに立つ国会議事堂、ウエス
トミンスター宮殿の時計台「ビッグ・ベン」は
ロンドンを代表する景観。

徒歩4分

Big Ben

15:00 → **ウエストミンスター寺院で
歴史的名場面を想起** ▶P26

国王の戴冠式やダ
イアナ妃の葬儀、
ウィリアム王子と
キャサリン妃の結
婚式など、ニュー
スで何度も見た王
室の教会を見学。

ウエストミン
スター駅から地下
鉄ディストリクト
線またはサーク
ル線で6分、
サウス・ケンジ
ントン駅から徒
歩5分

→1066年以降、400
人の国王の戴冠式
が行われている

16:00 → **ヴィクトリア＆アルバート
博物館を見学して休憩** ▶P68

1851年のロンドン万博を記念した博物
館には一流の工芸品が集まる。建物自体
も美しく、館内のカフェもおすすめ。

徒歩10分

↑ギフトショップも忘れずにチェック
©Victoria and Albert Museum, London

17:30 → **憧れのハロッズ本店で
ショッピング** ▶P134

世界一有名といっても過言ではない高級
百貨店。食料品店として創業したことも
あり、今も食品売り場の充実度は健在。

ナイツブリッジ
駅から地下鉄ピ
カデリー線とディ
ストリクト線
で23分、ター
ナム・グリーン
駅から徒歩5分

↑ハロッズ・
ベアや紅茶な
どは英国みや
げの定番

19:00 → **食のトレンド、
モダン・ブリティッシュを
チェック** ▶P98

英国は食がイマイチという評判を打ち崩
すモダン・ブリティッシュ界の名店で特
別なディナーを楽しむ。

→このカテゴ
リーの有名レス
トランの一軒、
ラ・トランペット

Broadway

↑中世から羊毛流通の中継地として栄えたブロードウェイ

【移動】ロンドン市内 ➡ コッツウォルズ ➡ ロンドン市内

DAY4

ちょっと足をのばして郊外へプチ・トリップ。
日帰りで楽しむイングランドの田園風景。

パディントン駅からケンブル駅へ約1時間15分。
ケンブル駅からタクシーで20分、バイブリーへ

10:00

ロンドンっ子の憧れ
バイブリーへ ▶P170

テムズ川支流のコルン川沿いの美しい村。
特に建築保護区に指定されているアーリ
ントン・ロウは英国パスポートの表紙裏
にも描かれるなど国を代表する景観。

Bibury

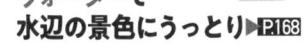

> 牧羊が盛ん
> なエリアでも
> あり、石造り
> の羊毛倉庫が
> 立ち並ぶ

タクシーで
約20分

12:00

ボートン・オン・ザ・
ウォーターで
水辺の景色にうっとり ▶P168

リトル・ベニスとも呼ばれる水辺の景色
が美しく、まるで絵本のよう。パイなど
素朴な郷土料理のランチも楽しめる。

タクシーで
約20分

Bourton on the Water

↑ハチミツ色といわれる、暖かな色合いの石造りの建物が並ぶ

13:30

コッツウォルズの宝石
ブロードウェイを訪ねる ▶P166

シェイクスピアの『リチャード3世』に
も登場。最もイングランドらしい風景が
楽しめるエリアで、かわいいお菓子屋さ
んや雑貨店、ティー
ルームもある。

> 小高い丘の
> 上に立つ
> ブロードウェイ・
> タワー

タクシーで
約10分

15:30

裕福な商人により形成された
チッピング・カムデンを散策
▶P164

羊毛の市場があった街で、裕福な商人た
ちが建てた茅葺き屋根、テラス付き、石
造りの家々が素敵。王冠に飾られた宝石、
と称される美しい街並みが楽しめる。

> チッピングとは
> 古い英語で市場
> を意味。商取引
> で栄えた街にふ
> さわしい名だ

Chipping Campden

チッピング・カムデンからモートン・イン・マーシュ駅へ
タクシーで20分。モートン・イン・マーシュ駅からロン
ドンのパディントン駅へ約1時間30分

【移動】ロンドン市内

DAY 5

Tower Bridge

➔ 上段の通路は展望台として旅行者に人気のアトラクション

ホテルに荷物を預けたら出発ぎりぎりまでロンドンを遊び尽くそう。ショッピングにグルメ、アートも！

9:00 ━━ セント・ポール大聖堂から
ロンドンを見渡す ▶P37

📷 ロンドンを代表する建物のひとつで、数々の映画にも登場。ギャラリーと呼ばれる展望台からの景色は圧巻。

チャールズ国王とダイアナ元妃の結婚式でも有名

徒歩12分

10:00 ━━ テート・モダンで
近代美術の代表作を鑑賞 ▶P78

🏛 ピカソやダリ、アンディ・ウォーホルなど、近・現代アートの有名作品が並ぶ。

➔ 発電所を美術館に改装したユニークな建物

徒歩5分

11:30 ━━ シェイクスピア・グローブ座
見学ツアーに参加 ▶P50

📷 展示を見てから、30分ごとに行われるツアーに参加するのがおすすめ。

➔ 日本語の音声ガイドや資料もある

徒歩8分

12:30 ━━ ランチはバラ・マーケットで
市場飯を堪能 ▶P58

🍴 ロンドンの台所。屋台料理や買い食いが楽しい食品市場だ。

瓶詰めなどはおみやげにも最適

徒歩15分

14:00 ━━ 世界一番有名な跳ね橋
タワー・ブリッジへ ▶P33

📷 ロンドンのシンボルでもある、2本のタワーが特徴的な跳ね橋。大きな船が通る際には今でも通行を止めて橋が開閉。

徒歩5分

15:30 ━━ 怪奇現象が噂される
ロンドン塔を見学 ▶P26

📷 城塞、牢獄としての歴史を有する塔。王家に伝わる王冠や宝石が展示されているが、怪奇現象見たさに訪れる人も多い。

徒歩10分

宝物が置かれているため、内部の撮影は禁止

17:30 ━━ ショーディッチで買い物を
満喫 ▶P150

🛍 今、最も注目されるおしゃれエリア。日曜には花のマーケットも出現する。

20:00 ━━ ショーディッチで
おしゃれなディナー ▶P150

🍴 気鋭のシェフたちがこぞって出店。ロンドン最後の夜は最新トレンド・レストランでおしゃれな晩餐を満喫する。

【移動】ロンドン市内▶日本

DAY 6

楽しい思い出とともに帰国。フライトは約12時間。ヒースローを朝に発つと、日本到着は翌朝となる。

TRAVEL PETIT ADVICE

出 発 前 に 予 約

観劇、食事、スポーツなど、好みのまま楽しむためには「出発前に予約しておく」ことが重要。
ロンドンに着いてからでは、予約が間に合わない場合がある。(ホテルの予約は→P.160)

❖ レストラン／アフタヌーンティー

ロンドンの高級レストランはその多くが老舗ホテル内にあるが、予約は必須と考えておきたい。HPに予約専門ページのあるレストランも多いので、気楽に利用できる。ロンドンが本場とされるアフタヌーンティーも、リッツやザ・ゴーリングなどの名門ホテルやハロッズやフォートナム＆メイソンなどで楽しむ場合は予約はマストだ。多くの場合3〜6カ月前からHPで簡単な英語入力での予約が可能になる。また、オプショナルツアーなどで代理予約してくれる旅行催行会社を利用する方法もある。

❖ フットボール(サッカー)

4部制からなるイングランドのフットボールの最高峰プレミア・リーグは20チームがホーム＆アウェイで総当たりで競技する。シーズンは8月〜翌年5月で、チケットは各クラブのHPや電話で申し込む。日本の広告代理店のHPで予約する方法もある。

❖ ラグビー

イングランド発祥とされるラグビーだが、その聖地とされるトゥイッケナムはスタジアムそれ自体がファン必見の名所となっている。最も人気の大会は2〜3月開催の「6カ国対抗ラグビー」で、ほかに5月開催の「ロンドン・セブンス」などがある。プレミア・リーグ(国内リーグ)は9月〜翌年4月に開催される。観戦チケットの購入サイトを利用したり、観戦ツアーに参加するなどして楽しみたい。

❖ 競馬

競馬は年間を通して各地で開催されるが、普通は当日券で入場できる。ただし6月のアスコットで催される「ロイヤル・アスコット(www.ascot.co.uk)」とエプソムで開催される「ダービー(www.epsomderby.co.uk)」は予約が必要となる。

❖ クリケット

イギリスの国技であるクリケットのシーズンは4〜9月で、国別対抗戦や数日にわたって戦わされるテストマッチなどが人気だ。よく知られるローズ・クリケット競技場での試合を予約するならMarylebone Cricket Clubなどのサイトを利用する。

❖ ウィンブルドン選手権

テニス4大国際大会のひとつで、いわゆる全英オープンテニスの開催は6〜7月。チケットの入手が困難なことでも知られるが、その予約・入手方法はいくつかある。一般的にはBallot(バロット)と呼ばれる抽選予約を多くのファンは試みる。当選の確率は10%程度で、日程や席は選択できない。日本からの場合は海外在住者用のオンライン抽選に申し込むことになる。関連サイトはThe Wimbledon Public Ballot - The Championships。旅行会社による観戦ツアーも各種あり、情報を十分に検討して選択すればいい。

BEST 9 THINGS TO DO IN LONDON

ロンドンで
ぜったいしたい 9 のコト

GUINNESS

Contents

21

イギリス王家の足跡をたどり
憧れロンドンの旅人になる

成熟した街の
美しき伝統の世界へ

01 英国王室のロンドン

伝統と刺激的なトレンドが共存する街、ロンドン。
中世から歴代君主が威信をかけ、時代の最高峰、最先端を
目指しつくり上げた美しい都だ。その魅力を旅しよう。

The Royal Family

バッキンガム宮殿
Buckingham Palace

バッキンガム宮殿～ウエストミンスター寺院
MAP 付録P.14 A-4

**英国とロンドンのシンボル
街の心臓ともいえる宮殿**

1703年にバッキンガム公の邸宅として建
造。その後、英国王室が購入し建築家
ジョン・ナッシュにより豪華な改装がな
された。1837年、ヴィクトリア女王が即
位時に移り住み公式の宮殿となった。
チャールズ国王が宮殿内にいるときは屋
上に王室旗、不在時は国旗が掲げられる。
☎0303-123-7300 交 Ⓤ St James's Park セ
ント・ジェイムズ・パーク 駅から徒歩9分 所
Buckingham Palace Rd. SW1 時 7/12～9/15
の月・金・日曜オープン。※190の部屋見学£32はすで
に売り切れ。プラス衛兵交代のツアーなどあり。
Book.london-tickets.co.ukでチケット予約可。
休 一般公開は夏期のみ 料 £25 HP www.royal.
uk/royal-residences-buckingham-palace

©iStock.com/TkKurikawa

22

バッキンガム宮殿を象徴して
王室は今も首都の中心で機能

　2012年のロンドン・オリンピックの開会式で、エリザベス女王が『007』のジェームズ・ボンドの役者とともにヘリコプターでバッキンガム宮殿を出発し、会場へ降り立つ、という演出を観客は歓喜で迎えた。

　ヘリコプターがテムズ川に沿って水面すれすれに滑空する様子は迫力満点で、首都ロンドンを世界に見せるのに、これほど効果的なことはなく、同時にそれは、王室がなお健在で国民とともにあるというメッセージでもあった。

　王室がその権威を確立したのは、18世紀、ヴィクトリア女王が国王になった時代、産業革命で大国となり、19世紀半ばには世界初の鉄道や地下鉄を敷設。世界各地を植民地化し、「太陽が沈まぬ国（地球上の植民地のどこかで日が沈んでも別の植民地で日が昇る）」となった。

王家がつくった街、ロンドンで
世界遺産や文化遺産を楽しむ

　大英帝国は栄華を極め、バッキンガム宮殿は国の総力をあげて建設された。その周囲には、観光の名所が集まり、戴冠式や王室の葬儀が催行される壮麗なウエストミンスター寺院には息をのむ。テムズ河畔に立つ国会議事堂のホールでは王家の式典も行われ、ビッグ・ベンの正式名はエリザベス・タワーである。

　1851年、世界発の万国博覧会はヴィクトリア女王の夫アルバート公が指揮して大成功をおさめ、その利益でハイド・パーク周辺にヴィクトリア＆アルバート博物館や文化的な施設を造ったという。

　これら王室の手になった華麗な建築物の美意識は見事で、旅行者はそこに立つだけで、王室の香りを嗅ぐことになる。宮殿前のザ・マルで騎馬兵とすれ違えば、ロンドンは王室の街なのだと実感する。

宮殿の前で衛兵
交代式を見たい
▶P24

ロンドンでぜったいしたい9のコト

01 英国王室のロンドン

バッキンガム宮殿前の風物儀式
これが伝統の衛兵交代式だ

熊の毛皮の帽子と赤い制服の衛兵はロンドンを代表するアイコンのひとつ。交代式は王室の街を実感する絶好のチャンス!

バッキンガム宮殿前や
関連施設周辺、沿道でも
行進が見られる。

衛兵交代式
Changing the Guard
MAP 付録P.14 A-4

セント・ジェイムズ宮殿とバッキンガム宮殿で任務に就いていた衛兵が、次の衛兵と交代する儀式。音楽隊の演奏とともにバッキンガム宮殿で行われる。制服姿の凛々しい衛兵たちが隊列を組み行進する様子は圧巻で印象的。まさに英国王室を中心に形作られた街だと実感できる。

🚇 Ⓤ St James's Park セント・ジェイムズ・パーク 駅から徒歩9分
🏛 Buckingham Palace Rd, SW1

↑女王陛下を守る近衛兵にして英国陸軍の兵士
©iStock.com/mychadre77

騎兵隊交代式
Horse Guard Parade
MAP 付録P.14 C-3

バッキンガム宮殿の近くに王室騎兵隊の本部、ホース・ガーズがある。警備する騎兵隊ライフ・ガーズの交代が、建物前の広場や周辺の通りで間近に見られる。騎馬兵の凛々しさも必見だ。

🚇 Ⓤ Ⓝ Charing Cross チャリング・クロス駅から徒歩5分 🏛 House Guards Whitehall, SW1A 2AX

↑ヘルメット姿が凛々しいホース・ガーズ
©iStock.com/matthewleesdixon

行われる日時

原則として11:00〜。夏期は毎日、秋〜冬は、月・水・金・日曜、春は、月・水・金〜日曜(2024/06/01現在)。日時は天候や王室行事などでも変更されるのでWevサイトなどで必ず事前確認を。
🌐 www.householddivision.org.uk/changing-the-guard-calendar

注意しておきたいこと

交代式の間は宮殿の門の両側やヴィクトリア女王記念碑の一角が柵やテープで囲われ、式の途中の移動は困難なので要注意!

衛兵交代式の流れ

●10:30ごろ、騎兵が交代式のためホース・ガーズ前の広場に登場。
●セント・ジェイムズ宮殿で任務を終えた衛兵がバッキンガム宮殿に出発。
●交代兵がウェリントン兵舎からバッキンガム宮殿に出発。
●11:00にバッキンガム宮殿正門内で衛兵交代式開始。
●任務を終えた騎兵が宮殿前を通過。
●セント・ジェイムズ宮殿に交代兵が出発。任務を終えた衛兵がバッキンガム宮殿からウェリントン兵舎へ出発。
●セント・ジェイムズ宮殿前やウェリントン兵舎周辺も穴場!

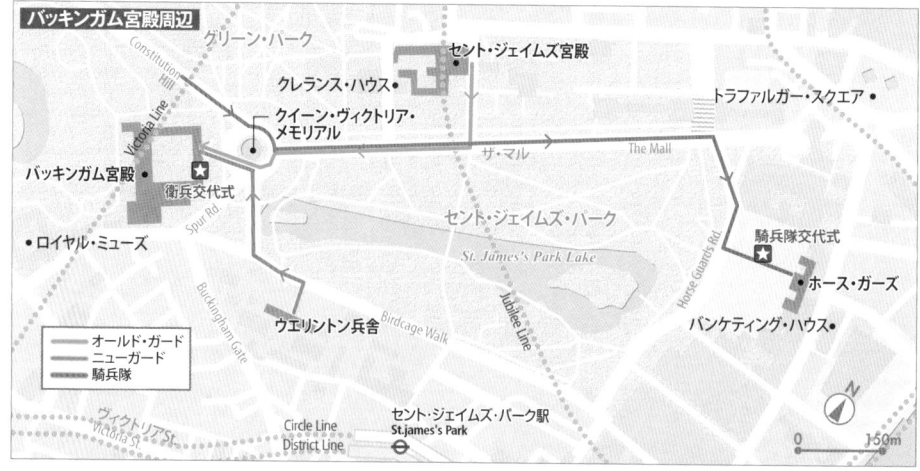

バッキンガム宮殿周辺

グリーン・パーク
セント・ジェイムズ宮殿
クレランス・ハウス•
トラファルガー・スクエア
クイーン・ヴィクトリア・メモリアル
Victoria Line
Constitution Hill
ザ・マル　The Mall
バッキンガム宮殿
★衛兵交代式
•ロイヤル・ミューズ
Spur Rd.
セント・ジェイムズ・パーク
St. James's Park Lake
騎兵隊交代式
★
•ホース・ガーズ
Horse Guards Rd.
Buckingham Gate
ウエリントン兵舎
Birdcage Walk
Jubilee Line
バンケティング・ハウス•
オールド・ガード
ニューガード
騎兵隊
ヴィクトリア St.
Victoria St.
Circle Line
District Line
セント・ジェイムズ・パーク駅
St.James's Park
0　150m

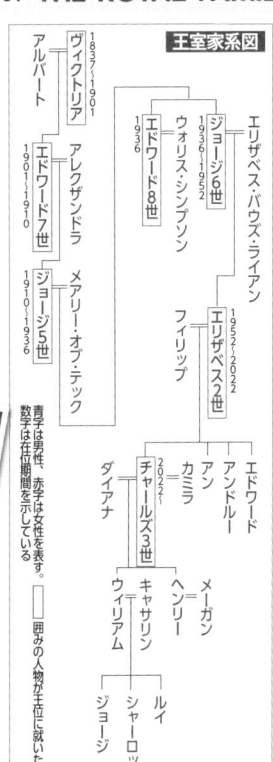

王室家系図

ヴィクトリア 1837–1901 － アルバート

エドワード7世 1901–1910 － アレクサンドラ

ジョージ5世 1910–1936 － メアリー・オブ・テック

エドワード8世 1936 － ウォリス・シンプソン

ジョージ6世 1936–1952 － エリザベス・バウズ・ライアン

エリザベス2世 1952–2022 － フィリップ

ダイアナ － チャールズ3世 2022– － カミラ

アン　アンドルー　エドワード

ウィリアム － キャサリン　ヘンリー － メーガン

ジョージ　シャーロット　ルイ

青字は男性、赤字は女性を表す。数字は在位期間を示している。[ ] 囲みの人物が王位に就いた人。

バンケティング・ハウスの華麗な内部

不倫あり離婚あり！それでも愛される王家

ドラマチックで楽しいロイヤル・ファミリー

王子や王女の結婚や不倫を、親戚や親しい知人の話のように語り合う国民。王室は英国でいちばんの人気ファミリーといえる。

◯ウィリアム王子とキャサリン妃を中心に撮影された華麗なる王室ファミリー

一番人気の女王陛下をはじめ強烈キャラが勢揃いの王室

11世紀、フランスのノルマンディー公がブリテン島を侵略し、ウィリアム征服王となったノルマン朝が英国王室のルーツという。現在のエリザベス2世はウインザー朝の第4代女王で在位67年、2007年にはヴィクトリア女王を抜き英国史上最高齢の君主となり、90歳を超えてなお元気な姿で国民に愛されている。英国は立憲君主制で君臨すれど統治せず。王位継承は直系の子孫のみで現在の順位はチャールズ皇太子、長男のウィリアム王子、その長子と続く。

チャールズ皇太子といえばダイアナ元妃との結婚、不倫、離婚、そして離婚歴のあるカミラ妃との再婚が注目を集めた。過去には国王エドワード8世の「王冠を賭けた恋」の歴史もある。アメリカ人既婚女性と恋に落ち彼女との結婚を選び退位した。先祖を見習ってかアメリカ人の元女優を妃に迎えて世界を驚かせたヘンリー王子はやんちゃで人気がある。英国王室が愛される理由はこうした人間味にありそうだ。英国民はロイヤル人間ドラマが大好きなのだ。

◯毎年6月の女王の誕生日式典の際は、馬車でザ・マルをパレードする

王室ファミリー

世界最長、67年の在位を誇る
エリザベス2世
Elizabeth Ⅱ
1952年、父ジョージ6世の崩御に伴い即位。25歳にして英国はじめ16カ国の連邦王国の元首に。夫はエディンバラ公。王子3人と王女1人の母。

プリンス・オブ・ウェールズ
チャールズ3世
Charles Ⅲ
エリザベス2世の長男。2022年9月、エリザベス2世の崩御に伴い73歳で国王に即位。皇太子としての在位期間は70年と最長記録を更新した。

称号はコーンウォール公爵夫人
カミラ妃
Camilla, Queen Consort
チャールズ皇太子との不倫が報じられ離婚し、皇太子の離婚後、ダイアナ元妃の死後に晴れて再婚。

世界に愛された悲劇の王女
ダイアナ元妃
Diana, Princess of Wales　▶P29
弱冠20歳でチャールズ皇太子妃に。世界が祝福したがその後、夫婦生活は破綻。離婚後、億万長者のエジプト人と交際中に事故死した。

ダイアナ元妃の面影を受け継ぐ
ウィリアム王子＆キャサリン妃
William, Prince of Wales & Catherine, Princess of Wals
チャールズ皇太子とダイアナ元妃の長男。1982年の誕生時は国中が喜びに沸いた。2010年、キャサリン妃と結婚。3人の子どもがいる。

女王に次ぐ人気のやんちゃ王子
ヘンリー王子＆メーガン妃
Prince Henry, Duke of Sussex & Meghan, Duchess of Sussex
チャールズ皇太子とダイアナ元妃の次男。2018年メーガン妃と結婚するが、2020年王室離脱を表明し、波紋を呼んだ。

見逃せません！3大建築と植物園

英国王室の歴史を語る
圧倒的！世界遺産を見る

時の君主たちが総力をあげて造らせた宮殿や要塞は、
ゴシックなどの美しい形のなかに歴史の重みやドラマを伝える。
植物園も含め英国王室が築いた世界遺産は圧巻だ！

ウエストミンスター寺院
Westminster Abbey

バッキンガム宮殿～ウエストミンスター寺院
MAP 付録P.20 C-1

戴冠式やウエディング
葬儀も行われる王室の教会

現在の大寺院はエドワード証聖王
が指示し1065年に完成。工事を見
守るため隣にウエストミンスター
宮殿を建て、以来教会と国家が強
く結ばれた。200年後、ヘンリー8
世がゴシック様式に改築。壮麗な
装飾や彫像は当時のままだ。
☎020-7222-5152 ⊗ⓊWestminster
ウエストミンスター駅から徒歩5分 ㊾20
Dean's Yard, SW1P 3PA 働10:00～15:00
土曜9:30～14:30 ※最終入場は閉館1時間前、
行事により時間変更や閉館もあるので、詳細は
公式サイトなどで要確認 ㊡日曜・祝日 £
29 ⓗⓅwww.westminster-abbey.org

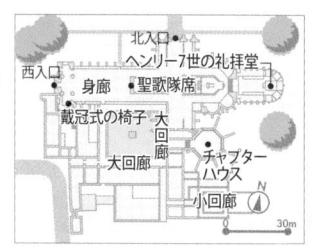

↑ゴシック様式の壮麗さに圧倒される。1066年のウィ
リアム征服王以来、400人の国王が戴冠式を行った

↑ヘンリー7世記念
聖母礼拝堂

↑ゴシック様式の極
みともいえる寺院

↑身廊の高窓には美し
いステンドグラスが

↑多くの墓が置かれる
身廊の壮麗な空間

ロンドン塔
Tower of London

シティ～ロンドン塔周辺 **MAP** 付録P.17 D-3

処刑場の跡地も現存
波乱に満ちた世界遺産の塔

1066年、ウィリアム征服王がロン
ドンを守るため築いた要塞が始ま
り。一時期は王室の居城でもあった
が、その後、牢獄に使われ王族はじ
めトマス・モアなど多くの著名人が
投獄、処刑された。歴史の暗部にふ
れられ刺激的な観光になりそうだ。
☎033-3320-6000 ⊗ⓊTower Hill タワー・
ヒル駅から徒歩5分 ㊾Tower of London,
EC3N 4AB 働9:00（4～7・9月の日・月曜
10:00）～17:30（冬期は～16:30）※最終
入場は閉館の30分前 ㊡1/1、12/24～26
㊣£34.80（寄付含む£38.30）ⓗⓅwww.
hrp.org.uk/tower-of-london

↑国内城塞の見本ともされたホワイト・タワー。現在は武具の博物館

↑中世の王室の主要な宝
物庫、ジュエル・ハウス

↑ホワイト・タワー内部。甲
冑や武具、拷問具も展示

ガイドツアー
退役軍人の衛兵ビーフィーターが塔の
歴史をおもしろく説明してくれる

国会議事堂

House of Parliament

バッキンガム宮殿～ウエストミンスター寺院
MAP 付録P21 D-1

ロンドンに時を告げる時計台と議会政治を生んだ国会議事堂

世界の模範となる議会政治誕生の場。11世紀頃ウエストミンスター宮殿として建てられ、16世紀半ば頃、議事堂となった。大火や戦災での焼失を経て現在は3代目。19世紀のゴシック建築の代表的なもので、併設の時計台ビッグ・ベンを含めロンドンの代表的なランドマークだ。

☎020-7219-3000 ❌Ⓤ Westminster ウエストミンスター駅から徒歩2分 ㉺ Westminster, SW1 ㉠見学時間は変更されるので公式サイトなどで要確認 ❻無休 ㉿ www.parliament.uk/visiting

---

ガイドツアー

ガイドツアー：£33
セルフオーディオガイドツアー：£26(当日£28)

🕐テムズ河畔に沿うように立つ全長300mの建物。夜はライトアップされ輝く

ヴィクトリア女王が礎石を置いた塔

A ヴィクトリア・タワー

Victoria Tower

1834年の大火で宮殿が焼失したあと、再建工事で塔が追加され1860年に完成。同宮殿内最大の建物で美しいゴシック様式。

▶当初の名称はキングス・タワーで1897年頃に改名された

大火や戦災を逃れた唯一の建物

B ウエストミンスター・ホール

Westminster Hall

11世紀に建てられたままの大広間で、1834年の火災で宮殿のほとんどは焼失したが、ジュエル・タワーと聖ステファン教会の地下室などとともに焼失を免れた。

11世紀の贅を極めた見事な装飾

C セントラル・ロビー

Central Lobby

宮殿中心部にある八角形のロビー。彫刻を施した柱やステンドグラス、装飾的な床の美しい空間。

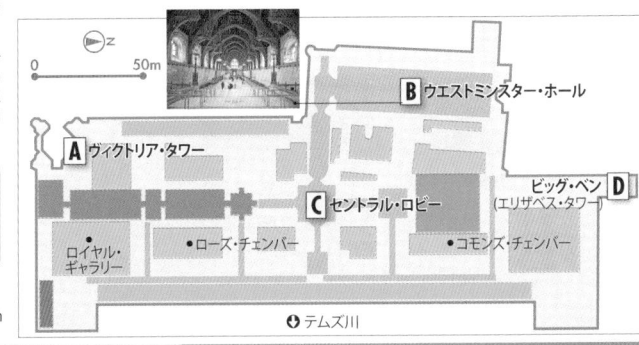

N
0   50m

B ウエストミンスター・ホール
A ヴィクトリア・タワー
C セントラル・ロビー
ビッグ・ベン D
(エリザベス・タワー)
ロイヤル・ギャラリー
ローズ・チェンバー
コモンズ・チェンバー
🕐テムズ川

テムズ河畔の時計台

D ビッグ・ベン

Big Ben

国会議事堂に併設の時計台。ゴシック建築でステンドグラスのような文字盤が美しい。

©iStock.com/Vladislav Zolotov

キューガーデン
Royal Botanic Gardens, Kew
ロンドン近郊 **MAP**付録P.2 A-3

1759年、宮殿庭園として誕生
世界遺産に登録の王立植物園

エリアごとに趣が異なる広大な敷地で寒帯から熱帯まで、2万5000種の世界の植物が見られる。種子の遺伝子保全などで環境保護にも努めている。19世紀のガラスの温室は必見。

☎020-8332-5655 ❌❶ Ⓜ Kew Gardens キュー・ガーデンズ駅から徒歩5分 ⒶKew, Richmond, TW9 3AE ⏰10:00〜20:00(3・10月は〜18:00、4・9月は〜19:00) Ⓑ無休 Ⓒ£22(オンライン£20)、土・日曜£24(オンライン£22)※時期により異なる

⬆アール・ヌーヴォーを思わせるヴィクトリア調の巨大温室パーム・ハウス

⬆敷地内にある英国王室最小の宮殿

⬆本場のイングリッシュガーデン!

⬆日本庭園のエリア。園内には桜も

バッキンガム宮殿周辺の**4つの王立公園**

ロンドンは街づくりの中心に公園がある。特にハイド・パークは広大でNYのセントラルパークと並ぶほど有名だが、バッキンガム宮殿周辺にはそれぞれ個性的な王立公園が集まっている。散策にも休憩にも最適なオアシスを堪能しよう。

⬆隣接の宮殿は一部公開でカフェも
ケンジントン・ガーデンズ
Kensington Gardens
MAP付録P.12 B-3

園内は木々が多く、リスがいたり池や小川には水鳥もいて癒やされる。ダイアナ妃記念噴水やかわいいピーターパン像、ギャラリーもあり見どころが多い。

☎0300-061-2000 ❌❶ Queenswayクイーンズウェイ駅から徒歩2分 ⏰6:00〜17:30 Ⓑ無料 ⒽＥwww.royalparks.org.uk/parks/kensington-gardens

⬆野外ライブやイベント会場にも
ハイド・パーク
Hyde Park
MAP付録P.13 D-3

市内最大の公園で大きな池やカフェもある憩いの場だ。夏期は花々が美しく、冬期は移動遊園地やスケートリンク、クリスマスマーケットも開催。

☎0300-061-2000 ❌❶Hyde Park Corner ハイド・パーク・コーナー駅からすぐ ⏰5:00〜24:00 Ⓑ無休 ⒽＥwww.royalparks.org.uk/parks/hyde-park

⬆王様が狩を楽しんだ森が公園に
グリーン・パーク
The Green Park
MAP付録P.14A-4

セント・ジェイムズとバッキンガムの両宮殿に隣接する公園。チャールズ2世の猟場を1826年、市民に開放。大木の並木道と緑の芝生が広がる。

☎0300-061-2000 ❌❶Green Parkグリーン・パーク駅から徒歩1分 ⏰5:00〜24:00 Ⓑ無休 ⒽＥwww.royalparks.org.uk/parks/green-park

⬆歴代の王が庭や池を設けた公園
セント・ジェイムズ・パーク
St. James's Park
MAP付録P.14 B-4

ザ・マルに隣接。40羽超のペリカンはじめアヒルなどの水鳥が暮らす湖や、バッキンガム宮殿が望める橋、眺めのいいカフェなどがある美しい公園。

☎0300-061-2000 ❌❶St James's Parkセント・ジェイムズ・パーク駅から徒歩2分 ⏰5:00〜24:00 Ⓑ無休 ⒽＥwww.royalparks.org.uk/parks/st-jamess-park

ダイアナ・メモリアル・ウォークに美しかったダイアナ元妃を偲ぶ

1997年、パリで不慮の交通事故死を遂げたダイアナ元妃。20年余りを経ても、世界は「悲劇のプリンセス」を忘れられない。ダイアナ元妃が暮らしたケンジントン周辺でゆかりの場所を歩いてみよう。

若さと美貌、輝くような笑顔
悲劇のプリンセスを偲んで

トレンドに敏感なブランドの店が集まるケンジントン・ハイSt.そぞろ歩いていると公園に出る。その一角にあるケンジントン宮殿がダイアナ元妃が結婚生活を送った場所だ。あの世紀のロイヤル・ウエディングの日、若く美しいプリンセスに誰がその後の悲劇を想像しえただろう。その落差ゆえ今も彼女は多くの人の心をとらえる。宮殿周辺に設けられた記念の場所を訪ねて数奇な人生に思いを馳せてみたい。

ゆかりの公園に記念の遊び場
ダイアナ・メモリアル・プレイグラウンド
Diana Memorial Playground
MAP 付録P.12 A-3

ケンジントン・ガーデンズにあり、ピーターパンをモチーフにデザインされた木製の海賊船などの遊具で遊べる。12歳までの子どもと付添の大人のみ入れる。
🕙10:00～19:45※時期により異なる 🚫無休
💴無料

➡砂浜や海賊船、テント小屋など子どもの楽園

ダイアナ元妃の暮らしが偲べる
ケンジントン宮殿
Kensington Palace
MAP 付録P.12 A-4

チャールズ国王と新婚生活を送り2人の王子を育て、離婚後も亡くなるまで住んでいた公邸。現在もウィリアム王子夫妻や若い王族の公邸で宮殿の一部のみ公開中。
☎0333-320-6000 🚇High Street Kensington ハイ・ストリート・ケンジントン駅から徒歩8分 🕙10:00～18:00(11～2月は～16:00)、最終入場は閉館1時間前、祝日は要確認 🚫月・火曜 💴£24(寄付含む£26.40) 🏠www.royal.uk/royal-residences-kensington-palace

➡モダンな宮殿。ヴィクトリア女王の生家でもある
➡元妃が愛した庭、メモリアル・ガーデン。公開中

波乱の人生を水の流れで表現
ダイアナ・メモリアル・ファウンテン
Diana Memorial Fountain
MAP 付録P.12 C-4

楕円形の泉。元妃の人生を表し、流れに緩急がつく造りになっている。

➡小川や低い滝などの変化があり楽しい

ローマ帝国時代から大英帝国へ
時代に寄り添って流れる大河

新しい建築物を
歴史的建造物が圧倒!

02 テムズ川に親しむ

街のなかを蛇行しながら静かに流れるテムズ川。
岸辺ではビッグ・ベンやロンドン・アイなど新旧の
観光名所が一望できる。川と街の歴史を楽しもう。

River Thames

夜のタワー・ブリッジは
ライトアップされて荘厳
な景観を増す ▶P33

テムズ川を歩いてロンドンの
過去と現在の絵物語を眺める

川岸を歩けば、寺院や宮殿など世界遺
産の建物が描く美しいシーンに出会う。ロ
ンドンがテムズ川を中心に発展してきたこ
とがよくわかる。かつてここを支配したロー
マ人は川沿いに防護壁を造り、ウィリア
ム征服王は要塞を築いて対岸からの侵略者
を防いだ。産業革命当時は地方都市と結ぶ
水運の要となり、19世紀には世界最大級の
港湾となった。時を経て現在、川沿いは散
策路が整備され市民や旅人の憩いの場だ。
　ロンドン中心部はテムズ川を境に土地柄
が変わる。川の北側は宮殿をはじめ金融街
や劇場街、高級ショッピングエリアが集結
し、それを取り巻く高級住宅街や下町があ
る。川を渡った南側には王立植物園と郊外
の高級住宅街、移民の街が混在する。近年
は現代美術館や大観覧車、展望台もあり、
再開発されてエッジの効いたショップやオ
ーガニックカフェが並ぶエリアも多い。

©iStock.com/johny007pan

ザ・シャードの展望台
からロンドンの光に満
ちた夜景が楽しめる
▶P32

ロンドンでぜったいしたい9のコト

02 テムズ川に親しむ

高層ビルやロープウェー、橋から大河を眺め渡ってみる!
絶景! テムズを思う存分!

River Thames

11世紀の世界遺産から21世紀のモダン建築まで、歴史の流れを
水面に映す川をあちこちから楽しもう。ロンドンの旅の真髄が見える。

高さ135m

上空散歩で街を眺める

最高135m、1周約30分

↑全方向最大40kmを見渡せる大観覧車。1回で800人搭乗可能

眺める

ロンドン・アイ
London Eye
MAP 付録P.15 D-4

2000年のミレニアム事業で造られた世界最大級の観覧車。見晴らしは抜群でバッキンガム宮殿やセント・ポール大聖堂などはもちろん、天気がよければウィンザー城も見えるという。休日は混むので注意。

☎020-7967-8021 ⊗Ⓤ Waterlooウォータールー駅から徒歩5分 ⊕Riverside Building, County Hall, SE1 7PB ⊕11:00〜18:00 土・日曜10:00〜20:30 ⊛無休 ⊕£42(オンライン予約は£30〜)※チケット販売は搭乗開始30分前

眺める

ザ・シャード
The Shard
MAP 付録P.16 C-3

「ガラスの破片」という意味の名前どおり、尖塔のような斬新な高層ビル。著名な建築家レンゾ・ピアノの設計だ。69階と72階に展望室があり、館内にはホテルやレストランも。ロンドンの全体像を見るのに最適。

☎084-4499-7111 ⊗Ⓤ London Bridge ロンドン・ブリッジ駅から徒歩1分 ⊕32 London Bridge St, SE1 9SG ⊕10:00〜22:00※季節により変更あり ⊛無休 ⊕£37〜※要オンライン予約
⊕www.theviewfromtheshard.com

ガラス張りの高層ビル

高さ309・6m

シティ
City

Temple

Blackfriars

Mansion House

Monument

スカイ・ガーデン ☆

ミレニアム・ブリッジ ☆

サザーク・ブリッジ

チャリング・クロス駅
Charing Cross

ウォータール―・ブリッジ

ロンドン・ブリッジ
ロンドン・ブリッジ駅
London Bridge

テート・モダン

ザ・シャード ☆

ロンドン・アイ ☆

ウォータールー駅
Waterloo

ビッグ・ベン
国会議事堂

ウエストミンスター・ブリッジ

ウエストミンスター
Westminster

ヴィクトリア駅
Victoria

ランベス・ブリッジ

ランベス
Lambeth

Pimlico ⊖

ヴォクソール・ブリッジ

テムズ川 Thames

●チェルシー・ブリッジ

↑長さ244m、高さ65m
世界で最も有名な橋

高さ65m

大型船が通るときは橋が跳ね上がる仕掛け

渡る

100年ぶりにテムズに架けられた「千年紀」橋

ミレニアム・ブリッジ
Millennium Bridge
MAP 付録P.16 B-2

ミレニアム事業で約100年ぶりに造られた長さ325mの歩行者専用橋。ノーマン・フォスターの設計による近未来的な形で、セント・ポール大聖堂とテート・モダンをつなぎ、過去と現代を結ぶ格好に。

⊗Ⓤ Mansion House マンション・ハウス駅から徒歩5分 ⊕Millennium Bridge, EC4V 3TT ⊕⊛見学自由 ⊕www.visitlondon.com

↑橋の南にセント・ポール大聖堂、北にテート・モダンの新旧名所
↓ライトアップされた寺院や宮殿の幻想的な眺めも楽しめる

高さ244m

©iStock.com/rclassenlayouts

⬆西ヨーロッパで
最も高い244mの
展望台フロア
⬇タワー・ブリッジ
や市街、川と船の
パノラマを一望に

眺める 高さ150m

スカイ・ガーデン
Sky Garden
MAP 付録P.17 D-2

金融街・シティにそびえる高層ビル
の展望フロア。地上150mのガラス
張りのスペースにバーやレストラン、
屋外テラス、小さいガーデンがあり、
一周して景色が楽しめる。

☎020-7337-2344 ⊗⑪Monument モニュ
メント駅から徒歩5分 所1 Sky Garden Walk,
EC3M 8AF 開10:00～18:00 土・日曜
11:00～21:00 休不定休 料無料(要予約)
HP skygarden.london

天空の庭は昼も夜も！

360度、街を見渡せる

川の下を歩いて渡る
グリニッジ・フット・トンネル
Greenwich Foot Tunnel
MAP 付録P.3 F-2

20世紀初頭に造られた歩行者用トン
ネル。テムズ川の下を歩いて抜ける
と対岸のグリニッジ桟橋付近に到達。

交Cutty Sark for Maritime Greenwich カティ・
サーク駅から徒歩3分 所Cutty Sark Gardens |
Greenwich, SE10 9HT 開24時間

⬆らせん階段を下
りると長いトンネ
ルが続く

⊖Tower Hill

⚫ロンドン塔

★タワー・ブリッジ

渡る テムズ川 Thames

タワー・ブリッジ
Tower Bridge
MAP 付録P.17 E-3

船の大型化に伴い19世紀後半に完成した橋。ゴ
シック様式の2基の尖塔が特徴。高さ40mのガ
ラス張りの展望通路には歴史博物館もある。

☎020-7403-3761 ⊗⑪Tower Hill タワー・ヒル駅から徒
歩11分 所Tower Bridge Rd,SE1 2UP 開9:30～18:00
(17:00最終入場)、毎月第2土曜日9:30～11:30は自閉症
の方とその家族などリラックス・オープニング 休無休 料£
13.40※オンラインにてチケット購入 HP www.
towerbridge.org.uk

⬇テムズを渡るロープウェーは2カ所の五輪会場を結ぶ

テムズ川の上空90mを空中散歩でパノラマ満喫！

アイル・オブ・ドッグズ
Isle of Dogs

エミレイツ・エア・ライン★ 02
O2アリーナ・
North Greenwich
Emirates Greenwich
Peninsula

N

0 500m

⊖ North Greenwich 地下鉄駅名

テムズ川に親しむ

グリニッジ・
フット・トンネル

グリニッジ
Greenwich

カティ・サーク号

渡る 眺める

エミレイツ・エア・ライン
Emirates Air Line
MAP 付録P.3 F-2

高さ90m

テムズ川に架かるロープウェー。2012年、
五輪に合わせ開通。グリニッジ、ドッグラ
ンズ、シティの高層ビル群を一望。

☎034-3222-1234 ⊗⑪North Greenwich ノース・グリニッ
ジ駅から徒歩5分 所Unit 3, Emirates Cable Car Terminal
Edmund Halley Way, SE10 0FR 開7:00(土曜8:00、日曜9:
00)～23:00(冬期は～21:00) 休無休 料片道£6、往復£12
HP www.emiratesairline.co.uk
©iStock.com/mkos83

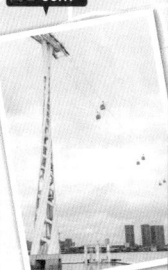
⬆川幅約1.1kmを
10分前後で運行

新旧のロンドン名所を川面からたどる感動の船旅!

歴史を見上げる旅
テムズ川クルーズ

River Thames

**ロンドン観光はクルーズで楽しさが倍増する。川面からの景色は
ひと味違う街の魅力があり両岸には新旧の名所が揃っている。**

↑ウエストミンスターの乗船所

通勤客も利用する水上バスと
観光や船旅を楽しむボート

テムズの川めぐりは格別だ。ウエスト
ミンスター寺院などの歴史的景観から、
ザ・シャードなどの新しい観光名所にい
たるまで両岸の歴史が一望できる。産業
革命のシンボルにしてアール・デコ様式
の代表建築でもある、バタシー発電所な
どもじっくり堪能できる。夕暮れどき、
ライトアップされた橋や建物は幻想的だ。
ロンドンの形や暮らしを、地上とはひと
味違う視点から見られるのも楽しい。

テムズ川を走るボートには公共の足に
も使われる水上バスと、観光に特化した
レジャー用ボートがある。テムズ・クリッ
パーズは通勤にも観光にも使われる便利
な水上バスだ。クルーズツアーは優雅な
船旅が楽しめる。うまく使ってテムズ川
沿いにロンドンの東西を一気に巡ろう。

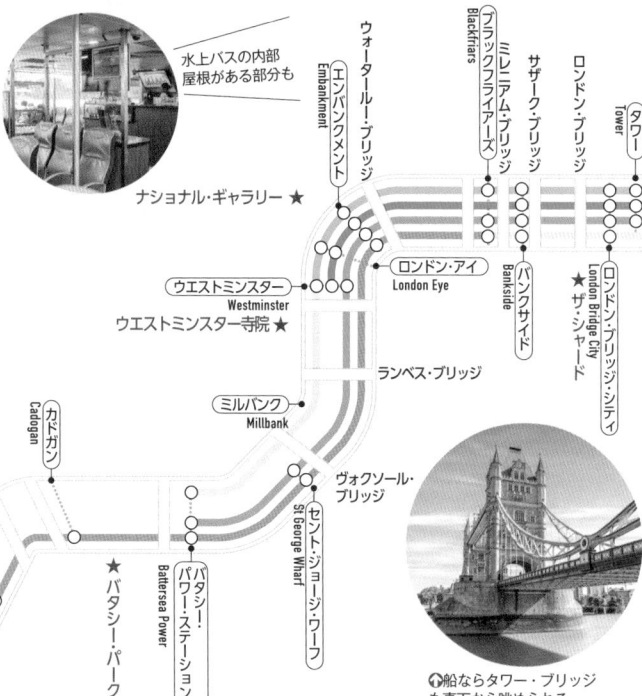

水上バスの内部
屋根がある部分も

ナショナル・ギャラリー ★

- ウォータール・ブリッジ
- エンバンクメント Embankment
- ブラックフライアーズ BlackFriars
- ミレニアム・ブリッジ
- サザーク・ブリッジ
- ロンドン・ブリッジ
- ロンドン塔 タワー Tower ★

- ウエストミンスター Westminster
- ウエストミンスター寺院 ★
- ロンドン・アイ London Eye
- Bankside
- バンクサイド
- ★ ザ・シャード
- London Bridge City ロンドン・ブリッジ・シティ

- カドガン Cadogan
- ミルバンク Millbank
- ランベス・ブリッジ

- ハンプトン・コート Hampton Court
- チェルシー・ハーバー Chelsea Harbour
- バタシー・パーク
- バタシー・パワー・ステーション Battersea Power
- ヴォクソール・ブリッジ
- セント・ジョージ・ワーフ St George Wharf

- パトニー Putney
- ワンズワース・リバーサイド Wandsworth Riverside
- プランテーション・ワーフ Plantation Wharf

↑船ならタワー・ブリッジ
も真下から眺められる

リバー・バス路線

RB1		RB2	
	朝のみ	RB4	
	朝夕のみ	RB5	週末のみ
RB1X		RB6	
			平日の朝夕のみ

テムズ川を行き交うリバーバス

テムズ・クリッパーズ
Thames Clippers

一日中乗り降り自由の高速水上バス。川下りし
ながら主要な観光名所が効率よく巡れる。
☎0844-448-6744 ❖路線により異なる ❖無休 ❹最短
距離・片道£11.40(オンライン£9)、一日乗り降り自由の
Thames River Roamerは£22.10 ⊕www.thamesclippers.com

乗り方

❶ チケットを買う
各乗り場のチケットオ
フィスで購入。IC交通
カードのオイスター
カード使用なら割引も。

❷ 乗船 & 下船
各乗り場に行って待ち、
乗船。目的地に着いた
ら下船するだけなので
楽に乗り降りできる。

↑テムズ川クルーズのメリットは両岸の観光名所が流れるように見られること。美術館をつなぐクルーズもあり移動時間も楽しめる

ロンドンでぜったいしたい9のコト

セント・キャサリン

02 テムズ川に親しむ

ダブルツリー・ドックランズ
DoubleTree Docklands

グリーンランド
Greenland Surrey Quays Pier

カナリー・ワーフ
Canary Wharf

マストハウス・テラス
Masthouse Terrace

O2アリーナ
★

ノース・グリニッジ
North Greenwich

グリニッジ
Greenwich
★グリニッジ天文台

ロイヤル・ワーフ
Royal Wharf

ロイヤル・アーセナル／
ウーリッジ
Royal Arsenal Woolwich

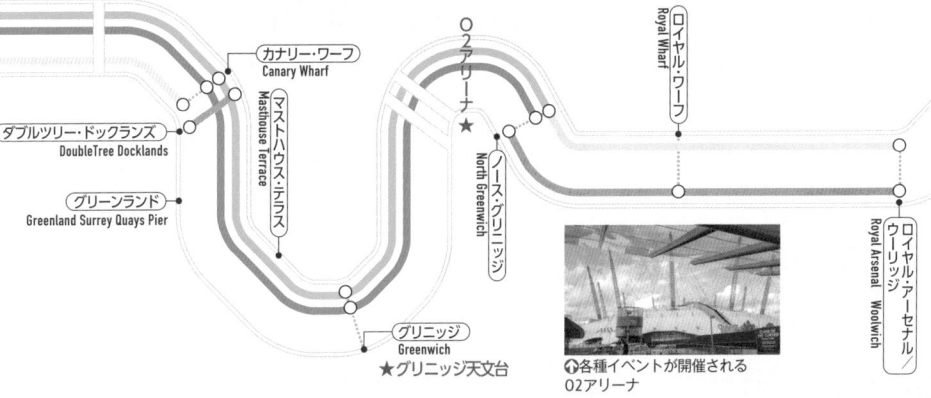

↑各種イベントが開催される
O2アリーナ

テムズ川のクルーズツアー

テムズ川の各乗船所に各クルーズのボートが集結しているので、
その場で選んで乗船するか、オンラインで事前予約もできる。

アフタヌーンティー・クルーズ
Afternoon Tea Cruise

乗船●プール・キー

イギリスが誇る伝統の「アフタヌーン
ティー」を体験するクルーズ。紅茶とと
もに、本場の美味しいサンドイッチやケー
キを楽しみながら過ごす優雅な船旅で、
ロンドンの観光スポットを巡ろう。

催行会社:シティ・クルーズ ☎020-77-400-
400●2024年は5〜10月、11・12月水〜日曜。
15:15出発(所要時間1時間30分) ❌11・12月の月・
火曜、5/18、5／22、7/23 ●£55〜● www.
citycruisespoole.com

↑英国発祥のサンドイッチを紅茶で

24時間ポップオン・ポップオフ リバーパス
24h Hop-on Hop-off River Pass
24時間以内なら乗降自由のチケットが
便利。
●£23〜● www.citycruises.com

ランチ・クルーズ・リバー・テムズ
Lunch Cruise on the River Thames
タワーブリッジ、ザ・シャード、ロンドン・
アイなどの名所を360°パノラマヴュー
でクルーズしながら、熟練シェフが豪
華なランチでもてなす。
●11:45〜(15分前に乗船、所要時間1時間45分)
●£46〜● www.cityexperiences.com/
london/city-cruises

03 ダブルデッカーでまわるロンドン

馬車時代からの観光ルートを
ワクワクの2階建てバスでゆく

2階の最前席で
ワクワクも2倍!!

ロンドン名物の2階建てバスは、2階建ての乗合馬車が
ルーツとされる。その名残のように、市内の要所を通る路線では、
世界遺産などの観光名所が次々登場!

Double-Decker Bus

リージェンツ・パーク●

マリルボーン●

キュートなロンドンバスで
気ままに街を眺めて走る

見てかわいく乗って楽しい。それがダブルデッカーだ。今回はロンドン西部から東部のシティ周辺まで、街の景色を楽しみながらバスで横断。特に2階の最前列は眺望抜群の特定席だ。座ったままでも乗り降りしても、気ままな世界遺産・名所巡りへ!

トランスポート・フォー・ロンドン
Transport For London
🆔 tfl.gov.uk

11番
バスで行く

ハイド・パーク●

ケンジントン
Kensington

バスルートは番号で
確認。まずは11番で
世界遺産を巡る!

Sloane Square Str
Lower Sloane
Cadogan Gardens /
Sloane Square

チェルシー
Chelsea

Duke of York Square
Markham Street
Chelsea Old Town Hall — Chelsea Brid
Carlyle Square — King's Rd.
Old Church Street
Beaufort Street

ウエスト・
ブロンプトン駅

フラム・
ブロードウェイ駅
Fulham Broadway

Hobury Street / Worlds End
Edith Grove / Worlds End
Worlds End Health Centre

フラム・タウン・ホール
Fulham Town Hall

Rumbold Road

バタシー・パーク●

テムズ川
Thames

Tyrawley Road

Tower Hill

⬆地下鉄のフラム・ブロードウェイ駅。ここからすぐのフラム・タウン・ホールバス停から乗車

⬆スローン・スクエア。トレンドショッピングに最適のキングスRdはここから

⬇ヴィクトリア駅。1860年、ヴィクトリア女王の時代に開通

戴冠式も行う王室の教会
1 ウエストミンスター寺院
Westminster Abbey
🗺 付録P.20 C-1
エドワード証聖王が1065年に建立。その200年後、ヘンリー8世がゴシック様式に改築。当時の壮麗な装飾や彫像が見られる。
▶ P.26

⬆ゴシック様式の壮麗さが圧巻

19世紀の代表的なゴシック建築
2 国会議事堂
House of Parliament
🗺 付録P.21 D-1
ウェストミンスター宮殿を16世紀半ばに議事堂へ。旧来の建物が焼失し19世紀に再建。街のアイコンだ。▶ P.27

⬆繁栄を極めたヴィクトリア時代の遺産

⬆トラファルガー・スクエア正面はナショナル・ギャラリー。大晦日のカウントダウンでも有名な広場

ダブルデッカー・バスに乗る

乗り方

1 オイスターカードを買う
バスはキャッシュでは乗車できないので、地下鉄駅などでオイスターカードを購入して乗車しよう。バスに乗ったら運転席横の黄色いカードリーダーにタッチすればOK。

2 乗車＆下車
バス停にバスが来たら、目的地行きの番号を確認し手を上げて停める。手を上げないと通過してしまうので要注意。目的のバス停に着いたら、座席にあるSTOPボタンを押して下車。

↑リヴァプール・ストリート駅。主要なターミナル駅で、金融街シティに近い。エキナカも充実

◉ベルグレイヴィア。バッキンガム宮殿に隣接する高級住宅街

世界の金融の中心が超高級ショップ街に

6 旧王立取引所
Royal Exchange
MAP 付録P.16 C-2
16世紀に始まった証券取引所で現在は閉鎖。英国の繁栄を物語る建物が高級ショッピングモールになった。

↑19世紀に再建の豪華な内観。カフェもある

☎020-3861-6500 ✉Ⓤ Bank バンク駅から徒歩1分 🏠 Royal Exchange Bank ,EC3V 3LR ⏰7:30〜22:00(店舗により異なる) 🚫土・日曜 💴無料 🌐 www. theroyalexchange.co.uk

ロンドンでぜったいしたい9のコト

↑英国の著名人が眠る納骨堂もあり見学できる

↓スケートリンクのある冬はクリスマス装飾も美しい

ロンドンらしさが満載の街

3 コヴェント・ガーデン
Covent Garden
MAP 付録P.15 D-2
演劇やエンタメスポット、ショップやカフェ、古き良き雰囲気と最先端が揃うエリア。

☎020-7420-5856 ✉Ⓤ Covent Garden コヴェント・ガーデン駅から徒歩1分 🏠 Covent Garden, WC2E 8BE ⏰10:00〜20:00 日曜11:00〜18:00 🚫無休 💴無料

↓かわいい雑貨店やカフェも集結

建物の豪華さだけでも必見

4 サマセット・ハウス
Somerset House
MAP 付録P.15 E-2
18世紀建造の元貴族の豪邸。現在はギャラリーなどが入り、冬期は中庭がスケートリンクに。

☎020-7845-4600 ✉Ⓤ Temple テンプル駅から徒歩3分 🏠 Strand, WC2R 1LA ⏰8:00〜19:00(レストランは〜22:00／館内の施設ごとに異なる) 🚫無休 💴入場無料。ギャラリーやイベントは別料金

英国国教の壮麗な聖堂

5 セント・ポール大聖堂
St. Paul's Cathedral
MAP 付録P.16 B-2
ルネサンス調の優雅な建物で34mのドームの天井画も見事。ドーム頂上からは祭壇を見下ろすことができ、塔からは街が一望できる。

☎020-7246-8530 ✉Ⓤ St Paul's セント・ポールズ駅から徒歩2分 🏠 The Chapter House, St. Paul's Churchyard, EC4M 8AD ⏰8:30(水曜10:00)〜16:30、回廊は9:30〜16:15 日曜(ミサのみなら聖堂入場可能) 💴£25(チケット要予約) 🌐 www.stpauls.co.uk

ダブルデッカーでまわるロンドン

03

◉ Liverpool Street Station

◆ Fulham Broadway

バス停留所名
地下鉄駅名

0   1km

N

飲むだけでもいい、食べてもいい。
気取らずに、ロンドンっ子の顔で

　パブはロンドン市内に5万数千軒あると
いう。街角を曲がればパブがある、といっ
てもいい。パブとは「パブリック・ハウス」
の略で、いわば街の社交場。18～19世紀に
発達したらしく、最初は宿泊所や雑貨屋も
兼ねていたようだが、やがて酒場となり、
今や形態はさまざまだ。

伝統的なしつらえの1階。
昔ながらの常連が三々
五々集まってくる

「パブめし」を超えた
グルメ最前線

誰でも気楽に利用できる
ロンドン流オシャレ酒場

04 伝統を継承する
パブという街文化

パブはイギリスの重要な街文化のひとつ。
この居酒屋を抜きに市民生活は語れない。

酒場というよりビストロ
トレンドの食事処は
ガストロ・パブです

朝食もランチもある店が増え
美食を誇るパブも根を下ろした。
女性同士でも気軽に立ち寄れる。

**若手が作るキレのいい英国料理は
シンプルでありながらセンス抜群**
マークスマン
Marksman
ショーディッチ～イーストエンド周辺　**MAP**付録P.11 E-2

力の抜けたおしゃれ感と、素材からうまみ
おいしさを引き出したメニューで若者層を惹
きつける。ロンドンのパブで初の「ミシュラ
ンパブ・オブ・ザ・イヤー」を受賞。1階がパ
ブ、2階がダイニングになっている。

☎020-7739-7393
Hoxton ホクストン
駅から徒歩7分 254
Hackney Rd, E2 7SJ
16:00(金・土曜12:00)
～0:00　日曜12:00～
23:00 月曜

パブらしくないシック
な外観。2階には開放
的なテラス席もある

予算 £30～
£25～

週末の定番、ロースト肉のメ
ニュー。ほかにチキンやポークも

若き才と情熱が集まった、ガス
トロ・パブシーンの指標的存在

1階の重厚なパブから
2階に上ると、ガラッと
ポップな雰囲気に

おすすめMENU
ブラウンバター・ハニータルト £10
Brown Butter & Honey Tart
リピーター続出、予約時に取り置き
する人も多い隠れた名デザート

**牛ミンチ入りのパンと西洋わさび
のクリーム £6**
Beef & Barley Bun, Horseradish
ほのかにピリッとするクリームが、
肉とブリオッシュを見事に融合

こだわりのミート熟成室を完備
美味な肉をがっつり食べたい日に

ザ・ピッグ＆ブッチャー
The Pig & Butcher
ショーディッチ〜イーストエンド周辺 **MAP** 付録P.9 F-1

ロンドンで最高品質を自負する希少
品種の肉にこだわる。地下でさばき、
熟成した肉を、見事な調理法で提供
する。約30種あるビールもその季節
のメニューに合うものを揃えている
ので、ベストマッチを聞いてみよう。
☎020-7226-8304 ❷❶Angel エンジェ
ル駅から徒歩8分 ㊟80 Liverpool Rd,
Islington, N1 0QD ⏰12:00〜23:00(木
〜土曜は〜0:00) ❷無休 ▭

予算 ⏰£30〜 / ⏰£40〜

おすすめMENU
ランチメニュー2品コース £24
ランチメニュー3品コース £28
旬の食材からの前菜・メイン・
デザートが鮮やかに並ぶ。

↗木材を多用し、軽くエ
アリーに。季節ごとの装
飾もかわいらしい

↗ビールやワインは、黒
板の品書きを見ながら
じっくり選ぼう

↗19世紀からパブとして機能、地元に
しっかりと根を張っている

唯一"ミシュラン星獲得"パブ
鹿などのジビエ料理に定評あり

ザ・ハーウッド・アームス
The Harwood Arms
ケンジントン〜チェルシー周辺 **MAP** 付録P.4-A4

現地の厳選されたみずみずしい農産
物を使用し、トマト、ラディッシュ、
イチゴは屋上菜園で栽培するこだわ
り派。鹿、野ウサギ、鴨など季節の
ジビエが魅力な英国料理を提供。極
上ワインも揃えたカジュアルなパブ。
☎020-73861847 ❷❶Fulham Broadwayフ
ラム・ブロードウェイ駅7分 ㊟Walham Grove,
London SW6 1QJ ⏰ランチ金・土曜12:00
〜14:15(日曜は〜20:15 ディナー月〜土曜
17:30〜21:15❷無休 ▭

予算 ⏰£30〜 / ⏰£65〜

↗木製のテーブルでいつもの一杯
を楽しむ常連客のほか、ミシュラン
の評判を聞きつけてやって来る新
客もいる

↗前菜のフルーツとピスタチオ包み

↗ロンドン郊外の
住宅街にひっそり
とたたずむ落ち着
いたパブ

↗暗い店内の壁や
ソファを鹿のはく
製や毛皮が飾る

おすすめMENU

2品コース
£55
メインは鹿肉のペー
スト包み、ピスタチ
オ添え。自慢のジビ
エ料理。

3品コース
£70
メインはイベリコ肉
ロースト、シュリン
プソースが味を引き
立てる。

ロンドン初、ドリンクも食事も
100%ヴィーガン徹底のパブ

ザ・スプレッド・イーグル

The Spread Eagle
ロンドン近郊 **MAP** 付録P.5 F-1

マーケットの屋台から人気が出て、
こちらに定期出店となったフードは
気軽につまめるメキシカンスタイル。
パンチのある味付けとインスタ映え
する彩りもポイントが高い。イース
ト・エンドのパブらしく内装もヒップ。

☎020-8985-0400 ⊗Ⓤ Homerton ホマー
トン駅から徒歩3分 🏠224 Homerton High
St, E9 6AS 🕐16:00～23:00(金曜は～翌
1:00) 土曜12:00～翌2:00 日曜12:00～
22:30 休無休 📋

予算 Ⓛ£20～
Ⓓ£20～

↑角地にあり、採光の良い大きな窓が両
側に。てっぺんの塔が目印(左)。本業は
ミュージシャンのバーテンダーの女性(右)

↑落ち着いた青を基
調に、美しく配置され
たアートや緑がアク
セント

↑石造りの街並みを眺
めながら、至福のパブ
ランチに舌鼓を

見た目も味も1級グルメメニュー
中心部からもアクセス良好で重宝

コーチ・メーカーズ・アームズ

The Coach Makers Arms
ハイド・パーク周辺 **MAP** 付録P.13 F-1

「農場からフォークまで」が信念の食材管理、
メニューはパイ生地にいたるまで手作りと、
最上の食体験を提供する。サーブされる皿
との調和も考えたプレゼンテーションにも感
動。街歩きでひと息つきたいときにも。

☎020-7224-4022 ⊗Ⓤ Bond Street　ボンド・
ストリート駅から徒歩5分 🏠88 Marylebone Lane,
W1U 2PY 🕐10:00～23:00(金・土曜は～24:00、
日曜は～22:30) 休無休 📋

予算 Ⓛ£25～
Ⓓ£25～

↑140年の歴史を誇る建物は元銀行で、一度は馬
車職人の宿に

時代を超えて愛される老舗は居心地最高

黄昏のホロ酔いは伝統の
イングリッシュ・パブ

文豪が立ち寄り、政治家が密談する。何世紀
もの歴史を刻んだ建物に、にじみ出る風格。
時代背景もそれぞれ個性的なパブがずらり。

↑船底のような細長い室内、天井は黒い梁のチューダー朝風

中世から抜け出してきたパブ？
ちょっとタイムスリップ気分に
シティ・オブ・ヨーク
Cittie of Yorke
大英博物館〜キングス・クロス周辺 **MAP** 付録P.15 E-1

北部ヨークシャー最古の醸造所の
木樽入りビールからはかすかにオー
クの香りが。木製パネルの重厚な
インテリアに、秘密めいたブース
がずらりと並ぶ。裁判所が近いの
で弁護士たちがよく利用するそう。
食事もあり。
☎020-7242-7670
🚇Ⓤ Holborn　ホル
ボーン駅から徒歩6分
🏠22 High Holborn,
WC1V 6BN🕛12:00
〜23:00 🈲日曜 
↑1430年代にあった
パブを極力保存し建て
替えた歴史的建造物

↑オーガニック・フルーツ・ビー
ル各£6.90。アプリコット、イチゴ、
ラズベリー、チェリーの4種類

↑昼間でも薄暗い店内。ダイニング
や地下にバーもあり意外と広い

↑ヨークシャー州の
シンボル、白いバラ
の装飾があちこちに

予算
Ⓛ£15〜
Ⓓ£15〜

パブQ&A

注文の仕方など特徴があるが、
マナーはあくまで紳士的。

1 ビールの種類
英国ではラガーよりエールが好ま
れ、なかでもパブで人気なのは、
熱処理なしで樽の中で発酵が進む
ビール「カスクエール」。その風味
は繊細で、パブでの品質管理も味
に影響する。

ペールエール Pale Ale
おしなべて色が薄く、すっきり繊
細な味わい。ホップや麦芽の複雑
なアロマが香り立ち、爽やかな苦
みを残す飲み口で、少し冷やして
飲むことが多い。
代表的な銘柄 London Pride,
Camden Pale Ale, Old Speckled Hen

アイピーエー IPA
銅褐色の深みある色と、濃厚な泡
立ちの見た目どおり、苦めで濃い
味が特徴。柑橘系の風味や、キャ
ラメルのような焦げた甘さを感じ
るものもあり、芳醇な味わい。
代表的な銘柄 The Kernel,
Ghost Ship, Greene King IPA

スタウト Stout
黒く焦がした大麦や、ときには
コーヒー豆も使ったがっつりボ
ディ、苦みとコクを強調する味で
「ギネス」が代表的。色が黒く、常
温で飲まれることが多い。「ポー
ター」も同じ系列。
代表的な銘柄 Guinness,
London Porter

ウィートビール Wheat beer
酸味が爽やかな小麦を使ったビー
ル。活発な酵母の発酵過程から生
まれた、細やかで強めの炭酸が特
徴だ。色みが淡く白っぽいので、
ホワイトビールとも呼ばれる。
代表的な銘柄 Hoegaarden

ラガー Lager
切れ味のよい口当たりと、強い炭
酸で爽快な気分にしてくれる。最
近ロンドンで若者が手がけるマイ
クロ・ブリュワリー（ミニ醸造所）
が流行し、ラガーブームが到来。
代表的な銘柄 Whitstable Bay,
Camden Hells

2 バーでの注文方法
カウンターの最前列の客が注文を
終えて飲み物を持って進むと、
後ろにいた人が前に進む。バー
マンが大体の来た順を把握していて、
財布を持って待っている人に順番
に注文を聞いてくれるので、特に
列は作らない。

3 支払い方法
キャッシュオンデリバリーといい、
カウンターで注文後、支払いを済
ませて飲み物を受け取る。

パブなのに美術館クラスの風格
アール・ヌーヴォーの贅を尽くした
ザ・ブラックフライアー
The Blackfriar

シティ〜ロンドン塔周辺　**MAP** 付録P.16A-2

さまざまな素材と技法でアール・ヌー
ヴォーを体現した内外装は、彫刻家ヘ
ンリー・プールの作品。カウンター台
や壁にはウエストミンスター寺院建設
で余った大理石材を使用。奥の部屋
のきらびやかなアーチ天井は必見だ。

☎020-7236-5474 ❌Ⓤ Blackfriars ブラッ
クフライアズ駅から徒歩1分 ㊠174 Queen
Victoria St, EC4V 4EG ⏰11:30〜23:00
㊡日曜

⬆1875年に修道院の跡地に建設。4階建て
の独立くさび型が珍しい(左)。気さくで陽
気なマネージャーのジョンさんがバーを
切り盛り(右)
➡天井や壁画など、修道僧の生活にちな
んだレリーフが歴史を語る

ロンドン橋たもとに昔からあった
テムズ川沿いの風情のあるパブ
アンカー・バンクサイド
Anchor Bankside

シティ〜ロンドン塔周辺　**MAP** 付録.16 B-3

サザーク地区にある古き良き時代を
感じさせるパブ。メニューは英国料
理をはじめ、フランスのチーズ・ナ
チョス、アメリカのアップルパイ、
ウェールズのバーガーなど国際色豊
か。バンクサイドのテラス席も快適。

☎020-74071577 ❌Ⓤ London
Bridge ロンドン橋駅から徒歩8分 ㊠34 Park St,
SE1 9EF ⏰11:00〜23:00(22:00LO) 木・
金曜11:00〜23:30 土曜10:00〜23:30
㊡無休🅹🅹🅹💳

⬆サーロイン
ステーキのチ
アバッタ£
10.45、2種の
味付チキン・フ
ライ£15.95
(左)。お好み
の生ビールは
ドリンクバー
で注いでくれ
る(右)

⬆シェイクスピアの時代からあった川沿
いの居酒屋はロンドン大火災後に再建
➡レトロな木材造りの粋な雰囲気の店内。
シーズン中はルーフ・テラスも満席に

昔のパブの別名は「血のバケツ」
ディケンズも拳闘観戦したかも

ザ・ラム＆フラッグ

The Lamb & Flag
ソーホー〜コヴェント・ガーデン周辺 **MAP** 付録P.23 F-2

この地におよそ400年、ロンドンでいちばん古いパブといわれ、19世紀初めの顧客には作家チャールズ・ディケンズも名を刻む。荒んだエリアだったコヴェント・ガーデンの、ここで開かれていた拳闘試合が人気を集めた。

☎020-7497-9504 ❽Ⓤ Covent Garden コヴェント・ガーデン駅から徒歩3分 ⌂33 Rose St, WC2E 9EB ⏰12:00(土曜11:00)〜23:00(日曜は〜22:30) ⌚無休 💳

⬆バー付近にはスツールがあり、気軽な感じでビールが飲める

⬇ビールの味を知りたいときは試飲を頼んでみよう。快く応じてくれる

⬆コヴェント・ガーデンの表通りから横をのぞくと見える小さなパブ
⬇ロンドン・プライド。エールのなかで不動の人気、芳しい麦芽の風味とフルーティな後味

読んでから見る？見てから読む？
名探偵ホームズの書斎を忠実再現

ザ・シャーロック・ホームズ・パブ

The Sherlock Holmes Pub
ソーホー〜コヴェント・ガーデン周辺 **MAP** 付録P.23 F-4

ホームズの書斎を再現した部屋は小説に出てくる小道具がぎっしり。ファンの協会で厳重に管理されており、ガラス越しに鑑賞できる。2階のレストランスペースにあり、じっくり見るには食事をするのがおすすめ。

☎020-7930-2644 ❽Ⓤ Charing Cross チャリング・クロス駅から徒歩3分 ⌂10 Northumberland St, WC2N 5DB ⏰11:00〜23:00(木〜土曜は〜24:00) ⌚無休 💳

➡フィッシュ＆チップス(スモール)£17.25。こんがりホクホクのフィッシュ＆チップスとビールで名探偵に乾杯

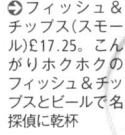

⬆パブのご自慢はホームズとワトソンにちなんだ2種類のビール

⬆間近に見たい場合はレストランの「書斎の窓ぎわ」を予約しよう

⬆英国らしい瀟洒な金の装飾と赤レンガのコントラストが美しい
⬇小説の著者コナン・ドイルの肖像画が掛けられた2階のレストラン

⬆あちこちにホームズの「愛用小物」や「書簡類」が飾られている

マーク・トウェインもなじみ客
英国の文壇バーならぬ、文壇パブ

ジ・オールド・チェシャーチーズ

Ye Olde Cheshire Cheese

ソーホー〜コヴェント・ガーデン周辺 MAP 付録P.15 F-2

詩人テニスンやコナン・ドイルなど多くの文豪が訪れたパブ。数々の小説にも登場し、ディケンズの『二都物語』やアガサ・クリスティの名探偵ポワロが食事するシーンなどでも描かれている。暗い照明が雰囲気たっぷり。

☎020-7353-6170 交ⓊBlackfriars ブラックフライアズ駅から徒歩7分 所145 Fleet St, EC4A 2BU 営12:00〜23:00(日曜は〜22:30) 休無休

↑13世紀にあった僧院の迷路のような間取りが保たれた地下のバー

↑昔ながらの細い路地に正面玄関が。夜は灯りがともる丸看板が目印(左)

↑入って右手は、ちょっと飲むのに便利な小さなバーになっている(右)

↑燻製チェダーチーズと洋梨のチャツネのサンドイッチ

金の延べ棒や王冠も保管された
元銀行に大英帝国の栄華を思う

ジ・オールド・バンク・オブ・イングランド

The Old Bank of England

ソーホー〜コヴェント・ガーデン周辺 MAP 付録P.15 E-2

元英国銀行の建物で、中央にどんと据わった軍艦のような背の高いカウンターが特徴。豪奢な漆喰の装飾が施された天井も高く、大きな壁時計が時を刻んでいる。ロフト状の2階から下を眺めるのも一興だ。

☎020-7430-2255 交ⓊBlackfriars ブラックフライアズ駅から徒歩14分 所194 Fleet St, EC4A 2LT 営11:30〜22:00(木・金曜は〜23:00) 日曜12:00〜20:00 休無休 💳

↑金庫破りが尻尾を巻いて退散しそうな、堅牢な石造り

↘バーマンのいち押しはロンドナーの愛飲ビール、ロンドン・プライド

←金融街のど真ん中に位置し、ビジネスマン・ウォッチングにも最適

→きらびやかな内装は、シャンデリアが輝き出す夕刻からが美しい

満艦飾のしつらえはエルガーの
『威風堂々』が聴こえてきそう

ザ・チャーチル・アームズ
The Churchill Arms

ハイド・パーク周辺 **MAP** 付録P.4 A-3

その外観からロンドン一カラフルな
パブとして知られ、中では天井に
びっしりと吊られたアンティークに
目を奪われる。奥は90年代から続く
リーズナブルなタイレストランで、
温室風に花が飾られ、爽やかだ。

☎020-7727-4242 ⊗Ⓤ Notting Hill
Gate ノッティン・ヒル・ゲート駅から徒歩5分
⑯119 Kensington Church St, W8 7LN
⏰11:00〜23:00(木〜土曜は〜24:00) 日
曜12:00〜22:30 ㊡無休 🍴

⬆マスターのジョンさんはビール好き
のアイルランド出身(左)。季節を意識し
たビールは好みのラベルデザインでジャ
ケ飲みしても(右)

⬆英国国旗が誇らしげに翻る。チャーチ
ル元首相の看板も

⬆気後れしないフレンドリーな接客に、
女性客もリラックス

⬆天井にびっしりと吊られたアンティー
クに目を奪われる

歌手マドンナも打ち上げに使った
幽霊が出没するこぢんまりパブ

ザ・グレナディア
The Grenadier

ケンジントン〜チェルシー周辺 **MAP** 付録P.13 E-4

「ワーテルローの戦い」でも出陣地
となった元将校クラブ。ある日ポー
カー詐欺で撲殺された兵士が、幽霊
となって事件のあった9月に出没す
るらしい。天井にびっしり貼られた
紙幣は、慰霊のために客が始めた習
わしだ。

☎020-3205-2905 ⊗Ⓤ Hyde Park
Corner ハイド・パーク・コーナー駅から徒歩6
分 ⑯18 Wilton Row, SW1X 7NR ⏰
11:00〜23:00 日曜12:00〜22:30 ㊡無
休 🍴

⬆世界各国のお札が貼られ
た天井。日本の紙幣が見つ
かるかも

➡門外不出のレシピでブ
ラッディマリーを作ってく
れるマネージャー(右)。遠
くから客が飲みに訪れる、
コンペ優勝のブラッディマ
リー(左)

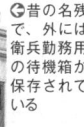

➡昔の名残
で、外には
衛兵勤務用
の待機箱が
保存されて
いる

貴族文化の名残にふれる。
これがイギリスのお茶時間

たっぷりの紅茶から
広がる豊かな香り

05 優雅な午後の アフタヌーンティー

カジュアルな店もあるけれど、
せっかくだから一度くらいは
ドレスアップしてお茶時間!

夕食までの空腹を満たすため 女性が始めたお茶の社交場

パブが庶民の文化ならアフタヌーンティーは紛れもなく貴族が始めたイギリス文化だ。19世紀の中頃、侯爵夫人のアンナ・マリアという女性が始めたということになっているが、一方で産業革命が起こり働き方改革によってお茶の時間ができたから、という説もある。いずれにせよ女性の社交の場として広く普及してきた習慣には違いない。

DATA

シャンパン・アフタヌーンティー・ウィズ・リッツ・ロゼ
Champagne Afternoon Tea with Ritz Rose
£98

トラディショナル・アフタヌーンティー
Traditional Afternoon Tea
£75

上品でやさしい味わいのセットのほか、ケーキのワゴンサービスも
⏰11:30、13:30、15:30、17:30、19:30(予約制)

3段のトレイ
自分のペースで楽しめるように、トレイで一度に供される

スコーン
形も食感も場所によってまったく違う。レシピも千差万別

お茶
紅茶、中国茶やハーブティー、コーヒーのほか、オリジナルブレンドがあるところも

アフタヌーンティーQ&A

堅苦しく考えることはないが簡単な
基本マナーは守ったほうがいい。

1 どこでいつ楽しむ?
名門ホテルや老舗デパート、あるいはミュージアムなどにあると£60~70くらいはする。街なかのティールームなどでは比較的カジュアルに楽しめ、ドレスコードもうるさくはない。時間は13~16時。意外と量が多いので、ランチは抜いたほうがいい。

2 服装は?
高級店などでは「スマート・カジュアル」な服装でよいが、あるおしゃれを。カジュアル店ではあまり気にしなくてよいがおしゃれに。男性も同じ。高級店ではネクタイがあるといい。

3 食べ方は?
2段スタンドと3段スタンドがあり、基本は下の段のサンドイッチから。最後に上段の甘味を。スコーンが別皿の場合もあり、サンドイッチの次に。温かいうちにナイフで上下2つに割り、間にジャムやクリームを挟んで食べる。サンドイッチなどはナイフとフォークで食べるのがきれいだが、パンは指でちぎるのが普通。

光あふれる優美なピンクのサロンは
女性が最も美しく引き立つ色合い

ザ・リッツ・ロンドン
The Ritz London

ソーホー~コヴェント・ガーデン周辺
MAP付録P.22 B-4

「リッツでお茶を」が上流社会の合言葉になり、女王や政治家、多くの女優や歌手がパームコートでお茶をした。今もゆったりと流れる時間は、最高のサービスが成し遂げるマジックだ。ケーキの種類は季節ごとに変わる。

☎020-7300-2345 🚇①Green Park グリーン・パーク駅から徒歩1分 🏠150 Piccadilly, St. James's, W1J 9BR ⏰11:30~19:30 🈺無休

ベテランウェイターさんの給仕は完璧

↑「宮殿に匹敵する」と評される絢爛のルイ15世スタイルで統一

モダンアートがピリッと効いた
ふわふわピンクのガーリー空間

スケッチ

sketch

ソーホー～コヴェント・ガーデン周辺
MAP 付録P.22 B-2

個性的な5つの部屋が特徴のコンセ
プトレストラン。アフタヌーンティー
は華やかなピンクの部屋 The Gallery
で。趣向を凝らしたアラカルトも試
したい。

☎020-7659-4500　Ⓜ Ⓤ Oxford
Circus オックスフォード・サーカス駅から
徒歩5分 🏠9 Conduit St, W1S 2XG ⏰
11:00～16:30 🅑無休 📞

⬆著名作家によるユー
モアあふれるアート作
品や食器類にも注目

╭───── DATA ─────╮
アフタヌーンティー・アット・
ザ・ギャラリー
Afternoon Tea at the Gallery
£80
気分が華やぐジュエリー
のようなスイーツと趣向
を凝らしたプレゼンテー
ション
╰────────────────╯

╭───── DATA ─────╮
カクテル・アート・アフタヌー
ンティー
Cocktail Art Afternoon Tea
£88
カクテル各種も芸術家へ
のオマージュを込めて。
日本風カクテルは「草間
彌生」
╰────────────────╯

ケーキの完成度に驚嘆する
麗しく美味なるモダンアート

ローズウッド・ロンドン

Rosewood London

ソーホー～コヴェント・ガーデン周辺
MAP 付録P.15 E-1

⬆ターメリックや炭のパン
を使ったサンドイッチの色
も斬新

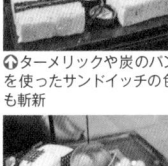

⬆モダンな造形を再現した
セイロン茶のムースなどの
ケーキ

伝統的なアフタヌーンティーを現代
解釈し、2017年からアートにちな
んだケーキを創作。2020年は、世界
的な彫刻家アンソニー・ゴムリー氏
の作品がテーマだ。ウルトラモダン
なプレゼンテーションは唯一無二。

☎020-7781-8888　Ⓜ Ⓤ Holborn ホル
ボーン駅から徒歩2分 🏠252 High
Holborn, WC1V 7EN ⏰14:30(土・日曜
12:00)～17:45 🅑無休 📞

╭─────────────╮
モダンな先進都市、
ロンドンらしいアフ
タヌーンティーです
╰─────────────╯

⬆重厚かつシャープな雰囲気を併せ持つ
サロン内

DATA

ザ・ランガム・アフタヌーンティー・ウィズ・ウェッジウッド
The Langham Afternoon Tea with Wedgwood

£80

ホテル150周年記念ブレンドなど1皿ごとに違うお茶をいただける

ロンドンで初めてアフタヌーンティーを供した誇りにあふれる

アフタヌーンティー・ウィズ・ウェッジウッド
Afternoon Tea with Wedgwood at Langham

リージェンツ・パーク周辺 **MAP** 付録P.14 A-1

ホテルに入って正面にあるパームコートがお茶時間の華やかな舞台、英国の名陶ウェッジウッドでいただくお茶は格別だ。19世紀から続く極上のサービスは変わらず、ホールケーキのおみやげ付き。ピアノ演奏も楽しめる。

☎020-7636-1000 ⊗⑪Oxford Circus オックスフォード・サーカス駅から徒歩5分 ⊕1C Portland Place, W1B 1JA ⊕12:30～17:00 ⊛無休 ▭

↑1皿ごとに違うお茶をすすめてくれる　↑フレンドリーなスタッフとの話も弾む

↑往時は贅沢の極みであった温室式室内庭園の名前が残る

食べるのが先か、着るのが先か？
旬のキャットウォークがケーキに

プレタポルティ
Prêt-à-Portea at The Berkeley

ケンジントン～チェルシー周辺
MAP 付録P.13 E-4

大御所や話題の新進デザイナーなど、最新のクチュールがミニチュアケーキで細やかに表現され、食べるのがもったいないくらい。10年以上続く人気は衰えるどころか、昨今のインスタ流行でますます注目されている。

☎020-7235-6000 ⊗⑪Hyde Park Corner ハイド・パーク・コーナー駅から徒歩4分 ⊕Wilton Place Knightsbridge, SW1X 7RL ⊛13:00～17:30 ⊛無休 ※閉店中。2024年末に再開予定

DATA

プレタポルティ
Prêt-à-Portea

£60

年2回コレクションが変わるので、毎回行っても飽きがこない

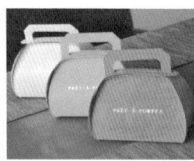

↑食べきれない分を包んでくれるおみやげバッグもキュート

⇨ゆったりと席間が取られた室内に、カラフルなケーキが映える

風格を極めた王道のティータイム
歴史も味も、ファーストクラス

ブラウンズ
Brown's

ソーホー〜コヴェント・ガーデン周辺
MAP 付録P.22 A-3

ロンドン初のグランドホテルとして、ヴィクトリア女王も愛したブラウンズでのお茶。優雅なケーキは味にも見た目にも丁寧な仕事がうかがえる。昔ながらの調度に囲まれ、イギリスらしい昼下がりを過ごしてみては。

☎020-7493-6020 ❌Ⓤ Green Parkグリーン・パーク駅から徒歩4分 🏠 Albemarle St, W1S 4BP ⏰12:00〜18:00 休無休 ▭

➡ヴィクトリア朝の雰囲気を生かしつつモダンなデザインを取り入れて

DATA

トラディショナル・アフタヌーンティー
Traditional Afternoon Tea

£75

お茶は銀器でサーブ。ひと晩寝かせて焼くスコーンはフワリやさしい味

英国王室御用達のグローサリー
妥協のない品質に舌鼓を打つ

フォートナム&メイソン
Fortnum & Mason

ソーホー〜コヴェント・ガーデン周辺
MAP 付録P.22 B-4

F&Mのブランドカラーであるミントグリーンに囲まれ、一瞬で優雅な気分に。最高品質の食材を商うだけに、サンドイッチもケーキも美味。人気のフレーバーティーのほかに、珍しい英国産のダージリンもいただける。

☎020-7734-8040 ❌Ⓤ Green Park　グリーン・パーク駅から徒歩4分 🏠 4th Floor, Fortnum & Mason, 181 Piccadilly, St.James's, W1A 1ER ⏰11:00〜20:00日曜11:30〜18:00 休無休 ▭

DATA

トラディショナル・アフタヌーンティー
Traditional Afternoon Tea

£80

女王戴冠記念のサンドイッチ、コロネーションチキンはカレー風味

⏰ 休事前に確認

DATA

アフタヌーンティー・ピーターシャム・ウェイ
Afternoon Tea – Petersham way

£55

イタリアン風のケーキが新鮮。お茶で風味づけしたカクテルも素敵

⏰木〜土曜のみ12:00〜17:00(L015:00)

可憐な花々と新鮮な緑がお出迎え
街と自然が調和する特別な場所

ピーターシャム・ナースリーズ
Petersham Nurseries

ソーホー〜コヴェント・ガーデン周辺 **MAP** 付録P.23 F-2

セレブ御用達の園芸店による、ボタニカルなアフタヌーンティー。手吹きのガラス食器の中心には季節の花が生けられ、追加料金で持ち帰りも可能だ。観光エリアの中心ながら、穏やかな空気が流れているのも魅力的。

☎020-8940-5230 ❌Ⓤ Leicester Square レスター・スクエア駅から徒歩4分 🏠31 King St, Covent Garden, WC2E 8JD ⏰12:00〜21:30(日曜は〜16:00) 休無休 ▭

➡目の保養と参考になるセンス抜群のインテリア

16世紀の円形劇場を復元！
珍しい木造茅葺き屋根の名所

06 シェイクスピアは グローブ座で観る

演劇の国、イギリスの祖を築いたのが、ご存知ウィリアム・シェイクスピアだ。
本場で観るシェイクスピアはさすがに格別の興奮をもたらしてくれる。
さらに「グローブ座」で観ればそこは別世界。中世の空気のなかで物語に浸ろう！

常に新しい挑戦で蘇る
「沙翁」の古典を味わい尽くす

明治時代、日本に伝わった当時は「沙翁」とも呼ばれたウィリアム・シェイクスピア。『ロミオとジュリエット』をはじめとする戯曲は世界中で今なお上演され続け、多くの人を惹きつけてやまない。偉大で魅力的な古典だけに、多くの演出家の独自の解釈による新しい面が見られるのもシェイクスピア演劇のおもしろさのひとつだ。その戯曲は関わる舞台人の情熱を糧にしているのか常に新しい。

木造の茅葺きで中世の劇場そのまま
演目が生まれた当時の状態で観劇
シェイクスピア・グローブ座

Shakespeare's Globe
シティ～ロンドン塔周辺 **MAP** 付録P.16 B-3
1997年、400年を経てオリジナルの建築様式で再現された劇場。土間の立ち見席は屋根なしのスタイルで、400年前の人々と同じ条件でシェイクスピアが堪能できる。立ち見は舞台の最前で、かぶりつきで観られるので興奮もひとしお。
☎020-7902-1400 交 ⓤ Blackfriars ブラックフライアズ駅から徒歩14分 所 21 New Globe Walk, SE1 9DT 開 時間は公演により異なる 休 不定休 料 £5～（立ち見席）

image:Tristram Kenton copyright Shakespeare's Globe

↑木造、茅葺き、漆喰壁で復元された円形劇場

グローブ座で観劇！

チケットを購入するには、グローブ座公式サイトがおすすめだ。英語だが写真を駆使したつくりでわかりやすく使いやすい。

公演を調べる

グローブ座公式サイトでチェックしよう。直近の公演が写真入りで紹介されていて、衣装が古典的か現代的かなどもわかり、その公演のイメージがつかみやすい。
🔵 www.shakespearesglobe.com

🔵現在のグローブ座は
1997年に開館

座席と上演時間

劇場内は1階の立ち見席、ヤードを囲むように3フロアのギャラリー席がある。上演はマチネがある日と夜だけの日があり人気の公演はギャラリー席から埋まる。

チケットを買う

公式サイトで各公演紹介の下にある「BOOK NOW」をクリック。上演日時が表示されるので希望時間をクリック。次に劇場内の写真が表示され、座席区分が明記されているので希望の区分、例えば2階席などを選ぶ。次に座席が表示されるので希望を選んで確認しクレジットで購入。

Shakespeare's Globe

『ヘンリー四世』
ハル王子と中年の呑んべえ、フォルスタッフが王家の戦いに挑む！

英国演劇の父、シェイクスピア

現在も上演され続ける名作たち

16世紀の英国の劇作家、詩人で『ハムレット』『マクベス』『オセロ』『リア王』の4大悲劇をはじめ、『お気に召すまま』や『真夏の夜の夢』のような喜劇、『ロミオとジュリエット』や『ヴェニスの商人』のような不朽の名作を残した。かつてのグローブ座はシェイクスピアの劇団によって1599年に建てられ1613年に火災で焼失。また、生誕地のストラトフォード・アポン・エイヴォンには現在も、シェイクスピア作品を上演する劇団「ロイヤル・シェイクスピア・カンパニー」があり世界ツアーなどでも活躍している。

↑多くの名作を残したシェイクスピア

ガイドツアーで劇場内を見学

専門のガイドからグローブ座の歴史や1990年代の再建プロセスなどを聞きながら劇場空間をまわる（日本語シートあり）。ときにはリハーサルが見られるなど舞台裏が見学できることも。公演がない期間はツアーでしか入れず、貴重な機会だ。約40分間で30分おきに出発。
グローブ・シアター・ガイド・ツアー
Globe Theatre Guided Tour
☎020-7902-1500 開9:30(冬期10:00)〜17:00 休無休 料£26、トワイライトウォーキングツアー£20 HP www.shakespearesglobe.com/whats-on/globe-theatre-guided-tour

06 シェイクスピアはグローブ座で観る

image:Helen Murray copyright Shakespeare's Globe

『お気に召すまま』
アーデンの森で繰り広げられる男装の麗人と青年の恋模様！

馬車時代からの観光ルートを
ワクワクの2階建てバスでゆく

07 シャーロック・ホームズを追いかける!

Sherlock Holmes

19世紀、ヴィクトリア時代
のロンドンが街のあちこ
ちに!ホームズもここに!

©iStock.com/BrasilNut1

英国が生んだ偉大なる名探偵シャーロック・ホームズと相
棒のワトソン博士。19世紀のロンドンを舞台に活躍する2人
の人気はいまだ衰えず。ゆかりの地ツアーも!

ホームズが住んだ街、通ったパブ、物語を生んだ場所を探索

英国は多くの魅力的な推理小説や名探偵を生み出しているが、「ホームジアン」「シャーロキアン」と呼ばれる熱狂的ファンのいるシャーロック・ホームズは別格だ。19世紀後半に作家コナン・ドイルが著し大ヒットしたシリーズで、物語はホームズの相棒のワトソン博士が語り部であるのもおもしろい。主人公が教養ある趣味人2人で、英国らしさが楽しめる。世界が愛する名探偵の足跡を巡ろう。

ホームズゆかりの地を巡る

ロンドン・ウォーキング・ツアー
London Walking Tour
TV版や映画版のロケ地をはじめ、コナン・ドイルゆかりの地を巡る。
☎0844-2471-007 困日曜10:30 £17
HP britmovietours.com
集合場所:レストランSavini at Criterion前
交❶Piccadilly Circus ピカデリー・サーカス駅から徒歩5分
MAP 付録P.23 D-3

➡地下鉄ベイカー・ストリート駅
の前に立つホームズ像

➡ベイカーStの道
路標識。NW1は郵
便番号

BAKER STREET NW1
CITY OF WESTMINSTER

ベイカー・ストリート駅
Baker Street tube station
リージェンツ・パーク周辺 MAP 付録P.7 E-4
あちこちにホームズが出現!
ご存知、シャーロック・ホームズが相棒のワトソンと住んでいたのが、ベイカー St 221b 番地にある下宿。最寄りの地下鉄駅構内では壁面に注目!
交 Baker Street ベイカー・ストリート駅
所 Baker Street Station Marylebone Rd, NW1

➡同駅ホームのモザイクのホームズ

⬇こちらのホームにはシリーズのシーンの絵。これは『赤毛組合』

BAKER STREET

The Great Detective

ホームズと親友ワトソン博士が
下宿していた場所を再現
シャーロック・ホームズ博物館
The Sherlock Holmes Museum
リージェンツ・パーク周辺 **MAP** 付録P.7 E-4

博物館は5階建ての小さな家で居間や浴室まで再現され小説の世界観に浸れる。3階から4階にかけては小説にちなんだ小物や蝋人形の展示もあり、1階のギフトショップにはホームズ・グッズが多数揃っている。

☎020-7224-3688 ⊗Ⓤ Baker Street ベイカー・ストリート駅から徒歩1分 ⌂221b Baker St, NW1 6XE
🕐9:30～18:00（最終入館17:30）⌀無休 £16

↑暖炉の前の椅子に座り、ホームズの帽子をかぶって写真を撮ることもできる

↑博物館の前景。クラシカルな緑の看板が目印

↑実際の番地と違うがホームズ宛の手紙はここに届く

◐『シャーロック・ホームズの思い出』
◑『緋色の研究』。館内に書籍コーナーも

↑シリーズに登場した小物類。事件解決のカギになったものも

**シャーロック・ホームズ
ゆかりのスポット**

1834年築の円柱で待ち合わせ
ライシアム・シアター
Lyceum Theatre
MAP 付録P.15 D-2

ウエスト・エンドにある劇場。『四つの署名』で、登場人物たちが待ち合わせ場所に指定したのが「ライシアム・シアターの左から3本目の柱」。

☎0844-871-3000 ⊗Ⓤ Covent Garden コヴェント・ガーデン駅から徒歩5分 ⌂21 Wellington St, WC2E 7RQ 🕐火～土曜19:30～（マチネは水・土・日曜14:30～）⌀月曜

↑老舗劇場。コリント式の円柱は今も健在

↑歴史は大英博物館より古く、店名はのち改名

コナン・ドイルも常連、英国的パブ
ミュージアム・タヴァーン
Museum Tavern
MAP 付録P.15 D-1

『青いガーネット』に登場する「アルファ・イン」というパブのモデルとされる店。重厚な内装でヨークシャー・プディングなど英国料理が楽しめる。

☎020-7242-8987 ⊗Ⓤ Holborn ホルボーン駅から徒歩7分 ⌂49 Great Russell St, WC1B 3BA 🕐11:00～23:00（金・土曜は～0:00、日曜は～22:30）⌀無休

作者もお気に入りの高級ホテル
ランガム・ホテル
The Langham Hotel, London
MAP 付録P.14 A-1 ▶ **P.160**

『ボヘミアの醜聞』で、依頼人のボヘミア王が泊まっていたホテル。他にもシリーズのなかで度々登場する。

☎020-7365-0519 ⊗Ⓤ Oxford Circus オックスフォード・サーカス駅から徒歩6分 ⌂1C Portland Pl, London W1B 1JA

↑開業は1865年と、歴史を感じさせる

ホームズの展示もあるパブ
ザ・シャーロック・ホームズ・パブ
The Sherlock Holmes Pub
MAP 付録P.23 F-4 ▶ **P.43**

1階がパブ、2階がレストラン。2階の一角でホームズの書斎の再現も。

ハリポタやパディントンがいた場所へ

08 映画やドラマの ロケ地を訪ねて

魔法学校に通う魔法使いの卵や、いたずら好きの熊、そして現代に蘇ったシャーロック・ホームズとワトソン。世界を魅了した物語の舞台となった聖地を探訪!

→ハリーの親友、ロン、ハーマイオニー

Film & Drama Location

大好きな物語のロケ地で映画の感動をもう一度

　原作も映像も大ヒットの『ハリー・ポッター』シリーズ。映画の主な撮影がなされたワーナーのスタジオや、実際の駅や商店街などのロケ地を訪ねれば、映画のワクワク感が蘇る。ほかにも現代版ホームズを描いたTVドラマシリーズ『シャーロック』や、人気絵本の実写映画『パディントン』、ロンドンのキャリア・ウーマンを描いた映画『ブリジット・ジョーンズの日記』などのロケ地を歩いて、物語の魅力を追体験したい。

ロンドン市内のロケ地や撮影スタジオでハリポタの世界に浸ろう!

ハリー・ポッター Harry Potter

ロケ地を歩けば、ロンドンが魔法の世界に似合う街だと再認識。撮影スタジオでは、セットや小道具、撮影の裏側がのぞける!

9と4分の3番ホームから乗車!
キングス・クロス駅
Kings Cross Station
大英博物館〜キングス・クロス周辺 MAP 付録P9 D-2

魔法学校行きの電車が出るキングス・クロス駅。壁には9と4分の3番のホーム名の表示や、壁に突入するカートも!
交 ⓤ Ⓝ Kings Cross/St Pancras キングス・クロス/セント・パンクラス駅 所 Euston Rd, Kings Cross, N1 9AL

←ここは撮影スポットで休日には行列も

↑高いアーチ型天井と豪華な装飾も必見

約700年の歴史を誇る商店街
レドンホール・マーケット
Leadenhall Market
シティ〜ロンドン塔周辺 MAP 付録P.17 D-2

金融街の中央にあるアーケード。「ダイアゴン横丁」に通じるパブ「漏れ鍋」はこの商店街を抜けて行く。
☎ 020-766-3030 交 ⓤ Monument モニュメント駅から徒歩4分 所 Gracechurch St, Langbourn EC3V 1LT

街の中心にある世界最古の動物園
ロンドン動物園
London Zoo
リージェンツ・パーク周辺 MAP 付録P.7 E-2

第1作目『ハリー・ポッターと賢者の石』に爬虫類館が登場。ハリーが蛇と話すシーンが撮影された。
☎ 0344-225-1826 交 ⓤ Camden Town カムデン・タウン駅から徒歩15分 所 Outer Circle, NW1 4RY 開 10:00〜16:00(季節により異なる) 休 12/25 料 £31(土・日曜は£33)

↑広大な敷地に650種の動物が暮らす

子鬼(ゴブリン)が経営する銀行
オーストラリア・ハウス
Australia House
ソーホー〜コヴェント・ガーデン周辺 MAP 付録P.15 E-2

『賢者の石』に登場するグリンゴッツ魔法銀行のロケ地。オーストラリア大使館の建物で内部は非公開。
☎ 020-7379-4334 交 ⓤ Holborn ホルボーン駅から徒歩10分 所 The Strand, WD2B 4LA ※内部見学不可

↑外観のみ撮影可能

↑本や雑貨のアンティークショップが並ぶ

魔法道具が揃う横丁のモデル
セシル・コート
Cecil Court
ソーホー〜コヴェント・ガーデン周辺 MAP 付録P23 E-3

『ハリー・ポッターと賢者の石』で、ハリーが初めて杖を買ったダイアゴン横丁のモデルとなった通り。見どころが盛りだくさん!
交 ⓤ Leicester Square レスター・スクエア駅からすぐ 所 Cecil Court, Charing Cross Rd, WC2N 4EZ

ハリポタの世界を歩く!

ホグワーツ城
Rogwarts castle model
実際に撮影に使った直径約15mの大型模型。ドアが開くなど細部まで作り込んだ本物そっくりの迫力が必見。

撮影スタジオで制作の現場を探索!

ワーナー・ブロス・スタジオツアー・ロンドン・メイキング・オブ・ハリー・ポッター

Warner Bros. Studio Tour London - The Making of Harry Potter

MAP 付録P2 B-1

0345-084-0900 交 ⑭ Watford Junction ワトフォード・ジャンクション駅からシャトルバスで15分 所 Studio Tour Drive, WD25 7LR 開 9:30（土・日曜8:30）〜22:00 休 無休 料 £ 53.50 HP www.wbstudiotour.co.uk

禁じられた森
Forbidden Forest
ホグワーツ魔法魔術学校にある禁じられた森をテーマにしたエリア。

ダンブルドアのオフィス
Dumbledore's Office
ホグワーツの校長ダンブルドアの部屋。円形で歴代校長の肖像画と本に囲まれている。

プラットフォーム9 3/4
Platform 9 3/4
プラットフォームで、ハリーがロンたちに会ったホグワーツエクスプレスに乗車体験を!

グリンゴッツ魔法銀行
Gringotts Wizarding Bank
魔法界における唯一の銀行で、魔法使いや魔女が金品や貴重品を保管できる場所だ。

グレート・ホール
Great Hall
大広間の壮大なセットとキャストのウェルカム映像も楽しめる。

information

● チケットは要予約。時間は厳守で 現地では購入不可なので事前予約が必須。繁忙期は入手困難になるため早めの予約を。指定の入場時間に遅れないようスタジオに到着しよう。
● オーディオガイド 日本語も対応のオーディオガイド。公式サイトでチケット予約時に予約できるが現地でもレンタル可能。スマホのようにカラーディスプレイ付きで、展示物の詳細情報を音声や映像で解説してくれる。

● 写真撮影 スタジオ内はすべて撮影可能。入場者がこぞって撮影してSNSでシェアすることで、宣伝効果を発揮している。
● 見学は自分のペースで スタジオに入場後、展示エリアに入る前にシアターで10分、注意事項などのイントロダクション・ムービーを鑑賞。その後ツアーへ。自分のペースで見てまわることができ、目安は3時間前後だが、閉館時間までたっぷり楽しむことが可能。

ロンドンでぜったいしたい9のコト

シリーズをプレイバック!
物語は、主人公ハリー・ポッターと闇の魔法使いヴォルデモートとの戦いを描く。

1 ハリー・ポッターと賢者の石
11歳のハリーにホグワーツ魔法魔術学校の入学案内が届き自分が魔法使いで両親がヴォルデモートに殺害されたことを知る。 2001年公開

2 ハリー・ポッターと秘密の部屋
ホグワーツで生徒が石化する事件が多発しその後も次々に事件が起こる。カギを握る秘密の部屋を操るのはヴォルデモートだった。 2002年公開

3 ハリー・ポッターとアズカバンの囚人
ヴォルデモートの部下でハリーの両親の死に関係するシリウスが魔法牢獄から脱走。だが実は彼はハリーの父の親友だった。 2004年公開

4 ハリー・ポッターと炎のゴブレット
三大魔法学校対抗試合が行われ、ヴォルデモートの陰謀でハリーが参加し、肉体を失っていたヴォルデモートが復活を遂げる。 2005年公開

5 ハリー・ポッターと不死鳥の騎士団
ダンブルドアは「不死鳥の騎士団」を、ハリーたちは「ダンブルドア軍団」を結成。ヴォルデモートと死闘を繰り広げる。 2007年公開

6 ハリー・ポッターと謎のプリンス
ハリーはヴォルデモートが魂を7つの分霊箱に納めることで死を逃れていることを知り、分霊箱を探し出し破壊を試みるが…。 2009年公開

7 ハリー・ポッターと死の秘宝 PART 1
ヴォルデモートの分霊箱を破壊する旅に出たハリーたち。死から逃れる3つの秘宝の存在を知るがヴォルデモートが3つ目を入手! 2010年公開

8 ハリー・ポッターと死の秘宝 PART 2
ハリーたちは6個の分霊箱を破壊。敵側だったスネイプは実はハリーの味方でヴォルデモートに殺される。最後の分霊箱とは? 2011年公開

---

08 映画やドラマのロケ地を訪ねて

BEST 9 THINGS TO DO IN LONDON

21世紀を舞台に、ファーストネームで呼び合う2人!

SHERLOCK ●シャーロック

英BBCの人気ドラマシリーズで日本でも放送され
ファンが多い。各エピソードはドイルの原作を下
敷きとしつつスマホやネットが登場する。

ストーリー
アフガン戦争で負傷した陸軍軍医
ジョン・ワトソンは本国に送還後ト
ラウマを抱えていた。そんななか、
ルームメイトを探していたシャーロッ
ク・ホームズに出会う。頭脳明晰な
ホームズが天才的な推理力と現代機
器を駆使し、数々の事件を解決する。

SHERLOCK／シャーロック ベイカー・ストリート221B エディション
●Blu-ray 価格:4万8900円+税 ●DVD 価格:4万900円+税
●発売・販売:株式会社KADOKAWA

新シャーロキアンの聖地
スピーディーズ・サンドイッチ・バー&カフェ
Speedy's Sandwich Bar & Café
大英博物館～キングス・クロス周辺 **MAP** 付録P.8 B-3

ホームズとワトソンがルームシェアを
している221Bのフラット。その1階に
あるカフェの設定。店内には撮影のオ
フショットなども飾られている。

☎020-7383-3485 交⑩Euston Square
ユーストン・スクエア駅から徒歩1分 所187
North Gower St, NW1 2MJ 営6:30～
15:30 土曜7:30～13:30 休日曜

↑店内にはカンバーバッチの生写真も!!

ホームズとワトソン、出会いの場
セント・バーソロミュー病院
St.Bartholomew's Hospital
シティ～ロンドン塔周辺 **MAP** 付録P.16 A-1

12世紀開院、19世紀から変わらない
病院。ワトソンの元勤務先へ帰還した
彼を元同僚がここでホームズに紹介。

交⑪Barbicanバービ
カン駅から徒歩4分 所
West Smiithfield,
EC1A 7BE

➡シリーズ3の3話で
ホームズは屋上から
飛び降りた

シャーロックの友人の勤務先
タワー42
Tower 42
シティ～ロンドン塔周辺 **MAP** 付録P.16 C-1

シリーズ1の2話でホームズの大学時
代の友人が勤務する銀行の設定。金融
街シティにある超高層オフィスビル。

☎020-7877-7778 交
⑪Liverpool Streetリ
ヴァプール・ストリート駅
から徒歩5分 所25 Old
Broad St, EC2N 1HQ
※一般のオフィスビル

➡モダンなガラス
張りの近代建築

イギリス学士院がクラブに設定
英国アカデミー
British Academy
ソーホー～コヴェント・ガーデン周辺 **MAP** 付録P.14 C-3

ホームズの兄マイクロフトが創設会員
の一人で、社交嫌いの紳士が集まる
「ディオゲネス・クラブ」のロケ地。

☎020-7969-5200 交⑪Piccadilly
Circusピカデリー・サーカス駅から徒歩8分
所10-11 Carlton House Terrace, SW1Y
5AH 開サマーショーケースプログラム2024年
7/11～13オープン HP thebritishacademy.
ac.uk

↑実際は人文科学と社会科学の国立機関

名物中華料理屋が集まる通り
チャイナタウン
Chinatown
ソーホー～コヴェント・ガーデン周辺 **MAP** 付録P.23 E-2

シリーズ1の2話でホームズたちが訪
れる中華街。ロンドンの中心地ソー
ホーにある。

交⑪Leicester Square
レスター・スクエア駅から徒
歩2分 所Gerrard St,
W1D 5PT

➡中国のスイーツ
がおいしい店も

住人限定公園を囲む高級住宅街
イートン・スクエア
Eaton Square
ケンジントン～チェルシー周辺 **MAP** 付録P.19 F-2

シリーズ2の1話で、登場人物アイリー
ンの家がある住宅街。富裕層とわかる
設定。

交⑪Victoriaヴィ
クトリア駅から徒歩
10分 所Belgravia,
SW1W 9BE

➡大使館もある
リッチエリア

バッキンガム宮殿を守る衛兵が
ウェリントン兵舎
Wellington Barracks
バッキンガム宮殿～ウエストミンスター寺院
MAP 付録P.20 B-1

シリーズ3の2話で、ストーカー被害
を受けていた近衛兵が所属していた師
団の兵舎として登場。

交⑪St James's Parkセント・ジェイムズ・
パーク駅から徒歩5分 所Westminster,
SW1E 6HQ

かわいいCGのパディントンを求めて

パディントン Paddington

1958年の第1作発表以来、世界的なベストセラーとなりアニメ化もされたマイケル・ボンドの児童文学。これを元にこれまで2作が映画化。

← パディントン駅近くにあるマイケル・ボンドのオブジェ

ストーリー
ベルーから単身ロンドンにやってきたくまのパディントン。駅で助けてくれたブラウン家に居候しながら、叔父夫婦の旧知である探検家を探すなか、彼を剥製にしようと追いかける人が現れる!

建物も展示品も見応え抜群

自然史博物館 ▶ P.79
Natural History Museum

パディントンが捕まえられ、剥製にされそうになるのがこの博物館。助けられてハッピーエンドとなる。

駅名が名前になった

パディントン駅
Paddington Station
リージェンツ・パーク周辺 MAP 付録P.12 B-1

ベルーから来たパディントンが駅に着いて途方にくれていると、ブラウン一家が声をかけ家に置いてくれる。

☎ 020-7222-1234
交 ⑩ Paddington
パディントン駅
所 Praed St, W2 1RH

→ 駅の中にはパディントンショップも

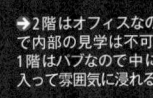

↑ 駅構内にはトランクに座ってあたりを見回すパディントン像

ひと味違うロンドンの観光スポットも見もの

ブリジット・ジョーンズの日記　Bridget Jones's Diary

恋に仕事に一喜一憂する、等身大の独身女性を描いたロマンティック・コメディ映画。3作が作られロケ地めぐりは地元の穴場的で楽しめる。

ストーリー
出版社で働くキャリアウーマンのブリジット。恋に悩む30代で憧れの上司と結ばれたり失恋したり、別の人に求愛されたりと浮き沈む日々を日記に綴る。ロンドンの若い世代の暮らしぶりが描かれている。

ケンジント

ブリジットがいる気がする窓

グローブ・タヴァーン
Globe Tavern
シティ〜ロンドン塔周辺 MAP 付録P.16 C-3

ブリジットが住んでいる設定の部屋がこの建物の2階。実際はオフィス。
☎ 020-7407-0043 交 ⑪ London Bridge ロンドン・ブリッジ駅から徒歩3分 所 8 Bedale St, SE1 9AL ※一般のオフィス

→ 2階はオフィスなので内部の見学は不可。1階はパブなので中に入って雰囲気に浸れる

観光客も多いロンドンの胃袋

バラ・マーケット ▶ P.58
Borough Market
シティ〜ロンドン塔周辺 MAP 付録P.16 C-3

ブリジットの家の前にある国内最大の食品市場。所狭しと店が並びイートインもできる。

↑ 食べ歩きが楽しみ

ロンドンの一大繁華街

ピカデリー・サーカス
Piccadilly Circus
ピカデリー・サーカス周辺 MAP 付録P.22 C-3

劇中で「Go! Bridget!」の文字が表示された電光掲示板が見られる。駅周辺には劇場があり、買い物客で賑わう人気の観光地となっている。

☎ 020-7403-5403 ↓円形の広場中央には噴水とエロスの像がたたずむ
交 ⑪ Piccadilly Circus ピカデリー・サーカス駅から徒歩1分 所 Piccadilly Circus, W1D 7ET

食べたり買ったりの マーケット・パーク!

09 週末のお楽しみは マーケット三昧

どんな街でもマーケットは旅心をくすぐる。人々に会える、たくさんのモノに会える。市民生活の肝だから。

ロンドンのマーケットには 2つのタイプがある

マーケットというと、野菜や果物、あるいは魚介類などがどっと並んでいるイメージがあるが、ロンドンではアミューズメントの要素が多い。それも食べ物が多い場合と買い物中心のところがある。ここでは前者をご紹介。後者はショッピングの項P.130～で紹介することにする。

ロンドンの台所で最高の食べ歩き おみやげも忘れずに
バラ・マーケット
Borough Market
シティ～ロンドン塔周辺 **MAP** 付録P.16 C-3

1000年以上の歴史を誇る食マーケット。現在は世界各国の料理が並び、ロンドナーや観光客で連日賑わう。持ち帰りたいグルメ食材もたくさん揃う。質の高さはお墨付きだ。周辺のパブやレストランもグルメの街に恥じないクオリティ。
☎020-7407-1002 ✪⑪London Bridgeロンドン・ブリッジ駅から徒歩5分 ⓜ8 Southwark St, SE1 1TL ⏰10:00(土曜9:00)～17:00(日曜は～16:00)※店舗により異なる ⏰月曜

➔試食や量り売りも可能、気軽にロンドングルメを堪能できる

食事系だけでなく、スイーツ好きさんにも

➔店員さんはみんな元気よく親切に対応してくれる

搾りたての新鮮ジュースをどうぞ

美しいディスプレイは目の保養

イギリスはベリー類がおいしい

↑火曜は一部店舗が営業、水～土曜はフル営業。映画のロケ地としても頻繁に登場するスポット

ロンドナーの気軽な新しい社交場
ぶらり立ち寄って賑わいを感じて

フラット・アイアン・スクエア
Flat Iron Square

シティ〜ロンドン塔周辺 MAP 付録P16 B-3

広場でランチやビールを楽しみ、夜はライブでご機嫌に。マーケット好きなロンドンっ子に大人気のスポットだ。高架下にも屋台があり座れるので雨も安心。イベントも盛りだくさんなのでWebでチェック。
☎なし Ⓤ London Bridge ロンドン・ブリッジ駅から徒歩7分 ⑰53b Southwark St, SE1 1RU ☎12:00〜23:00(日曜は〜20:00)⑭月〜水曜 ⑭ flatironsquare.co.uk

↑週末には、入口近くにアンティークマーケットが立つことも

アクセサリーやキッチン用品、本などヴィンテージの屋台もあり

↑ピッツァも生地から手作りの本格派

ビールに合うスパイシーなポテトや、タコスなどをシェアしたい

電飾が華やかな夜は、ライブなど賑やかなイベントで人を呼び寄せる

↑見知らぬ者同士でも話が弾むように考えられた長いシェアテーブル

BEST 9 THINGS TO DO IN LONDON

グルメを求める活気はピカいち
ストリートフードの概念を変えた
モルトビー・ストリート・マーケット
Maltby Street Market
シティ〜ロンドン塔周辺 **MAP**付録P.17 E-4

高架下に選りすぐりのグルメを集め、一躍人気になった
週末マーケット。新しい味覚で勝負の屋台から
定番まで、狭い通路にぎっしりと並び目移りし
てしまう。カラフルな万国旗がはためく空の下、
おしゃれなバーでカクテルを一杯。

🏠なし 🚇⓾Bermondsey バーモンジー駅から徒歩13分
🏪37 Maltby St, SE1 3PA 🕐土曜10:00〜17:00 日曜
11:00〜16:00 🈑月〜金曜

⬆ロープに万国旗が飾られた入口からおいしそうな匂いと活気が漂う

唐揚げにメープル
シロップがけ、
甘辛の新味覚

グルメなこだわりが
詰まった、やわらか
肉を挟んだバーガー

イギリスの名物、スコ
ッチエッグは卵が半熟
なのがポイント

⬆細長い通りは、もともと船舶や工業用ロープを
製造していたところ

人気ストリートマーケットで
ロンドンの元気を呼吸
ブリック・レーン
Brick Lane
ショーディッチ〜イースト・エンド周辺 **MAP**付録P.11 E-4

アートに彩られたこの通りは、若さとマル
チ文化があふれるトレンド発信地。個
性的でおしゃれなムードが魅力だ。日曜
はヴィンテージ・グッズやフード屋台で
通りはいっぱい。　買い物はもちろん、
夜は音楽スポットやレストランも充実。

☎020-7364-1717 🚇⓾Liverpool Street
リヴァプール・ストリート駅から徒歩5分 🏪Brick
Lane, E1 6QL 🕐土曜11:00〜17:30 日曜
10:00〜18:00 ※店舗により異なる 🈑月〜金曜

⬆屋台で世界各国の料理をぐるり食べ歩き。お祭りのような賑やかさが楽しい

人気チョコ店Dark
Sugarsもぜひ訪れて

新鮮なジュースを
片手に散策を

通りはカフェ＆ス
イーツの激戦区

⬆個性あふれるデザインのアクセサリーも見逃せない

WELCOME TO THE CITY OF ART

アート

大都市で美の歴史に向かい合う

Contents

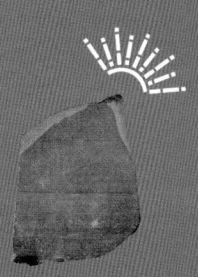

©iStock.com/claudiodivizia

大英帝国が富と力で収集した世界中のあらゆる時代の傑作コレクション

人類文明が残した歴史的遺産を見る
大英博物館

かつて世界中に植民地を持ち「太陽の沈まぬ国」と呼ばれた大英帝国が、
古今東西から集めた発掘品や美術工芸品などを収蔵する世界最大級の博物館。

↑イオニア式円柱の神殿のような外観。前面の三角破風の彫刻は文化・天文学・音楽・数学などを擬人化したもの

↑大きなガラス屋根のグレートコート。館内各室へとつなぐスペース

↑館内1階、グレートコートの左手に位置する古代エジプトの展示室

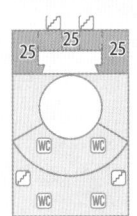

鑑賞時間
3〜5時間

大英博物館

The British Museum

MAP 付録P.8 C-4

常設展示されている約15万点の歴史的遺物や美術工芸品は、収蔵する約800万点のうちのほんの一部。そのコレクションの基礎となったのは、1753年に医師で博物学者のハンス・スローン卿が生涯を費やして収集した約8万点の遺品が国家に寄贈されたことに始まる。その後、大英帝国の繁栄とともに、略奪戦利品や植民地から持ち込まれた遺物などで増加の一途をたどる。新築や改築、展示物の移転などを行い、1857年にはほぼ現在の姿に。2000年にはガラスのファサードのグレートコートが完成。館内はそれぞれ地域別、年代別に分かれていて、エジプト文明やメソポタミア文明などの世界4大文明はもとより、日本を含め世界のありとあらゆる場所から集められた人類の軌跡を示す文化遺産を、無料で一般公開している。

☎020 -7323- 8000 ✖Ⓜ Tottenham Court Road トッテナム・コート・ロード駅から徒歩6分 🏠 Great Russell St, WC1B 3DG 🕙 10:00〜17:00(金曜は〜20:30)※入場は15分前まで 🚫1月1日、グッド・フライデー、12月24〜26日 💴無料 🇯

information

● 手荷物は小さいものだけ　クロークに預けられる荷物は40×40×50cm、8kgまで。料金は4kgまでのバッグ£2.5など。スーツケースなど大型は持ち込み禁止なので鉄道駅の荷物預かりを利用。
● 案内はグレートコートで　館内のマップや情報、オーディオガイドの受付もここで対応してくれる。中にはショップもあり、ベンチで休憩もできる。

地下／Lower Floor

凡例：
古代エジプト
古代ギリシャ＆ローマ
中東
ヨーロッパ
アメリカ
アジア
アフリカ

1階／Ground Floor

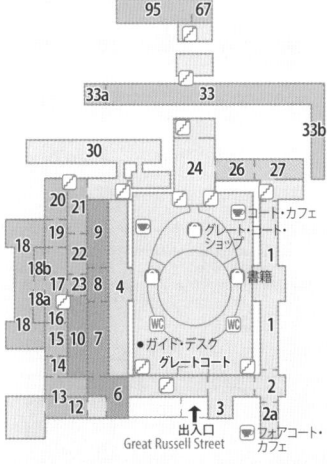

出入口
Great Russell Street

2階／Upper Floor

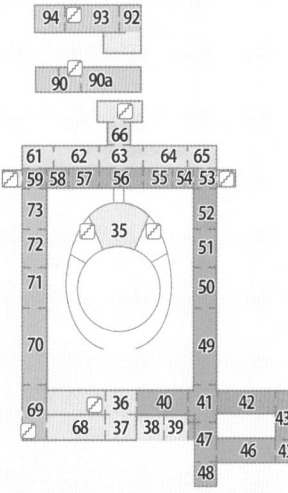

アート
エンターテインメント
グルメ
ショッピング
歩いて楽しむ
ホテル

古代エジプト

ファラオの胸像をはじめ 必見のエジプト文明

巨大な石像からミイラ、棺、石碑まで、数世紀にわたる古代エジプトの出土品が展示されている。展示室は1階と2階にまたがり、大英博物館の真価を示す貴重なコレクションが揃う、同館のハイライト。

ラムセス2世の胸像 必見！

Colossal bust of Ramesses II, the 'Younger Memnon'
BC1250年頃

居並ぶ石像のなかでもひときわ巨大なのが古代エジプト第19王朝のファラオ像。ナイル河岸のラムセス2世葬祭殿で出土。1818年に英国へ。
1階● Room 4

鑑賞のポイント
胸像の右胸にある穴に注目！これはナポレオンのエジプト遠征時に、遠征軍が像を掘り出そうとしてつけたといわれ、発掘は失敗した。

鑑賞のポイント
元は神殿の石柱とされ、古代エジプトの象形文字、民衆文字、ギリシャ文字の3種で、ファラオの数々の偉業を称える碑文が刻まれている。

ロゼッタ・ストーン 必見！

The Rosetta Stone
BC196年

1799年、ナポレオンのエジプト遠征軍の1人がナイル川岸ロゼッタで発見。1802年、フランス撤退後イギリスが接収。以来多くの学者が内容の解読を試み、1822年にフランス人の学者が読み解いた。
1階● Room 4

— ヒエログリフ
古代エジプトの神聖文字/象形文字。墓や石碑、「死者の書」などに使われ、1822年、シャンポリオンによって解読された

— デモテック
民衆文字。古代エジプトでエジプト語を表記する際に使われていた文字

— ギリシャ文字
ギリシャ語を書き表すために使った文字

ミイラの木棺

Mummy cartonnage.
Adult man in a wooden coffin
BC100年

古代エジプトでは死後も永遠の生命を願いミイラが造られた。内臓を取り除いた遺体を布で巻きマスクをつけ木棺内に安置する。
2階● Room 63

鑑賞のポイント
極彩色の人形型木棺。鮮やかな青いかつらとイシスやネフェシスの神々が翼を広げている装飾が特徴。

↰Room61の展示。ミイラは同館で人気のコンテンツ。王族の豪華なものから一般人の簡素なミイラまで！

↑広い展示室でパルテノン神殿の彫刻群から、紀元前の彼方の物語を聴く

Greece&Rome

古代ギリシャ ＆ローマ

エルギン・マーブルスと呼ばれる大理石の彫刻群

19世紀初頭、イギリス大使エルギン卿がギリシャから持ち帰った大量の彫刻群を中心に、神殿の装飾など大迫力の展示が楽しめる。当時のギリシャの高い芸術表現力に感動。

ヌルイデス・モニュメント
Nereid Monument
BC390〜BC380年

現在のトルコ南西部で発見された神殿風の墓廟。女性の像は海神ネレウスの娘たちで、これがモニュメントの名前の由来。
1階●Room 17 **必見!**

鑑賞のポイント
イオニア式の円柱を持つ廟には君主を称え、ギリシャとペルシャの戦いの場面が描かれている。

パルテノン神殿の破風彫刻
Metope sculpture from the Parthenon
BC447年〜BC432年

紀元前440年頃、パルテノン神殿の破風に施された、アテナ誕生の物語を描いた彫刻。大迫力とともに緻密な彫刻は、美術史的にも大きな価値がある。
1階●Room 18 **必見!**

鑑賞のポイント
アテナの誕生に驚く女神、月の女神を乗せて一晩走り疲労困憊の馬など、動きや表情、布地のリアリズム!

アウグストゥス帝の青銅製頭像
Bronze Head of Augustus
BC27-BC25年

ローマ帝国初代皇帝。エジプトに立っていた像をスーダンのメロエ族が略奪、寺院の階段下に埋めていた。
2階●Room 70

鑑賞のポイント
青銅製で白い目はアラバスター。瞳はガラス象嵌。鋭い目つき!

アート

エンターテインメント

グルメ

ショッピング

歩いて楽しむ

ホテル

ヨーロッパ
Europe

**文化の産物を見て
ヨーロッパの歴史を感じる**

ローマ時代のイギリスをはじめ、現代までのヨーロッパの文化を伝える古物を展示。中世などのイギリスが見られる。

ルイス島のチェス駒
The Lewis chessman
1150～1200年
12世紀のノルウェー製でスコットランドのルイス島にももたらされた。見事な精巧さ。
1階●Room 40

**鑑賞の
ポイント**
素材はセイウチの牙やクジラの歯。駒の表情が秀逸。ハリー・ポッターでもおなじみ。

サットン・フーの兜
The Sutton Hoo Helmet
7世紀
イギリス東部サフォーク州で発見された、7世紀アングロサクソン時代の船葬墓の副葬品。
1階●Room 41

**鑑賞の
ポイント**
1939年出土。細かい彫刻があり、英国の考古遺跡の代表のひとつ。

⬆サットン・フーは船を棺にして埋葬する墓。兜などの副葬品を展示

中国&南アジア
China & South Asia

**中国4000年と南アジアから
生まれた品々に歴史を観る**

インドの彫刻や中国、明の青磁と白磁、唐の墓の副葬品ほか、アジアのコレクションは必見。展示の半分は中国のもの。

必見！
多羅菩薩像
The Goddes tara
9世紀頃
スリランカで発見された高さ1.4mの多羅菩薩像。金メッキで輝く美しい仏像。1階●Room 33

**鑑賞の
ポイント**
右手は慈悲を表し、左手は蓮の花を持っていたとされる。そう見えるかチェック！

⬆Room33では、Sir Joseph Hotung が集めた中国の明王朝の磁器や家具などを展示

アート

エンターテインメント

グルメ

ショッピング

歩いて楽しむ

ホテル

中東
Middle East

メソポタミア文明の
巨大なレリーフなどを展示

現在のイラク北部、メソポタ
ミア北部で栄えた都市国家
アッシリアに関する、興味
深い展示が集まるエリア。

オクサスの黄金馬車
Oxus chariot model
BC500～300年
アフガニスタン、オク
サス川の土手から出土。
大帝国アケメネス朝ペ
ルシャの素晴らしい美
術工芸品。2階●Room
52

**鑑賞の
ポイント**
金銀を贅沢に
使った高いデザ
イン性と技術力
は当時の世界最
高峰。

メキシコ
Mexico

母なる文明、オルメカや
マヤ、アステカの文化

紀元前2000年頃から1521
年頃までのアステカ(現在
のメキシコ)などのレリーフ
や工芸品ほかを展示。

➔メキシコの考古
学者と共同作業で
作り上げたという
展示室

双頭の蛇
Double-headed serpent mosaic
1400～1500年
儀式の際に胸に飾る装飾品。
蛇は現世と先祖をつなぐ存
在。1階●Room 27

**鑑賞の
ポイント**
杉の木を彫りターコイズや
珊瑚、貝で装飾。アステカの
工芸品の象徴的な作品だ。

大英博物館のグッズはポップでキュート!

鑑賞の合間に心地よい空間のカフェでのんびり!
ミュージアムショップのグッズチェックもここで!

ちょっとひと休み
博物館でティータイム
グレート・コート
Great Court
Ground Floor

エントランスを入ると正面
に広がる、ガラス天井の開
放的な空間。円形閲覧室を
囲む形で建設され、周囲に
は案内所やカフェ、書店、
ショップが集まる。上階の
レストランもおすすめだ。
☎なし ⏰11:30～17:00
(LO16:00)❌施設に準ずる 🍴

➔サンドイッチやスコーン、ア
フタヌーンティーが楽しめる

オフィシャルショップで
グッズをチェック!
Shop

£30

➔ツイードの財布
ユニオンジャックモチー
フで中央に王冠付き!

➔クッションカバー
LONDONロゴやビッ
グ・ベンなど名所の刺
繍入り!
£17.99

↑人気展示品にちなむオリジナルグッズが魅力!

67

華麗な装飾美術の宝庫

感性を揺さぶる
デザインコレクションが集結
ヴィクトリア&アルバート博物館

装飾美術館とも呼ばれた博物館らしく、中世のお姫様ドレスやきらびやかな宝石類からロック・ミュージシャンのコスチュームまで。おしゃれ好きなら時間を忘れて楽しめる。

⬆1899年にヴィクトリア女王が創建したルネサンス様式の建築物

Photographs ©Victoria and Albert Museum, London

ヴィクトリア&アルバート博物館
Victoria and Albert Museum
ケンジントン〜チェルシー周辺 MAP 付録P.18 C-1

ヴィクトリア女王と夫君アルバート公の名を冠する通称V&Aは、若手デザイナーや芸術家を支援する目的で、ロンドン万博の収益と展示品をもとに1852年に開館。大英博物館より広いとされる館内に、世界各地から集められたコレクションは、ファッションに装飾品、宝石、陶磁器、家具、ガラス細工、写真、彫刻、織物、絵画など約400万点にのぼる。ウィリアム・モリスがデザインを担当した部屋など、美しい内装のカフェも有名。

☎020-7942-2000 ❷❶South Kensingtonサウス・ケンジントン駅から徒歩5分 ㉕Cromwell Rd, SW7 2RL ㉚10:00〜17:45(金曜は〜22:00。一部のギャラリーは17:45以降もオープン) ㉗無休 ㉘無料 🅹

information

● フロアマップは£1の寄付で手に入れる　とにかく館内は広大。エントランスを入ってすぐのインフォメーションで寄付し、まずはフロアマップを入手!
● リーフレットでチェック!　主な収蔵品を紹介したリーフレット(寄付£1)や、ショップで購入できるガイドブックを参考に目的を定めよう。
● 興味のある展示室がどこかをチェック!　ギャラリー数約145、通路は全長約13kmという広さなので、マップで目的地を確認してからスタート!

Level −1

地下
中世のルネサンスを反映するイギリス、フランス、イタリアの美術・工芸品を展示

ROOM **9** ## ゴシックのはじまり
The Rise of Gothic 1200-1350
12世紀初頭にフランスで生まれ、ヨーロッパ全土に広まったゴシック様式の建築、芸術、工芸品などを展示。

デ・ルーシー家の騎士
Knight of the de Lucy family (Effigy)
ケント州の教会地下で発見された彫刻。デ・ルーシー家は教会のパトロン
●Room9

ベケットの棺桶
The Becket Casket
1180-90年
カンタベリー大司教、聖トーマス・ベケットの遺品が収納されている●Room8

地下／Level −1

鑑賞時間
3〜5時間

収蔵品のカテゴリー

ヨーロッパ **Europe**	英・仏・伊の美術工芸品や絵画、彫刻、壁画など。特に英国の収蔵品は展示室も見どころ。
アジア **Asia**	中近東、インド、東南アジア、中国、日本の美術・工芸品が並ぶ。room45の日本の鎧や根付は必見。
現代 **Modern**	20世紀以降の展示物は現代美術、ファッション、装飾品、写真、家具、グラフィックなど豊富。
素材と技術 **Materials & Tecniques**	ウィリアム・モリスの作品をはじめ、テキスタイルや印刷物のコレクションは他に類を見ない。

⬆サンティアゴ・デ・コンポステーラ大聖堂の『栄光の門』

Level 0

1階

ラファエロの作品や、中近東、インド、東南アジア、中国、日本の美術・工芸品。

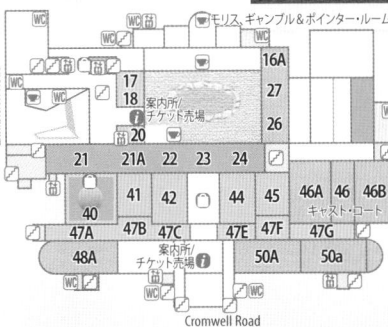

モリス、ギャンブル＆ポインター・ルームズ

16A

17
18
27
20
21 21A 22 23 24
40 41 42 44 45 46A 46 46B
47A 47B 47C 47E 47F 47G
48A 50A 50a

Exhibition Road

案内所／チケット売場 ℹ

案内所／チケット売場 ℹ

Cromwell Road

キャスト・コート

仏頭

Head of the Buddha
300〜400年頃

必見！

4〜5世紀頃のアフガニスタンの美しい仏頭。裏面が平らで、大きなパネルの一部とされる。唇、まぶた、髪に、彩色時の赤い痕跡が残っている。●Room 20

ティプーの虎像

Tippoo's Tiger
1793年

インドの工芸品。虎が白人兵士に襲いかかる像で、虎内部に仕込んだオルガンを鳴らすと虎が吠え、青年が悲鳴をあげるような音がする。
●Room 41

必見！

➡色の維持のため照明は1時間半ごとに10分間だけ

ROOM 42 ジャミール・ギャラリー

Jameel Gallery

イスラム美術の部屋。床に展示の世界最古のアルダビール絨毯は世界最大にして最も美しい貴重品。

ROOM 46 キャスト・コート

Cast Court

『ダビデ像』やローマの『トラヤヌスの記念柱』など、有名な石像や記念碑などの石膏のレプリカを展示。産業や技術開発を後押しする博物館としての矜持がある。

➡『トラヤヌスの記念柱』は館内では高さが足りず2つに割って展示

ROOM 50a 街の眺めと邸宅

Cityscape & Villa

ルネサンス時のイタリアを中心とした街の眺めや邸宅の一部なども再現され、富裕な個人の所有だった美術品を展示。

⬆中央は『ペリシテ人を殺害するサムソン』

ガーデン・カフェ

John Madejski Garden

心地よい中庭。開館当初は広かったが、建物の増築で次第に狭まった。カフェは秋期限定。

Level 1-4
2~5階

V&Aは世界で最も洗練された、包括的な装飾品コレクションを誇る。また国内の工芸品などのコレクションはV&Aの最大の目玉だ。

ROOM 91 ジュエリー
Jewellery

古代から現代までの3000を超えるヨーロッパの宝石を展示。どの宝石にも物語があり興味深い。

ウェアの大ベッド
Great Bed of Ware

1600年頃、ウェアという町の宿屋が宣伝用に特注したもの。シェイクスピアの『十二夜』にも登場。
Level 1●Room57

金細工の塩入
The Burghley Nef
1527-28年
16世紀の金や象嵌細工。主人や大切なゲスト用。
Level 1●Room62

ROOM 63 ワールド・オブ・グッズ
A World of Goods

貿易が盛んになりヨーロッパからアジアや極東にデザインも渡った。世界の製品を展示。

↑商品は政治や宗教の境を越えて流通し、地元の製品のデザインに影響を与える

ウィリアム・モリスのデザイン

モダンデザインの父と呼ばれる天才

工芸家で画家、詩人でもあったモリスは、アーツ&クラフト運動を起こし、近代デザインの道を拓いた。草花や鳥など、自然をモチーフにした壁紙やテキスタイルは、時代を経た今も愛されている。

↑4階(Level 3)のプリンツ&ドローイング・スタディルームでは、作品を実際に手にとって見られる。モリス・デザインの本物を堪能

5階／Level 4

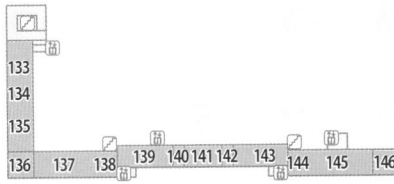

133
134
135
136　137　138　139　140 141 142　143　144　145　146

4階／Level 3

プリンツ＆
ドローイング・
スタディ・ルーム

花瓶
Vase 1878年
Level 3
●Room131

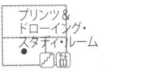

118
118A
119
120
121　122　123　125　126　127　128A 128　129　131

3階／Level 2

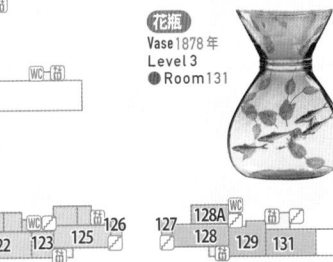

81 87　94　95
82 88　105　96
70a 65 66 67 68 69　89　106 104　97
70　90　103　98
71　83　102　99
72　91　100
73　92 93　＆101
74　74A 76　84　107　108
111
113 114A 114B　114C　114D　114E
116　117

オフィシャルショップで
グッズをチェック！
Shop

2階／Level 1

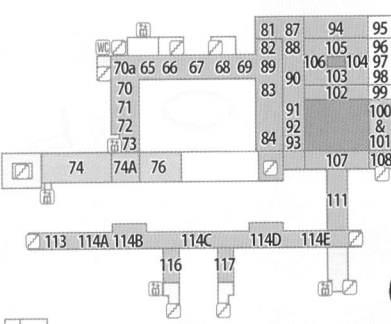

52B
52 52A
53 53A
54
54A 56C　58B　62A　64B
55　56　57　58　62　63　64　64A

アート

エンターテインメント

グルメ

ショッピング

歩いて楽しむ

ホテル

V&Aのカフェ＆ショップ

英国を代表し世界に名だたる装飾博物館のカフェやショップはいずれも見逃せない！

豪華絢爛と近代デザイン、2種のカフェ
モリス、ガンブル＆ポインター・ルームズ
Morris, Gamble & Poynter Rooms
●Level 0

1868年オープンのカフェ。色鮮やかな陶器、ガラス、琺瑯で装飾された美しい店内は、当時の英国のパワーを感じさせる。館内にはモリスデザインのカフェもあり、どちらも訪れたい。

☎020-7581-2159
🕙10:00〜17:00 ⓦ無休💳

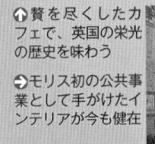

⬆贅を尽くしたカフェで、英国の栄光の歴史を味わう

➡モリス初の公共事業として手がけたインテリアが今も健在

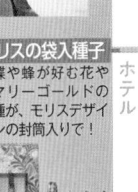
モリスの袋入種子
蝶や蜂が好む花やマリーゴールドの種が、モリスデザインの封筒入りで！

➤**ガーデンセット**
絵は18世紀のイラストレーター、ウィリアム・キルバーン

➤**アクセサリー**
ターキッシュブルーが美しいイヤリング

➤**ピンバッチ各種**
写真は『ティプーの虎像』（→P.69）がモチーフ

➤**周年記念マグ**
ヴィクトリア＆アルバート生誕200周年記念マグ

71

ゴッホのひまわりはココにある

一生に一度は見ておきたい
名品に出会える
ナショナル・ギャラリー

鑑賞時間
2～3時間

13世紀のルネサンス期の宗教絵画から20世紀の後期印象派のコレクションまで、
約2300点を超えるヨーロッパ中のさまざまな画派を網羅した名画が集結している。

ナショナル・ギャラリー

National Gallery
ソーホー～コヴェント・ガーデン周辺 **MAP** 付録P.23 E-3
ゴッホの『ひまわり』やダ・ヴィンチの『岩窟の聖母』、
フェルメールの『ヴァージナルの前に立つ女』といった
名画を多数所蔵する。1830年代の建設で、王室の収集
を母体とした多くのヨーロッパの美術館とは異なり、個
人からの寄付などによったコレクションを展示する珍しい
ギャラリー。モネやマネ、ルノアール、セザンヌ、ゴー
ギャン、ドガやマチスといった印象派をはじめとするおな
じみの巨匠たちの作品も見逃せない。

☎020-7747-2885 ⊗
Ⓤ Charing Cross チャリン
グ・クロス駅から徒歩1分 📍
Trafalgar Square, WC2N
5DN 🕐10:00～18:00(金
曜は～21:00) ❹1月1日、
12月24～26日 💰無料(企
画展は有料) 🇯

information

● 見たい作品と部屋番号を確
認 案内所で日本語フロア案内
を£1で販売。最新情報は公式
サイトHPで確認を。
● 日本語のオーディオガイドは
£5 80点以上の作品の解説と
順路を案内してくれるので便利。

2／Main Floor

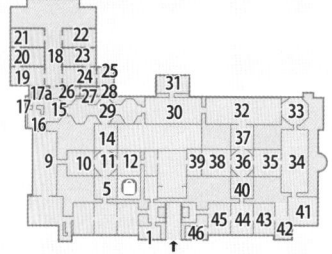

0／Ground Floor

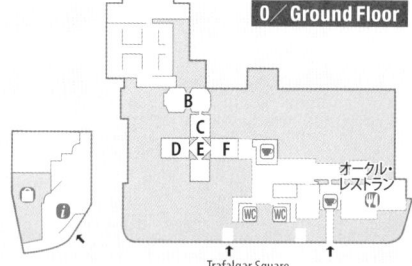

Trafalgar Square

1500～1600年頃
イタリアに開花したルネサンス美術

1500～30年はダ・ヴィンチ、ミケランジェロ、ラファエ
ロが活躍した時代。古代ギリシャやローマ美術の復興を
しのぐ芸術が誕生した。

⑫ 大使たち
The Ambassadors
だまし絵として有名。
右下側から見ると大
使たちの足元にはド
クロが！●ハンス・ホ
ルバイン

**鑑賞の
ポイント**
棚の上の壊れた
地球儀やリュー
トなどもそれぞ
れ意味がある

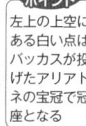

㉙ バッカスとアリアドネ
Bacchus and Ariadne
ラピスラズリで描かれた青空の下、恋に落ちた酒神バッ
カスとアリアドネの姿が躍動的●ティツィアーノ

**鑑賞の
ポイント**
左上の上空に
ある白い点は
バッカスが投
げたアリアド
ネの宝冠で冠
座となる

1600~1700年頃

劇的な描写技法の
バロック絵画の隆盛

豊かで深い色彩、光と影のコントラストなどが特徴。ドラマチックな場面描写が好まれ、動的な躍動感あふれる作品が多い。

46 洗礼者ヨハネの首を受けとるサロメ
Salome receives the Head of Saint John the Baptist

洗礼者聖ヨハネが処刑されるところを描いた作品の中の一つ●カラヴァッジョ

鑑賞の
ポイント

カラヴァッジョがこれまでに描いた祭壇画中、最大のものであり

27 ヴァージナルの前に座る女 必見!
A Young Woman Seated at a virginal

43歳で病没し生涯で30数点しか遺さなかった画家の最後の作品●フェルメール
※展示日程により鑑賞できない場合があります。

鑑賞の
ポイント

同館収蔵の「ヴァージナルの前に立つ女」の対画とされる

鑑賞の
ポイント

サムソンの逞しい背中にそっと触れるデリラの手が複雑な思いを伝える

18 サムソンとデリラ
Samson and Delilah

怪力サムソンが恋した娼婦デリラに裏切られ、弱点の頭髪を剃られる旧約聖書の場面●ルーベンス

30 茶と銀の装いのフェリペ4世
Philip IV in Brown and Silver

宮廷画家として活躍した画家の肖像画作品で、王の地位を示す象徴物とともに描かれている。●ベラスケス

鑑賞の
ポイント

大胆な構造が印象的な、レンブラントの意欲作

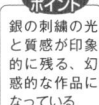

鑑賞の
ポイント

銀の刺繍の光と質感が印象的に残る、幻想的な作品になっている

24 ベルシャザルの饗宴 必見!
Belshazzar's Feast

新バビロニア王ベルシャザルは、エルサレムの神殿を破壊し略奪し豪勢な酒宴を開いていたが、突然人間の手があらわれ壁に謎の文字を書き残した。●レンブラント

1700~1930年頃

自由な感性を表現した近代絵画の始まり

ロマン主義が台頭した時代。その反動で写実主義、印象派が興り、19世紀後半にはセザンヌ、ゴッホなどが独自の世界を展開した。

㉞ 雨、蒸気、速度——グレート・ウェスタン鉄道

Rain, Steam and Speed – The Great Western Railway

 必見!

雨が降り、霧が一面に立ちこめる中、グレート・ウェスタン鉄道の蒸気機関車が、猛スピードで疾走してくる様子を描いた作品●ターナー

> **鑑賞のポイント**
> 初めて鉄道を絵画の主題とした作品ともいわれ、自然と近代文明の対比が見られる

㊸ ひまわり

Sunflowers

必見!

37歳で命を絶つまで制作されたひまわりの絵7点のうちの4作目●ゴッホ

※展示日程により鑑賞できない場合があります。

> **鑑賞のポイント**
> 共同生活を夢見たゴーギャンの寝室を飾るために描いた。厚塗りの技法で立体的に迫る

> **鑑賞のポイント**
> 時代ごとに作風が変わり、セザンヌが自身の表現を追及した様子が伺える

㊶ プロヴァンスの丘の中腹

Hillside in Provence

「構築的筆致」という技法で、故郷のプロヴァンスを描いた作品●セザンヌ

㊸ アニエールの水浴

Bathers at Asnières

パリ北西部、夏の日のセーヌ川沿いの午後の静かな光景を表現●スーラ

> **鑑賞のポイント**
> 少年の赤い帽子など点描表現を加えた新印象派の技法の代表作品

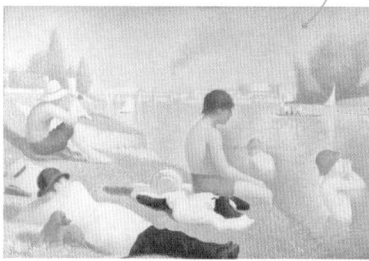

1200~1500年頃

透視図法や油彩画の確立
ルネサンスの初期から盛期へ

古代ローマ・ギリシャにみられた豊かな人間性の表現を取り入れ、神話や聖書を主題とし、教会や裕福なパトロンが芸術を牽引した。

鑑賞のポイント
向かい合う2人の体のシルエットが美しい半円形の構図を形作る

D 受胎告知
The Annunciation
聖母マリアが身籠ったことを知らされる受胎告知の場面
●フィリッポ・リッピ

27 若者の肖像
Portrait of a Young Man
『ヴィーナスの誕生』など神話を元にした絵画を多く残した作者の、肖像画作品
●ボッティチェリ

鑑賞のポイント
横顔や斜めの肖像画が一般的だった当時、正面で肖像を描いた意欲作

9 岩窟の母
Virgin of the Rocks
岩窟で腰をおろす聖母子、大天使ガブリエル、洗礼者ヨハネ姿が描かれている
●レオナルド・ダ・ヴィンチ

鑑賞のポイント
ルーヴル美術館に同構図の絵があり、2つの絵の違いを確認してみるのも興味深い

28 アルノルフィーニ夫妻の肖像 必見!
The Arnolfini Portrait
人物や室内の細部の精密な描写、凸面鏡を用いた仕掛けなどさまざまな解釈を呼んでいる作品●ヤン・ファン・エイク

鑑賞のポイント
2人の結婚の立ち会い者として、画家自身が中央の鏡の中に描かれている

世界中の訪問者を魅了する美女たち

ブリティッシュ・アートに特化した
テート・ブリテン

印象派の先駆者・ウィリアム・ターナーの
コレクションや王政時代の王侯貴族などの
肖像画が見応えがあり、特にラファエロ前派の
画家たちが描いた美しい女性たちは必見。

鑑賞時間
2〜3時間

テート・ブリテン

Tate Britain
バッキンガム宮殿〜ウエストミンスター寺院 **MAP** 付録P.20C-2

角砂糖で財をなしたヘンリー・テート卿
の寄贈をもとに、1897年にナショナル・
ギャラリーの分室として刑務所の跡地に
建てられた。16世紀から現代までのブリ
ティッシュ・アートを一堂に集め、夏目
漱石の『坊っちゃん』の会話のなかに登
場する英国画家のウィリアム・ターナー
の作品が充実している。またミレーの
『オフィーリア』やウォーターハウスの
『シャロットの女』など、ラファエロ前
派の画家たちが好んで描いた魅惑的な作
品を堪能できる。

☎020-7887-8888 ⊗Ⓤ Pimlicoピムリコ駅か
ら徒歩10分 ㊙Millbank, SW1P 4RG ㉉10:00
〜18:00 ㊡無休 ㊷無料 ※特別展は有料 ❚❙

information

● フロアマップは£2の寄付で　さほど広大で
はないにしろ、館内を把握するにはマップが必
須。寄付して入手し、目的地を目指そう。
● ガイドツアーに参加しよう　インフォメーショ
ン近辺に集合。45分間の英語のガイドツアー
で無料。各回で内容が異なる。
　11:00〜 イギリスのアートの成長
　12:00〜 19世紀の町と人々
　14:00〜 近代から現代のアート
　15:00〜 ターナー（2024年5月現在の内容）

2階／Main Floor

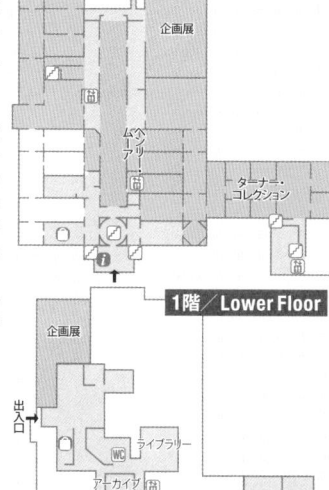

企画展

ヘンリー・ムーア

ターナー・
コレクション

1階／Lower Floor

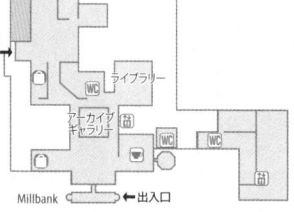

企画展

ライブラリー

アーカイブ
ギャラリー

WC
WC

Millbank ← 出入口

⬇️イギリスの有名なアーティストの作品が一堂に会する見応えのあるミュージアム

ヴィクトリア女王の戴冠
The Coronation of Queen Victoria

ジョン・マーティンはイギリスのロマ
ン派の画家。1839年の作品でウエスト
ミンスター寺院での壮麗な式を描く。
●ジョン・マーティン

ラファエロ前派

**画壇に反旗を翻した
古典好き異端児集団**

19世紀中頃に活躍した芸術
家グループ。初期ルネサンス
絵画のような豊かな色彩と精
密な自然描写を理想とし、ラ
ファエロ以降を否定。以前に
帰ろうというのがポリシー。
19世紀後半に描かれた彼ら
の絵は象徴主義の最初の流れ
として評価され後世に大きな
影響を与えた。

アート

エンターテインメント

グルメ

ショッピング

歩いて楽しむ

ホテル

オフィーリア
Ophelia
シェイクスピアの『ハムレット』から、入水自殺したオフィーリアを描いた作品。ラファエロ前派の代表作のひとつ。
●ジョン・エヴァレット・ミレー

鑑賞のポイント
水に浮かぶオフィーリアの姿が、悲劇的であると同時に美しく幻想的。ラファエロ前派のスタイルが凝縮。

必見!

ノラム城、日の出
Norham Castle, Sunrise
1845年の作品。イギリスとスコットランドとの境にある、ノーハム城の背後に昇る朝日を描いたもの。
●ターナー

必見!

シャロットの女
The Lady of Shalott
1832年出版のテニスンの詩から、呪いに苦しむ女性を描いたもの。彼の詩はラファエロ前派の画家たちに好まれた。
●ジョン・ウィリアム・ウォーターハウス

鑑賞のポイント
「秘められた呪い」を解くために小舟で漕ぎ出す女性。ラファエロ前派の影響を受けたと思われる写実的な作品。

鑑賞のポイント
ターナーの作品は次第に抽象化し写実と交互に。年代順に観るとおもしろい。

ART

これもアート？驚かされる展示物のオンパレード

多彩な現代アート
テート・モダン

巨大空間に現代アートの巨匠の作品がテーマ別に並び、これからのアートシーンを先取る特別企画展も注目を浴びる斬新な美術館だ。

テート・モダン
Tate Modern
シティ〜ロンドン塔周辺　**MAP**付録P.16 A-3

テート・ブリテンの分館として、20世紀以降の近現代アートを扱う。元火力発電所の巨大な空間を活用した館内は、ピカソ、ダリ、カンディンスキー、アンディ・ウォーホルなど世界中からの作品がずらり。目を引くインスタレーションアートの数々も個性的。2016年にオープンした展望台を備えた新館「スイッチハウス」では夜景も楽しめる。

☎020-7887-8888 ❷①Southwarkサザーク駅から徒歩15分 ⓟBankside, SE1 9TG ⓣ10:00〜18:00 ⓗ無休 ⓔ無料 ※特別展は有料 ❹

information

● より詳しく作品を知りたい人に　案内所では展示作品の背景やストーリーなどを解説してくれるマルチメディア・ガイドのレンタルが可能(英語)。スマホ・アプリ(無料)を入手してもいい。館内では無料でWi-Fiが使える。
● 英語ガイドツアー　毎日、無料のガイドツアーが行われているので、英語のヒアリングに自信があれば参加してみよう。予約不要、所要時間は約45分。都合により実施されない場合があるので案内所で確認を。

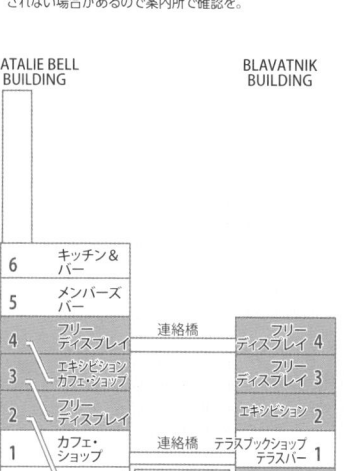

↑新館スイッチハウスの無料展望台から眺める発電所の名残である煙突とテムズ川

↑かつて大型発電機が置かれていた空間が、巨大なエントランス「タービンホール」に

78

世界中から集められた標本の数はおよそ4億!

動く恐竜に出会える
自然史博物館

大迫力の恐竜の骨格標本や動植物の展示もユニーク。
それぞれに悠久の物語を持つエリアを探検しよう。

鑑賞時間
3〜4時間

自然史博物館

Natural History Museum
ケンジントン〜チェルシー周辺 **MAP**付録P.18 B-1

ヴィクトリア様式の大聖堂のような建
物の中は、恐竜や大型哺乳類、宝石と
鉱物、地球と人類の進化、火山と地震
など膨大な展示物で見どころ満載。な
かでも動くティラノサウルスがいる恐
竜コーナーが人気。阪神淡路大震災の
揺れを体感できるスペースもある。

☎020-7492-5000
🚇Ⓤ South Kensington
サウス・ケンジントン駅
から徒歩7分
🏠Cromwell Rd,
SW7 5BD ⏰10:00
〜17:00(最終入館
16:00)🈺月曜 🈶無
料 ※特別展は有料 🇯

→天井、柱、階段など繊細な意匠に注目

information

● 館内マップは£1の寄付で 自然史博物
館のスマホ・アプリ(無料)でマップを入手し
てもよい。館内では無料でWi-Fiが使える。
● ひと息つきたい時は レストランが2カ
所、カフェが3カ所あり、休憩スペースも
点在する
● 充実のミュージアムショップ ギフト
ショップは4カ所あり、恐竜グッズや天然石
や鉱物のジュエリーなどおみやげに最適

シロナガスクジラ骨格標本
Blue Whale
入口のホールには全長25.2mにも及ぶシロナ
ガスクジラが泳ぐような格好でお出迎え

マストドン化石
Mastodon
2000万年以上前から
アフリカ、アメリカ大
陸に生息していた象
で、胴が長く、四肢が
短めで上下の顎に牙を
持つ

マンテリサウルス化石
Mantellisaurus
白亜紀前期に生息した鳥脚類の草
食恐竜。全長約7m

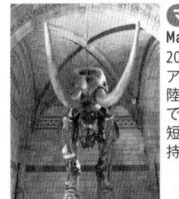

隕石 Imilac meteorite
天体同士の衝突などで飛散
したイミラックと呼ばれる
石鉄隕石

縞状鉄鉱床
Banded iron formation
縞模様が特徴的な鉄鉱石の
鉱床

サンゴの化石
Turbinaria
1階のヒンツェ・ホールのコレク
ション、巨大なサンゴ。この博物
館に来てから150年も経つ

1階

哺乳類
(シロナガスクジラ)
無脊椎動物
魚・両生類
哺乳類
人類の進化
恐竜
海洋爬虫類の化石
中2階へ
出入口
Wildlife
Garden

2階

3階へ
鉱物
地球の財産

マニア心をくすぐる専門性の高いミュージアム

興味は人それぞれ。マニアックなコレクションを公開するミュージアムは、建物の外観や内観、カフェにいたるまでが独自性に満ち、何より憧れやロマンの世界に浸れるのがいい。

1億5000万点以上の蔵書を誇る知の宝庫
大英図書館
The British Library

大英博物館～キングス・クロス周辺 **MAP**付録P.8 C-3

高い天井までビッシリ本の詰まった「キングズ・ライブラリー・タワー(The King's Library Tower)」は圧巻。レオナルド・ダ・ヴィンチのノートやシェイクスピアの初版本、ベートーヴェンの自筆譜、ビートルズの歌詞なども展示している。館内にはカフェ、ギフトショップも完備。

↑閲覧室は事前申請が必要だが、展示室やカフェ&ギフトショップの利用は自由

☎0330-333-1144 ❌ⓊKing's Cross St Pancrasキングス・クロス/セント・パンクラス駅から徒歩2分 ㊤96 Euston Rd, NW1 2DB ㊙9:30(日曜11:00)～20:00(金曜は～18:00、土・日曜は～17:00)※入場は～17:15 ㊇無休 ㊁無料
🎫入口のBRITISHLIBRARYの文字がおしゃれ

↪ルイス・キャロルの小説『不思議の国のアリス』。手書きの原書も所蔵されている

↑イギリス憲法の土台となったマグナカルタ

Photographs ©British Library Board

子どもも大人も楽しめる産業革命の歴史
科学博物館
Science Museum

ケンジントン～チェルシー周辺 **MAP**付録P.18 C-1

産業革命時の蒸気機関車、世界初の航空機、アポロ10号に未来型ロボットなど、テクノロジーの草創期から最先端まで展示。2000年にオープンした「ウェルカムウィング」の、海底や月旅行を体験できる3D映像や冒険アトラクションは子どもも大人も楽しめる。

☎020-7942-4000 ❌ⓊSouth Kensington サウス・ケンジントン駅から徒歩10分 ㊤9Exhibition Rd, South Kensington, SW7 2DD ㊙10:00～18:00(最終入館17:15) ㊇無休 ㊁無料 🎫

↑航空機と気流をデザイン化した数学コーナー
©Jody Kingzett, Science Museum Group

↑1階から4階まで吹き抜けで展示もダイナミック

↪自然史博物館の隣にあり、体験型の展示は家族連れに人気

↑ロケットや宇宙船、人工衛星の実物やレプリカなど

Photographs ©Science Museum Group

17世紀のノットガーデンを再現
庭園博物館
Garden Museum

バッキンガム宮殿〜ウエストミンスター寺院
MAP付録P.21 D-2

16世紀後半、世界中の植物を収集した王室御用達の庭師だったトラデスカント父子のコレクションが起源。14世紀に建てられた教会を改装し、ステンドグラスを背景に、ガーデニング道具や園芸書などが並ぶ。中庭を眺めながらヘルシー料理が楽しめるカフェもある。

☎020-7401-8865 ❌Ⓤ Westminster ウエストミンスター駅から徒歩15分 ⊕ Lambeth Palace Rd, SE1 7LB ⏰ 10:00〜17:00 ❌ 第1月曜、不定休 ⊕ £14 📷

⬆教会の131段の階段を登った先にある塔からは、ロンドンの眺めを一望できる
©Hamish Irvine Photography

⬆ガーデンの歴史やデザインが学べる

⬆ボタニカル企画展も多彩で、中庭のレストランは入館しなくても利用可能

実物そっくりの蝋人形と記念撮影
マダム・タッソー人形館
Madame Tussauds

リージェンツ・パーク周辺 **MAP**付録P.7 E-4

映画スターからミュージシャン、ロイヤルファミリーに世界の指導者、スポーツ選手、アメコミのスーパーヒーローなど14のインタラクティブ・ゾーンに300以上の蝋人形が出迎えてくれる。小道具なども完備され、自由にツーショット写真を撮影することができる。

☎020-7487-0351 ❌Ⓤ Baker Street ベイカー・ストリート駅から徒歩3分 ⊕ Marylebone Rd, NW1 5LR ⏰ 9:00〜16:00、冬期10:00〜15:00 ※日によって異なるのでHPのカレンダー要確認 ❌無休 ⊕ £45(当日券)、£37(オンライン購入) ※待たずに入れるFast Track Ticket £60(当日券)、£52(オンライン購入) 📷📷

⬆イギリスのシンガーソングライター、エド・シーラン

⬆シンガーソングライターのデュア・リパが自分の人形と並んで

➡王室離脱を表明して話題になったヘンリー王子とメーガン妃

⬆ドーム型の建物が目印

アート
エンターテインメント
グルメ
ショッピング
歩いて楽しむ
ホテル

ブルー・プラークで発見! あの人はこんなところにも住んでいたのか

Blue Plaque

イギリス国内、なかでもロンドンの建造物を注意深く観察すると、青い円形の銘板がその外壁に埋められているのに気づくだろう。ブルー・プラーク（Blue Plaque）と呼ばれるもので、著名な人物がかつて住んでいた家や歴史的なスポットを示すために掲げられているものだ。設置計画は1867年に制度化され、現在はイングリッシュ・ヘリテッジが管轄している。当初はロンドンのみを対象としたが、1998年以降はイギリス全土にまで拡大され、その数は800を超える。対象となる人物はイギリス人ばかりではなく、モーツァルトや夏目漱石など、日本人にもなじみ深い"外国人"のプラークも多い。

⬆夏目漱石が1901〜02年に暮らしたロンドンでの5番目の下宿先。81 The Chase Clapham,SW4

⬆ヴァージニア・ウルフ イギリスの小説家・評論家・出版社の版元

⬆映画『アラビアのロレンス』のモデル、T.E.ローレンス

⬆イギリスの小説家サマセット・モーム。『月と六ペンス』など

⬆小説家チャールズ・ディケンズ。『クリスマス・キャロル』など

イギリスのアイデンティティともなっているナショナル・トラスト

National Trust

産業革命と
自然や歴史的景観の保護運動

18世紀後半に始まった産業革命によってイギリスは急速に工業化が進行するが、必然的に都市への人口集中や都市化などによる環境破壊も進み、自然や歴史的景観などが失われていくことになった。1895年、こうした悪循環から環境を保護しようとする運動が起こり、3人の有志によってナショナル・トラスト（NT）が創設された。その趣旨は市民活動によって、国民のために価値の高い美しい自然景観や歴史的に貴重な建造物を寄付や遺贈（『ピーター・ラビット』で世界中にファンを持つ童話作家ビアトリクス・ポターは、ヒル・トップと呼ばれる広大な農地や農家を寄贈し、ナショナル・トラスト運動に大きな影響を与えたことでも知られる）、あるいは買い取りなどによって取得し、管理・公開することで、現在は400万人以上の会員と6万人以上のボランティアがこの組織を支えている。また、1907年に成立したナショナル・トラスト法によって、さまざまな特権も付与されている。

ナショナル・トラストが管理・
保護する対象は多岐にわたる

ナショナル・トラストが保全・管理する対象は、森や農地、運河、庭園、沼地、古城、マナー・ハウス、さらに海岸線にまで及び、その範囲の広さに驚かされる。ロンドンや近郊にあるナショナル・トラストに管理されている資産をいくつか紹介しておく。

●バースの上流階級の社交場

古代ローマ時代に建造された温泉遺跡「ローマン・バース」で知られる、世界遺産の街バース。18世紀に建てられたセレブたちのダンスホールだった「アッセンブリー・ルーム」はナショナル・トラストが管理。オースティンの小説にも登場する施設だ。

⬆古代ローマ人が建造した温泉遺跡

●コッツウォルズの小さな村

ウィリアム・モリスが「英国で一番美しい村」と讃えた小村バイブリーには14〜17世紀に建てられたライムストーン造りの家々が並ぶが、なかでも「アーリントン・ロウ」の家並みは素晴らしく、ナショナル・トラストが管理する文化遺産となっている。現在も現役の住居として使われている。

⬆バイブリーは野鳥指定地でもある

●中世から続くロンドンのパブ

中世の頃にはすでに現在地にあったという「The George Inn」。元来は馬車用の旅籠として建てられたとされる。シェイクスピアも常連だったといい、現在はロンドンでも有名なパブとして知られ、1937年からナショナル・トラストによって保護されている。

ENJOY A GLORIOUS LONDON NIGHT

エンターテインメント

感動と興奮が押し寄せる!

Contents

©iStock.com/Paolo Paradiso

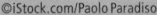

『不死鳥の騎士団』での戦いで破壊されたはずの逆転時計が見つかったことで物語が動き始める

Photo：Manuel Harlan

大迫力のパフォーマンスに感動！

ロンドンの中心でミュージカル三昧

ミュージカルの聖地は世界にたった2カ所。NYのブロードウェイと、ここウエスト・エンドだ。ロングラン〜最新作まで本場で名作を鑑賞する。

鑑賞のポイント
公演は水・金・土・日曜の週4回で、昼にパート1、夜にパート2を上演。同日にチケットをとることで、同じ席でパート1と2が鑑賞できる。

J.K.ローリング原作の人気小説を題材にしたミュージカル

ハリー・ポッターと呪いの子

Harry Potter and the Cursed Child
『ハリー・ポッターと死の秘宝』から19年後を描く。ローレンス・オリヴィエ賞を各部門で受賞。ブロードウェイなどでも上演されトニー賞にも輝いている。

↓舞台を小説化した書籍も世界中でベストセラーとなった
Photo：Johan Persson

↓逆転時計を使って時空を移動し小説や映画で描かれたエピソードともリンク。小説では亡くなったキャラクターも登場
Photo：Manuel Harlan

パレス・シアター
Palace Theatre
ソーホー〜コヴェント・ガーデン周辺 **MAP** 付録P.23 E-2
☎020-7434-0088 ⊗ ① Leicester Square レスター・スクエア駅から徒歩3分 ⊕ Shaftesbury Avenue, W1D 5AY ⊛£36〜 ▣

	月	火	水	木	金	土	日
昼	−	−	14:00 Part 1	−	14:00 Part 1	14:00 Part 1	13:00 Part 1
夜	−	−	19:00 Part 2	−	19:00 Part 2	19:00 Part 2	18:00 Part 2

アート

エンターテインメント

グルメ

ショッピング

歩いて楽しむ

ホテル

ミュージカルを鑑賞！

演劇の中心地、ウエスト・エンドで本場のミュージカルを楽しむ。まずは情報とチケットを入手。安い席は舞台から遠い、柱の陰に位置して見にくいなどの理由があるので注意が必要。オンライン予約でeチケットがメールで届く。

公演情報をチェックする

●Webサイトで情報収集
各劇場の公式ホームページをチェック。下記のチケット予約サイトには公演中またはチケット発売中の演目情報がまとめて記載されている。

●現地で情報収集
劇場近くのボックス・オフィスやホテルのロビーなどに置かれたチラシをチェック。書店やキオスクで販売するエンタメ情報誌『Time Out』も役立つ。

チケットを買う

●事前にサイトで予約する
見たい演目が決定済みなら各劇場公式サイトで直接予約できるが情報収集を兼ねてチケット予約サイトで購入も便利。予約時に受信した引換書をボックス・オフィスでチケットと引き換え。
オフィシャル・ロンドン・シアター
Official London Theatre
🆗 www.officiallondontheatre.co.uk
ロンドン・シアター・ダイレクトLondon Theatre Direct
🆗 www.londontheatredirect.com
UK シアター・ウェブUK Theatre Web
🆗 www.uktw.co.uk
チケットマスターticketmaster
🆗 www.ticketmaster.co.uk
●日本語で予約する
FUN! LONDON.net
🆗 www.funlondon.net
日本語のオフィシャル・ミュージカル・チケットガイド。日本語でサイトの説明からオンラインチケット購入ができる。
GET YOUR GUID
☎ 020-7976-1191 🆗 www.getyourguide.jp
●現地で入手する
各劇場のボックス・オフィス(チケット販売窓口)で買う
ミュージカル+レストラン付きのチケット。日本語で申し込みできるのが便利。
tkts(チケッツ)で買う
売り切れ覚悟ではあるが、運が良ければ正規料金の半額ほどで購入可能。上の「サイトで予約」の項にあるOfficial London Theatreのサイトで席のある今日、明日、明後日分の演目が確認できる。
MAP 付録P.23 E-3 ⊗ Ⓤ Leicester Squareレスター・スクエア駅から徒歩3分 🚇 Leicester Square ⏰ 10:00〜18:00 日曜12:00〜16:30 Ⓚ無休
チケットマスターticketmasterで買う
上の「サイトで予約」の項にあるチケット・マスターでも当日券が安く販売されている。

劇場に着いたら

劇場入口には簡単な荷物検査がある。スマホのeチケットのバーコード画面を示してチェックインする。座席もその画面を示して、案内してもらう。

↑小説か映画を見直しておくとより楽しめる
Photo：Manuel Harlan

↑やはりパート1、2ともに観るのがおすすめ
Photo：Manuel Harlan

ABBAの名曲が22曲使われている。知っている曲も多く、英語が苦手でも楽しめる演目だ

Photo：Brinkhoff & Mögenbur

鑑賞のポイント
ストーリーやダンスも素晴らしいが、何と言っても歌。ABBAの名曲を歌う役者たちのパワフルな歌声に観客も総立ちで大興奮。

パワフルなABBAの名曲と
愉快な騒動の顛末でハッピーに

マンマ・ミーア！

Mamma Mia！

1999年から続く、ウエストエンドでも屈指のロングラン作品。母、ドナに女手一つで育てられた娘ソフィが、父に会いたい一心で母の日記を読み、父親候補であるドナの元彼3人を結婚式に招いたことで起こる大騒ぎの3カ月を描く。

↑まわりの観客のリアクションも楽しい
Photo：Brinkhoff & Mögenburg

↑いまやウエストエンド生まれの代表的な
演目 Photo：Brinkhoff & Mögenburg

↓メリル・ストリープ主演の映画や、日本での劇団四季による講演でも有名
Photo：Brinkhoff & Mögenburg

ノヴェロ・シアター

Novello Theatre

ソーホー〜コヴェント・ガーデン周辺
MAP 付録P.15 D-2
☎0844-482-5151 🚇Ⓤ
Covent Garden コヴェント・ガーデン駅から6分 🚇Aldwych,
WC2B 4LD 💷£50〜 🖥 www.
novellotheatrelondon.info 📧

	月	火	水	木	金	土	日
昼	−	−	−	15:00	−	15:00	−
夜	19:30	19:30	19:30	19:30	19:30	19:30	−

ロンドンの真ん中にサバンナ出現
迫力の舞台に大人も子どもも大興奮

ライオン・キング

The Lion King

原作のディズニー映画でも有名な王ライオンの子、シンバの成長物語。イギリスならではのクラシカルなシアターで、アフリカのサバンナに暮らす動物たちが躍動する。子どもから大人まで、また英語力を問わず楽しめるのも魅力。

ライシアム・シアター

The Lyceum Theatre

ソーホー～コヴェント・ガーデン周辺 **MAP** 付録P.15 D-2

☎0844-871-3000(通話料のほか1分につき£7)
Ⓤ Covent Garden コヴェント・ガーデン駅から徒歩5分 ㊞21 Wellington St, Covent Garden, WC2E 7RQ ㊟£35～ ㏋www.thelyceumtheatre.com

	月	火	水	木	金	土	日
昼	—	—	14:30	—	—	14:30	14:30
夜	—	19:30	19:30	19:30	19:30	19:30	—

↑役者たちの身体能力の高さにもびっくり Photo：Johan Persson

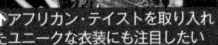

↑アフリカン・テイストを取り入れたユニークな衣装にも注目したい

↑シンバの成長と、かつての王国を取り戻す姿に感動 Photo：Brinkoff and Mogenburg

鑑賞のポイント
曲、歌、ダンス、ストーリー、衣装とどれも素晴らしいが、影絵の手法を使った動く背景は、この演目ならではの演出手法。

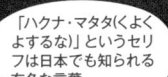

「ハクナ・マタタ(くよくよするな)」というセリフは日本でも知られる有名な言葉

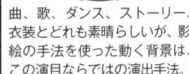

アート
エンターテインメント
グルメ
ショッピング
歩いて楽しむ
ホテル

©Disney

ENTERTAINMENT

『エヴィータ』や『キャッツ』を作曲した
名作曲家によるロングラン作品

オペラ座の怪人
The Phantom of the Opera

ガストン・ルルーの小説が原作、パリのオペ
ラ座を舞台に繰り広げられる醜い天才音楽
家、ファントムと駆け出しの若い歌手、クリ
スティーヌとの物語。作曲は『ジーザス・ク
ライスト＝スーパースター』や『キャッツ』
などを作曲したロイド・ウェバー。

ハー・マジェスティーズ・シアター
Her Majesty's Theatre

ソーホー〜コヴェント・ガーデン周辺
MAP 付録P.23D-4
☎ 020-7087-7762
🚇 Piccadilly
Circusピカデリー・サー
カス駅から徒歩4分🚶
Haymarket, SW1Y
4QL 💷 £37.50〜 🔗
uk.thephantomofficetheopera.com✉

	月	火	水	木	金	土	日
昼	−		14:30			14:30	
夜	19:30	19:30	19:30	19:30	19:30	19:30	

鑑賞の
ポイント
ラストシーンは舞台全
体を見渡せる席がおす
すめ。高額な最前列の
シートでなく、2階、3
階席で観るのもいい

➜ ファントムの怪しいカリスマ性とク
リスティーヌの可憐さが魅力
Photo : Manuel Harlan © CML

鑑賞の
ポイント
舞台的というより映画などに近
いリアルなしぐさでありながら、
胸を打つ演技が素晴らしい。

現在、ロンドン最大の話題作
アレキサンダー・ハミルトンの物語

ハミルトン
Hamilton

ニューヨークで大ヒットしトニー賞を総なめ
した作品でロンドンでもオリビエ賞を受賞。
「いま一番チケットが取りにくい作品」とい
われている。曲はポップス調で歌詞はネイ
ティブでもときどき聞きとれないというが、
舞台としての完成度と役者のパフォーマンス
の高さは抜群。

ヴィクトリア・パレス・シアター
Victoria Palace Theatre

バッキンガム宮殿〜ウエストミンスター寺院
MAP 付録P.20 A-1
☎ 0844-482-5151(通話料のほか1分につき£7)
🚇Victoriaヴィクトリア駅から徒歩2分
🚶 Victoria St, SW1E 5EA 💷 £27.50〜 🔗
hamiltonmusical.com

	月	火	水	木	金	土	日
昼	−			14:30		14:30	
夜	19:30	19:30	19:30	19:30	19:30	19:30	

← アメリカの初代財務長官、ハミルトンが主人公
Photo : Matt Murphy © CML

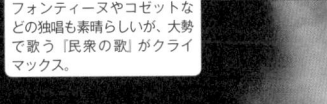

鑑賞の
ポイント

フォンティーヌやコゼットな
どの独唱も素晴らしいが、大勢
で歌う「民衆の歌」がクライ
マックス。

最長ロングラン記録を誇る
1985年から続く不朽の名作

レ・ミゼラブル

Les Misérables

ヴィクトル・ユゴーの小説が原作。不遇な男
の人生から国の革命へとつながる壮大なス
トーリーで、場面ごとに登場する舞台装置、
大勢の役者による感動的なコーラスなど、ス
ケールの大きさに圧倒される。クラシカルで
豪華な劇場も作品の雰囲気にピッタリ。

ソンドハイム・シアター

Sondheim Theatre

ソーホー〜コヴェント・ガーデン周辺
MAP 付録P.23 D-2

☎020-729-2135 ⊗Ⓤ Piccadilly Circus ピカ
デリー・サーカス駅から徒歩3分 🏠51 Shaftes
bury Avenue, W1D 6BA 💰£10〜 🌐 london.
lesmis.com 📧

	月	火	水	木	金	土	日
昼	−	−	−	14:30	−	14:30	−
夜	19:30	19:30	19:30	19:30	19:30	19:30	−

↑笑いあり、涙あり、感動あり。これぞミュージカルという醍醐味を味わう
Photo : Michael Le Poer Trench © CML

思う存分ファンタジーの世界に浸る
『オズの魔法使い』の外伝

ウィキッド

Wicked

西の悪い魔女エルファバと南の善い魔女グリ
ンダが大学で出会い、友情を育みながらもそ
れぞれの道を歩み、本編の世界観へと続いて
くアナザー・ストーリーをミュージカル化。
もちろん子どもも楽しめるが、深みのある話
で大人にこそすすめたい作品だ。

アポロ・ヴィクトリア・シアター

Apollo Victoria Theatre

バッキンガム宮殿〜ウエストミンスター寺院
MAP 付録P.20 A-2

☎0844-871-3001(通話料のほか1分につき£7)
⊗ⓋVictoriaヴィクトリア駅から徒歩2分 🏠17
Wilton Rd. Pimlico, SW1V 1LG 💰£25〜 🌐
www.wickedthemusical.co.uk

	月	火	水	木	金	土	日
昼	−	−	14:30	−	−	14:30	14:30
夜	19:30	19:30	19:30	19:30	19:30	19:30	−

鑑賞の
ポイント

『ウィキッド』のあらすじだけで
なく、『オズの魔法使い』を読み
返してから鑑賞すると、本編との
つながりが見えてより楽しめる。

↑舞台装置だけでなく、シアター全体がウィキッド仕様
Photo : Matt Crockett

アート

エンターテインメント

グルメ

ショッピング

歩いて楽しむ

ホテル

偉大なシェイクスピアから華やかなミュージカルへ!

ウエスト・エンドという劇場街

ロンドンの中心部に広がる劇場街ウエスト・エンドはミュージカルとともに
近代劇や現代劇の劇場も点在。このエリア以外で成功した演目も登場する。

ロンドンの劇場文化
シェイクスピアに始まる

ロンドンにおいて劇場文化が開花したのは、16世紀も後半。現在、劇場街となっているウエスト・エンドではなく、トレンド・エリアと呼ばれているイースト・エンドのショーディッチであった。

シアター座とカーテン座は、当時としてはいわば市街区の外れである。今や若者のアートが盛んで、400年を超えて文化のエリアが蘇っている気がするが、特筆すべきは、この劇場をシェイクスピアの劇団が使用していたということだ。よく知られるように、彼は役者でもあった。もっともこの劇場は20年ほどで解体され、テムズ川の南岸にグローブ座が建設されたが、ここもまた1642年には封鎖されている。

シェイクスピアは、1616年に50代で没しているから、作家としての活動期はまさしくグローブ座の時代で、『ハムレット』『オセロ』『リア王』『マクベス』の4大悲劇はここで上演されている。

観たいミュージカルが
目白押し!

とはいえ、グローブ座はウエスト・エンドではない。この劇場街は、テムズの北、ストランドからコックスフォードにかけてのエリアだから、ロンドンが本格的な劇場時代文化を迎えるにはもう少し時間がかかる。

ウエスト・エンド最初の劇場は、現在のドルリー・レーン王立劇場の前身で、ロイヤル・オペラ・ハウスのすぐ東。このあたりまでが、ウエスト・エンドのエリアになる。周辺には『マンマ・ミーア!』のノヴェロ・シアターや『ライオン・キング』のライシアム・シアターが集合している。

オペラ・ハウスはすぐ脇の地下鉄の名にちなんでコヴェント・ガーデンとも称されている。この次の駅がレスター・スクエアで、ここがいわばウエスト・エンドの中心。ミュージカルなどのチケット売場TKTSに近い。当日売れ残っているチケットを割引で購入できたりするので、覚えておきたい。

その南西には劇作家の名を冠したハロルド・ピンター劇場があり、ここで

はミュージカルよりもストレート・プレイの上演が多い。ウエスト・エンドは必ずしもミュージカルだけではないのだ。大小さまざまな劇場が、芝居好きを待ち構えている。

この南には『オペラ座の怪人』を上演しているハー・マジェスティーズ・シアター、また北側の中華街を越えれば、少し遠くなるが、シャフツベリー・アベニューには『ハリー・ポッター』を上演しているパレス・シアターがある。

ウエスト・エンドから少し離れるが、最後に重要な劇場を紹介しておこう。テムズの南岸になるが、1つはシェイクスピア時代の劇場を復元したグローブ座(P.50)で、もう1つはオールド・ヴィック・シアターだ。

後者は1818年創設という古い劇場だが、やはりシェイクスピアにこだわって幾多の困難を乗り越え、ローレンス・オリヴィエやリチャード・バートン、ジョン・ギールグッド、ヴィヴィアン・リーなどが出演するにいたった。また夏ならば、リージェンツ・パークの野外劇は必見といえるだろう。演目はシェイクスピアをはじめ、さまざまで、チケットは£25～65くらい。

17世紀から続く英国最古の王立劇場
ドルリー・レーン王立劇場
Theatre Royal Drury Lane
MAP 付録P.15 D-2

⤷舞台初日に灰色の男の幽霊が現れるとその演目は成功するとの伝説を持つ

英国演劇史の重要人物が名の由来
ノエル・カワード・シアター
Noël Coward Theatre
MAP 付録P.23 E-3

⤷2006年に大改修。旧アルベリー・シアターから改名された

わずか6カ月で建設との説もある
ハロルド・ピンター・シアター
The Harold Pinter Theatre
MAP 付録P.23 D-3

⤷旧コメディ・シアター。古い施設のため柱などで鑑賞しづらい席が多め

名優の幽霊目撃談でも人気
オルドウィッチ・シアター
Aldwych Theatre
MAP 付録P.15 D-2

⤷1905年創建。常に名門劇団の本拠地であり続けている

1994年、グローブ座から改名
ギールグッド・シアター
Gielgud Theatre
MAP 付録P.23 D-2

⤷客席数100人規模の劇場で、ミュージカルの新作を続々発表

喜劇を上演することが多い
サヴォイ・シアター
Savoy Theatre
MAP 付録P.15 D-2

⤷『ドリーム・ガールズ』など、名作ミュージカルも上演

エレガントに楽しむエンターテインメント

オペラ、バレエ、演劇を愛でる英国の夜

ハーフパンツ等でなければカジュアル服でも問題ないが、せっかくだから少しおしゃれして優雅に楽しみたいオペラやバレエ鑑賞。特に良い席が取れたなら気分もワクワクしてくる。

イギリスを代表する国立劇場
ロイヤル・ナショナル・シアター
Royal National Theatre
バッキンガム宮殿〜ウエストミンスター寺院 **MAP** 付録P.15 E-3

しつらえ、収容人数の異なる複数のホールを持つ大規模な劇場。夜のライトアップされた姿も美しい。
☎020-7452-3000 ⊗Ⓤ Waterlooウォータールー駅から徒歩4分 ⊕ Upper Ground, Lanbeth, SE1 9PX ⓗⓅ www.nationaltheatre.org.uk

ロンドンの文化の拠点施設
バービカン・センター
Barbican Centre
ショーディッチ〜イースト・エンド周辺 **MAP** 付録P.10 B-4

劇場のほか、コンサートホールや映画館、ギャラリー、図書館まで擁する複合文化施設。
☎020-7638-8891 ⊗Ⓛ Barbicanバービカン駅から徒歩6分 ⊕ Silk St, EC2Y 8DS ⓗⓅ www.barbican.org.uk

オペラ初心者にもおすすめの劇場
ロンドン・コロシアム
London Coliseum
ソーホー〜コヴェント・ガーデン周辺 **MAP** 付録P.23 F-3

伝統ある劇場で、英国のナショナル・オペラ＆バレエの本拠地。初心者向けガイドなども充実。
☎020-7836-0111 ⊗Ⓤ Charing Crossチャリング・クロスから徒歩3分 ⊕ St. Martin's Lane, WC2N 4ES ⓗⓅ www.wickedthemusical.co.uk

スケール、設備、舞台の質とも一流
ロイヤル・オペラ・ハウス
Royal Opera House
ソーホー〜コヴェント・ガーデン周辺 **MAP** 付録P.15 D-2

エリザベス女王がパトロンをつとめ、現在はチャールズ国王が支援する名門オペラ、バレエの本拠地。
☎020-7304-4000 ⊗Ⓤ Covent Gardenコヴェント・ガーデン駅から徒歩2分 ⊕ Bow St, Covent Garden, WC2E 9DD ⓗⓅ www.roh.org.uk

ロンドン・フィルのベース
ロイヤル・フェスティバル・ホール
Royal Festival Hall
バッキンガム宮殿〜ウエストミンスター寺院 **MAP** 付録P.15 E-3

主に音楽会を開催。特にロンドン・フィルハーモニー管弦楽団の公演の多くがここで開かれる。
☎020-3879-9555 ⊗Ⓤ Waterlooウォータールー駅から徒歩5分 ⊕ Southbank Centre Belvedere Rd, SE1 8XX ⓗⓅ www.southbankcentre.co.uk/venues/royal-q-hall

創立は1818年とロンドン屈指
オールド・ヴィック・シアター
The Old Vic Theatre
バッキンガム宮殿〜ウエストミンスター寺院 **MAP** 付録P.15 F-4

数多くの名優の足跡が残る。歴史や幽霊出没ポイントなどを案内してもらうガイドツアーも楽しい。
☎0344-871-7628 ⊗Ⓤ Ⓝ Waterlooウォータールー駅から徒歩3分 ⊕ The Cut, SE1 8NB ⓗⓅ www.oldvictheatre.com

ビートルズがいた！UKロックの聖地へ

ファン垂涎。ビートルズのほかピンク・フロイド〜レディー・ガガ、テイラー・スウィフトなどが録音した名スタジオ周辺を訪ねる。

ABBEY ROAD NW8 CITY OF WESTMINSTER

ジャケットで有名
アビー・ロード
Abbey Road
リージェンツ・パーク周辺
MAP 付録P.6 B-2

ビートルズのアルバム『アビイ・ロード』のジャケット写真撮影地としても有名。半世紀を経てなお大勢のファンが訪れる。
⊗Ⓙ St John's Woodセント・ジョンズ・ウッド駅から徒歩5分 ⊕ St John's Wood, NW8

↑レコードのジャケットと同じアングルの写真を撮る人たち

EMI社の老舗録音スタジオ
アビー・ロード・スタジオ
Abbey Road Studio
リージェンツ・パーク周辺 **MAP** 付録P.6 B-2

1931年〜の長い歴史のなかでロンドン交響楽団からロックのスーパースターまで幅広い作品を輩出。
↑撮影するファン多し
⊗Ⓙ St John's Woodセント・ジョンズ・ウッド駅から徒歩5分 ⊕ 3 Abbey Rd, NW8 9AY

世界を魅了するイギリス発祥のスポーツ

スポーツ観戦

イギリスを発祥とするスポーツは多い。本場のゲームと雰囲気を味わいたい。

↑アーセナルの本拠地、エミレーツ・スタジアム

世界最強、最注目リーグ
サッカー
Association Football

イングランドのプレミアリーグは伊のセリエAや独のブンデス・リーガと並ぶ世界5大リーグのひとつ。ロンドンには5つのチームがある。各スタジアムが催すスタジアム・ツアーや公式ショップ巡りも楽しい。

ロンドンを拠点にする
プレミアリーグのFC

1886年結成。屈指の強豪
アーセナル
Arsenal
●エミレーツ・スタジアム Emirates Stadium
ロンドン近郊 MAP 付録P.5 D-1
☎020-7619-5003 ⊗Ⓤ Arsenal アーセナル駅から徒歩7分 ⊛Hornsey Rd, N7 7AJ ⊕www.arsenal.com

博物館も要チェック
テニス
Tennis

世界四大大会のひとつ、全英オープンが開催されるウィンブルドンはテニスの聖地。イギリス王室のメンバーをはじめ、客席にはセレブの姿も多く、選手は全身白いユニフォーム着用など厳格なルールでも知られる。

ビール片手に試合を観戦
ラグビー
Rugby

イングランド代表の本拠地がロンドン、トゥイッケナム・スタジアム。シックス・ネイションズや国内リーグなど迫力満点だが、試合のない時期もスタジアム・ツアーが人気。

愛称はブルーズ。優勝回数多し
チェルシー
Chelsea
●スタンフォード・ブリッジ Stamford Bridge
ケンジントン～チェルシー周辺 MAP 付録P.18 A-4
☎0371-811-01955 ⊗Ⓤ Fulham Broadway フラム・ブロードウェイ駅から徒歩3分 ⊛Fulham Rd, SW6 1HS ⊕www.wickedthemusical.co.uk

シンボルは胸のイーグルス
クリスタル・パレス
Crystal Palace
●セルハースト・パーク Selhurst Park
ロンドン近郊 MAP 付録P.3 E-4
☎020-8658-7700 ⊗Ⓤ Norwood Junction ノーウッド・ジャンクション駅から徒歩10分 ⊛Whitehorse Ln, Selhurst, SE25 6PU ⊕www.cpfc.co.uk

一流選手が憧れるセンターコート
ウィンブルドン選手権
The Championships
●オール・イングランド・ローンテニス・アンド・クローケー・クラブ
All England Lawn Tennis and Croquet Club
ロンドン近郊 MAP 付録P.2 B-4
☎020-8944-1066 ⊗Ⓤ Southfields サウスフィールズ駅から徒歩15分 ⊛Church Rd, Wimbledon, SW19 5AE ⊕www.wimbledon.com/index.html

テニスと全英オープンの歴史を知る
ウィンブルドン・ローンテニス博物館
Wimbledon Lawn Tennis Museum
ロンドン近郊 MAP 付録P.2 B-4
☎020-88795600(チケット予約) ⊗Ⓤ
Southfields サウスフィールズ駅から徒歩15分 ⊛
Church Rd, Wimbledon, SW19 5AE 働～
17:30(10～3月は～17:00) 入館は各30分前まで
⊛無休 ⊕£15 ＊ツアー(ミュージアム入場含む)は
£27
●トゥイッケナム・スタジアム (ラグビー)
Twickenham Stadium
ロンドン近郊 MAP 付録P.2 A-3
☎020-3613-2044 ⊗Ⓤ Twickenham トゥイッケナム駅から徒歩10分 ⊛200 Whitton Rd, Twickenham, TW2 7BA ⊕www.englandrugby.com/twickenham

中世イングランドの騎士の名を冠する
トッテナム・ホットスパー
Tottenham Hotspur
●トッテナム・ホットスパースタジアム
Tottenham Hotspur Stadium
ロンドン近郊 MAP 付録P.3 D-1
☎0344-499-5000 ⊗Ⓤ White Hart Lane ホワイト・ハート・レーン駅から徒歩5分 ⊛748 High Rd, Tottenham, N17 0AP ⊕www.tottenhamhotspur.com

若手育成にも注力。コアなファンを持つ
ウェストハム・ユナイテッド
West Ham United
●ロンドン・スタジアム London Stadium
ロンドン近郊 MAP 付録P.3 E-1
☎020-8522-6001 ⊗ⓊⒹ Stratford ストラトフォード駅から徒歩20分 ⊛Queen Elizabeth Olympic Park, E20 2ST ⊕www.whufc.com

観戦ガイド

チケットを買う

●チケットを買う
サッカー、テニス、ラグビーともに本拠地となる各スタジアムの公式ホームページから購入することができるほか、旅行代理店のツアーに参加するのもよい。日本出発の5～7日前までなら、手数料が必要となるが、日本のチケット手配会社に依頼することもできる。

●観戦の注意とスタジアムの楽しみ方
サッカーの試合では、席によっては敵対チームのユニフォームやグッズの持ち込みが規制されることもある。熱狂的なファンも多いので、観客同士の諍いに巻き込まれないように注意が必要。また、試合時以外にスタジアム見学可能な施設も多く人気を博している。

UNFORGETTABLE LUNCH AND DINNER

グルメ

🍴

伝統と変貌の食卓風景

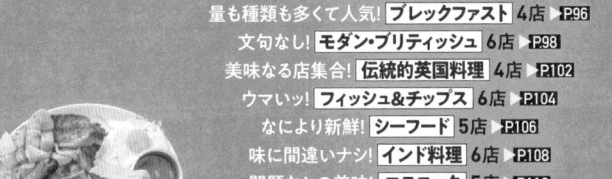

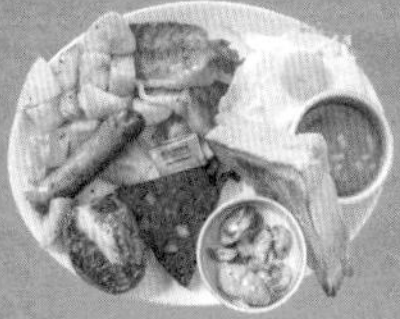

Contents

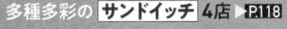

ロンドンの食事で気をつけたい 食べたいものを食べる!

「イギリスの料理はマズイ」という固定観念が大きく変わり始めている。外国の料理を取り入れたモダンなブリティッシュスタイルのレストランやグルメパブなどが日進月歩の勢いだ。

出かける前に

どんな店を選ぶ?

カジュアルに食事を楽しみたい人はパブへ。フィッシュ&チップスやロースト料理など伝統的なメニューを試せる。人気急騰の料理自慢のガストロ・パブ(美食パブ)も、モダン・ブリティッシュからインド、イタリア、フランス、中華、エスニック、日本料理など選択肢は幅広い。

レストラン　　　Restaurant

カリスマシェフの星付きレストランから、世界各国の料理が楽しめるカジュアルレストランまで多彩。ベジタリアンやヴィーガンの発祥の地でもあり、趣向を凝らしたオーガニックメニューを提供する店も多い。イスラム料理店でも酒類持ち込みOKの場合もある。

カフェ&ティールーム　Cafe & Tearoom

アフタヌーンティーを楽しめる豪奢な店や紅茶だけでなくコーヒー店も多い。

パブ　　　　　Pub

日本での居酒屋やファミレスに近い。ランチタイムや週末の「サンデーロースト」を食べにやってくる家族連れであふれる店、由緒ある伝統的な空間の店、レストラン並みに食事に力を入れているガストロ・パブなど、お酒だけでも食事メインでも好みに応じて気軽に入れる。

フードマーケット　　Food Market

B級グルメからスイーツまで個性的で安くておいしいものが食べられる。

予約は必要?

話題のレストランなどへは早めに予約を入れてから出かけたい。ほとんどの店は公式HPで予約できる。予約の専用ページにいくと、希望日時、人数、名前と連絡先などを入力するだけなので、日本からでも可能。電話で予約するしかないのであれば、宿泊ホテルのコンシェルジュにお願いする方法もある。

予約なしで入るコツは?

予約を受け付けていない人気店は、とにかく早い者勝ち。開店前から並ぶ覚悟で。長い行列ができる人気店では、店員が待ち時間の目安を教えてくれる。

ドレスコードって?

高級レストランを訪れる際は、男性であればネクタイ着用、女性はワンピースやスーツなどの上品な服装が理想。パブやカフェなどはドレスコードはないが、店の雰囲気に合わせた服装が気後れしないで済む。

ハッピーアワーが禁止に!

アルコールのとりすぎで健康被害や暴力事件を招くとして、2009年から飲み放題の店は罰金の対象になり、夕方に安く飲めるハッピーアワーも禁止されている。

パブの楽しみ方

男性が一杯飲みながら会話を楽しむ社交の場から、今ではレストランよりは手ごろな値段で食べられるランチやスイーツなどを目当てに、女性やファミリーでも親しみやすい店が増えている。

飲み物の種類と大きさ

パブで一番よく注文されるのはビール。サイズは「パイント(pint)」か「ハーフパイント(half pint)」の2種類。1パイントは約568mlなので、日本の大ジョッキより大きめ。ビターやラガーなど種類も豊富。女性にはリンゴ酒のサイダー(cider)が人気。

注文ごとに精算を!

カウンター席に座った場合、注文をするたびにそのつど現金で支払う。お酒だけの注文であればチップは不要。カードを使う場合は後でまとめて支払うことを店員に伝える。グループで入って1人ずつ支払う割り勘スタイルは避けたい。

アート

エンターテインメント

グルメ

ショッピング

歩いて楽しむ

ホテル

お役立ち情報

メニューの組み立て方

スターター（前菜）、メインディッシュ、デザートのコースにドリンクをオーダーする。カジュアルレストランではコースに比べて割安な「セットメニュー」が人気。

組み合わせ方の例
- 前菜＋メイン＋デザート
- 前菜＋メイン
- メイン＋デザート

たばこは吸っていい？

パブ、レストラン、ショッピングモール、ホテル、電車・バスなどの公共の乗り物内など公共施設の屋内はすべて禁煙。ただし街角に設置されている灰皿ではOK。

料理をシェアしたいときは？

小皿料理をシェアできる店も増えているが、コース料理ではなるべく避けたい。

お持ち帰りはできる？

高級レストラン以外なら、残った料理は「Can I have a take it away, please?」と定員に声をかけ、容器をもらって詰めて持ち帰れる。

トイレがない？

レストランやパブなどは利用者は使用可能だが、カフェやファストフード店でトイレがない場合がある。店員に鍵を借りて利用する店も。オフィシャルなトイレマップなどで近隣のトイレの場所を確認しておきたい。

店員への挨拶

レストランやショップなどに入ったとき、店員に「Hi（ハイ）」と簡単な挨拶をするのが礼儀。帰りも「Thank you（サンキュ）」「Cheers（チアーズ）」など忘れずに。

チップの支払い

チップの目安は？

基本的にチップは不要。日本と同様、労働最低賃金が法律で明確に定められているためとされる。レストランではサービス料12.5％がすでに加算された状態で請求されることが多い。サービス料が入っていない場合の相場は10～15％のチップが目安。渡さなくてもルール上は問題ない。

提示額	+10%	+15%
£20	£22	£23
£60	£66	£69
£100	£110	£115

現金で支払う

サービスがうれしく、おつりをそのままチップとして渡す場合は、「Keep the change（キープ ザ チェンジ）」と言って退店するとスマート。

レシートをよく見て精算を

食事が終わったら「Excuse me, bill please」 と言ってレシートをもらう。Service charge（サービス料）12.5％の項目があれば、チップは不要。その際はサインではなく、PINコードといわれるクレジットカードの暗証番号を入力するのが主流なので番号をお忘れなく。

知っておきたいテーブルマナー

扉を開けた人は、後ろから入ってくる人のためにも開けたまま待つのがマナー。食事中は食器を持ち上げず、食べ物などをたてるような音を立てない。フォークを右手に持ち替えず、ライスを食べるときも左手のフォークで。

注文時は目配せで

注文するときや、お勘定を持ってきてもらいたいときに店員を呼ぶ際は声を上げず、目配せを。なかなか気がついてくれないときは店員を見ながら軽く手を上げて。

会計はテーブルで

パブでのお酒だけならその場での会計が基本。レストランやパブでの食事利用なら、テーブルに伝票を持ってきてくれる。カードで支払う場合はあらかじめその旨を伝えるとスムーズ。

イギリスの料理がおいしくなかったワケ

イギリス料理の評判が悪かったのは、調理法が少なかったせいだという。だから料理の味は食材の良し悪しにかかっていた。フレンチがソースの技法と調理法によって美食となったのと対照的で、要するに大雑把だったのだ。

↑フィッシュ＆チップスも店ごとに味が変わる

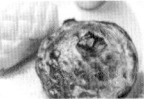
↑パイ料理はパブの定番メニューのひとつ

↑イギリス料理はまずいといわれていたが、朝食だけは昔から豪華だ。その伝統は今も継承されている

旅の一日はまず腹ごしらえから

量も種類も多くて人気!
ブレックファスト❹店

さまざまなタイプの朝食が大集合!
でもどれもがイングリッシュ・ブレックファスト。
夜も営業しているが、朝食が評判の店をご紹介。

1.イギリスの伝統と華麗なヨーロッパ文化が融合、ロンドンで最も敬意の払われるカフェ・レストラン **2.**黒の柱と穹窿天井、錬鉄のシャンデリアが地中海様式を思わせる

豪華な店内で優雅な朝を
ザ・ウォルズリー
The Wolseley
ソーホー〜コヴェント・ガーデン周辺
MAP付録P.22 B-4
ザ・リッツ・ロンドンの隣にあるアール・デコの重厚なグランカフェ。セレブ御用達の優雅な雰囲気の店内で、フル・イングリッシュ・ブレックファストやエッグベネディクト、スモークタラのケジャリーなどが楽しめる。
☎020-7499-6996 ❌Green Parkグリーン・パーク駅から徒歩3分 🏠160 Piccadilly W1J 9EB ⏰7:00〜23:00 土・日曜8:00〜22:00 ❌無休

予算 Ⓑ£30〜
Ⓛ£40〜
Ⓓ£60〜

フィッシュ・ケーキ、ポーチド・エッグとオランデーズ・ソース
The Wolseley Fish Cake, Poached Egg and Hollandaise
£22.50
これが代表的なフルブレックファスト

ザ・フル・モンティ
The Full Monty
£16.95
ボリュームたっぷりの伝統の英国式朝食

一日中食べられる朝食メニュー
ザ・ブレックファスト・クラブ
The Breakfast Club
シティ〜ロンドン塔周辺 **MAP**付録P.16 B-3
店内は80年代を意識したレトロポップな雰囲気で、ザ・フル・モンティと呼ばれるメニューが通常のフル・イングリッシュ・ブレックファスト。トーストの代わりにパンケーキが付くオール・アメリカンも人気。
☎020-7078-9634 ❌London Bridge ロンドン・ブリッジ駅から徒歩3分 🏠11 Southwark St, SE1 1RQ ⏰7:30〜21:30(月・日曜は〜16:00) ❌無休

予算 Ⓑ£15〜
Ⓛ£15〜
Ⓓ£20〜

1.根強い人気の塩キャラメル・パンケーキ。£14.25 **2.**混み合う店内は、ロンドナーの社交場 **3.**バラ・マーケットは通りの向かい。朝はここから開始

モダン・ブリティッシュの朝食

バーナーズ・タヴァーン

Berners Tavern

リージェンツ・パーク周辺 **MAP**付録P.14 B-1

華やかな天井装飾に壁一面を飾る絵画が印象的なエレガントなレストラン。フル・イングリッシュ・ブレックファスト、アボカドとポーチドエッグのトースト、バニラワッフル、ブルーベリーパンケーキなどが人気。

☎020-7908-7979 ❷ ⓤ Tottenham Court Roadトッテナム・コート・ロード駅から徒歩7分 🏠 10 Berners St, Fitzrovia ⏰7:00 ～10:00 12:00～15:00 17:00(日曜18:00)～22:00 ❻無休 💳

予算
B £30～
L £40～
D £50～

1. バニラワッフル£18。ベリー類とトーストされたピスタチオの食感がマッチ **2.** 壮麗なダイニングエリアで素敵な一日のスタートを

エッグ・フロレンティン
Eggs Florentine
£17
ホウレン草と卵、ソースのバランスが絶妙

ドラマや映画の舞台で知られる

リージェンシーカフェ

Regency Café

ウエストミンスター周辺 **MAP**付録P.20 C-2

安くて美味しい食事が自慢の庶民的な店。常に満席の店内では、列に並び、カウンターで注文＆支払い(カードのみ)、メニュー名がコールされたら取りに行くという昔ながらのシステム。

☎020-7821-6596 ❷ ⓤ Pimlicoピムリコ駅7分 🏠17-19 Regency St, SW1P 4BY ⏰7:00～14:30 16:00～19:15 土曜7:00～12:00 ❻午後休業もあり、日曜

スモークサーモン&エッグ
Smoked Salmon & Egg
£850
バンズにスモーク・サーモン、エッグ、とろけるチーズが愛称抜群の三重奏をかなでる

1. 閑静な住宅街に建つ、一見平凡な外観のカフェ **2.** チキンマッシュルームパイ£695。英国で最も人気のクリームソースパイ **3.** 活気あふれる店内はクラシックなタイル張り

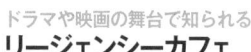

アート

エンターテインメント

グルメ

ショッピング

歩いて楽しむ

ホテル

97

若いシェフたちの新しい美食ならこの店です!

文句なし!モダン・ブリティッシュ**6**店

ロンドンのグルメ・シーンをグローバルなレベルに引き上げたのはここに登場する店たち。
伝統を重んじつつ、文化的には絶えず革新を求めてきたこの国では食文化もしかり。

⬆居心地の良い店内と丁寧な接客が評判

多様性＆創造性あふれるメニュー

ラ・トランペット

La Trompette

ケンジントン～チェルシー周辺 **MAP** 付録P.2 B-2

オープン当初から脚光を浴びたこの店
は、2008年にミシュラン1ツ星を獲得。
地元の常連客が足繁く通い、リラック
スした雰囲気が漂う。フランス料理や
地中海料理のほか、日本の懐石料理の
影響も感じられるモダンなブリティッ
シュレストラン。

☎020-7734-1401 ✖Ⓤ Turnham Green
ターナムグリーン駅から徒歩5分 ⓐ 3-7
Devonshire Rd, Chiswick, W4 2EU ⓑ水
～土曜12:00～14:00(日曜は～15:00) 水・木
曜18:00～21:00 (金・土曜は～22:00) ⓒ月・
火曜 📞🍴

Chef

グレッグ・ウェルマン

有名レストランで修
業を重ね、海を愛す
るシェフは魚介類を
使った美しい創作料
理を得意とする。

予算 Ⓛ£80～
Ⓓ£100～

⬆スフレのホワイ
トチョコレート・
アイス

前菜)サーモンの刺身 1
Salmon Sashimi with pickled rhubarb dressing,
white soy, crème fraiche and pistachios
お皿に敷きつめたサーモンの上にラディッシュが
蓮のように浮かぶ。ルバーブ・ドレッシングがけ

メイン)アスパラガス＆コロッケ 2
White asparagus & croquettes
白アスパラガスにボール型コロッケ、キノ
コ＆アンティチョークピューレ添え

アート

エンターテインメント

グルメ

ショッピング

歩いて楽しむ

ホテル

↑オープンキッチンで働く様子が見える店内はアットホームな雰囲気

気軽なミシュラン店

ライルズ

Lyle's

ショーディッチ周辺 **MAP** 付録P.11 D-3

ミシュランの星のほか、持続可能性が認められSRA(サステイナブル・レストラン協会)から3ツ星も受賞。開店以来、基本に戻るをモットーに奇抜な料理や凝った料理を避けて正直な英国料理を追求。

☎020-30115911 ⊗⑪Liverpool Street リヴァプール・ストリート駅から徒歩15分 ⋒ Tea Building, 56 Shoreditch High St, London E1 6GY ⊗12:00～14:15 18:00 ～21:00 ⑭月・日曜 ⊟

Chef

ジェームズ・ロー

30歳までに店をオープンする夢を実現。開店からわずか18カ月でミシュランの星を獲得。

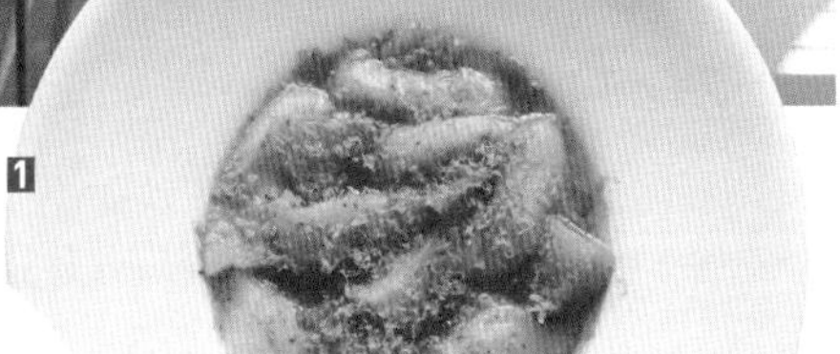

予算 Ⓛ£60～ Ⓓ£80～

↑かつて町役場だった建物をリノベーション。重厚な外観が印象的だ

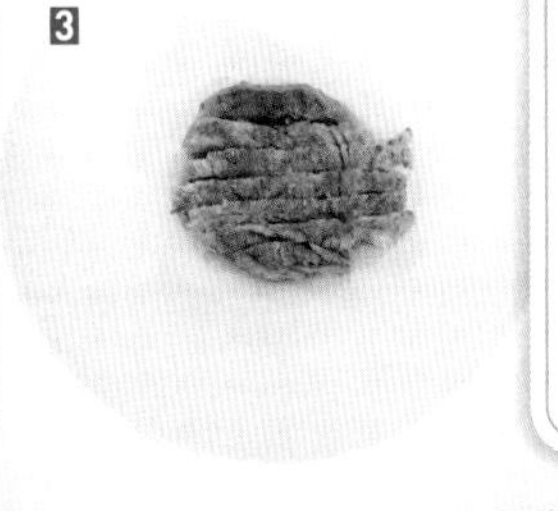

おすすめメニュー

貝柱のオレンジあえ€21 **1**
Raw Scallop Pomelo
新鮮な貝柱とイクラの燻製にオレンジを和えたサッパリ味の前菜

バラ貝のグリル€23 **2**
Grilled Barra Cockles
切り昆布とバラ貝を煮込んだあっさり仕立て

ポークグリル€33 **3**
Welsh Pork Collar
ウェールズの海岸地方で育てたポークを使用

99

➡青色タイルのオープンキッチンが店内の活気を盛り上げる

おすすめメニュー

オークニー産スカロップ（テイスティングメニュー£145からの一品） €145 **1**
Gently cooked Orkney scallop, potato & sancho Butter
ジューシーなホタテ貝は店を代表する人気料理

ヴェニソン、セレリアック＆ココア（ランチメニュー£65または£95からの一品） €65/95 **2**
Aynhoe Park venison, celeriac & cocoa
鹿肉はココア風味のソースで

Chef
アイザック・マクヘイル
ヘッドシェフ・共同経営者。日本に3回訪れ、日本の食材や酒にも造詣が深い

日本晶屓のシェフによる魅惑の1ツ星
ザ・クローヴ・クラブ
The Clove Club
ショーディッチ〜イースト・エンド周辺 **MAP** 付録P.11 D-3
2013年のオープン以来、たちまち人気を呼び、ミシュラン1ツ星を獲得。英国各地産の食材と世界の料理からのアイデアを組み合わせた独創的なモダン・ブリティッシュ料理を提供。メニューはショート・テイスティング（6品£155）、ベジタブル・テイスティング（8品£195）などを堪能できる。
☎020-7729-6496 ❌Ⓤ🆖 Old Streetオールド・ストリート駅から徒歩10分🚇Shoreditch Town Hall, 380 Old St ⏰12:00〜13:30 18:30〜20:30 🈺火曜・水曜のランチ、月・日曜 ※オンライン予約可能 💳🈂

予算 Ⓛ£170〜 Ⓓ£230〜

1 **2**

英国の食シーンを支えてきた老舗
セント・ジョン・スミスフィールド
St John Smithfield
ショーディッチ〜イースト・エンド周辺
MAP 付録P.10 A-4

スミスフィールド肉市場近くのベーコンのスモークハウスだった建物を改装し、1994年にオープン。30年間にわたって英国のレストラン・シーンを牽引してきた老舗。シンプルながら豪快な肉料理をお試しあれ。
☎020-7251-0848 ❌Ⓤ🆖 Farringdonファリンドン駅から徒歩3分🚇26 St John St ⏰12:00〜15:00(日曜は〜16:00) 18:00〜22:30 🈺無休 💳🈂

➡白い壁と床でミニマルな空間がセント・ジョンのトレードマーク

予算 Ⓛ£35〜 Ⓓ£45〜

おすすめメニュー

骨髄とパセリのサラダ
£16
Roast Bone Marrow and Parsley Salad
セント・ジョンの定番メニュー。ランチでオーダーする常連客も多い

英王室もお気に入りの豪華さ
ザ・ダイニング・ルーム
The Dining Room

バッキンガム宮殿～ウエストミンスター
寺院 **MAP** 付録P.20 A-1

英国王室御用達の5ツ星ホテル、
ザ・ゴーリング内にあるレスト
ラン。豪華でエレガントな雰囲
気のなかで、伝統とモダンを融
合し細部にまでこだわりを尽く
した1ツ星の贅沢な料理の数々
を心ゆくまで楽しみたい。

☎ 020-7769-4475 ❌ ⓤ ⓝ
Victoria ヴィクトリア駅から徒歩4分
🏠 The Goring, 15 Beeston
Place, SW1W 0JW 🕖 7:00～
10:00(土・日曜は～10:30) 12:00～
14:15(日曜は～15:00) 土曜18:30
～21:45 🈚無休 💳 🈂

予算 Ⓛ£70～
Ⓓ£150～

⬆️キャサリン妃が結婚式の前夜に
宿泊したホテルとしても有名

おすすめメニュー
エッグス・ドラムキルボ
Eggs Drumkilbo
故エリザベス皇太后も好
きだったというロブス
ターと卵のムース

⬆️刻々と変わる空の色。驚きの仕掛けがあるトイレもぜひ行ってみて

予算 Ⓛ£49～
Ⓓ£120～

おすすめメニュー
ランチ3品コース
£49
前菜・メイン・デザートか
ら各1品選ぶ極上の味
ディナー3品コース
£120
旬のメインに前菜＆デ
ザートは贅沢なプレート

⬆️イシビラメのシー
ウィード添えはアラ
カルトメニューから

街の絶景を望む展望レストラン
アクア・シャード
Aqua Shard

シティ～ロンドン塔周辺 **MAP** 付録P.16 C-3

イギリスで一番高い超高層ビル、
ザ・シャードの31階にあるレスト
ラン。全面ガラス張りでロンドン
の絶景を眺めながら、洗練された
料理とワインを楽しめる絶好のロ
ケーション。夕暮れどきや夜は特
に人気のスポット。

☎ 020-3011-1256 ❌ ⓤ London
Bridge ロンドン・ブリッジ駅から徒歩1分
🏠 Level 31 The Shard, 31 St
Thomas St, SE1 9RY 🕖土・日曜、祝日
10:30～14:30 月～金曜12:00～14:00
全日18:00～22:30 🈚無休 💳 🈂

Chef
アンソニー・ガーランド

英国産の新鮮
な食材を使い
色鮮やかな料
理を作り出す
エグゼクティ
ブ・シェフ

⬆️アボカドとバラの花びらを添
えた、ビートルートのサラダ。
プレゼンテーションも満点

ロンドンはまずい、と言わせないイギリス料理!

美味なる店集合!伝統的英国料理❻店

プライドがあるから頑なに守ってきた! 自信のステーキや自慢のパイ料理!
新進気鋭のニューウェイブな皿が押し寄せるなかで、ここなら食べてほしい伝統の6店。

本格的なロースト料理

ロースト
Roast

シティ～ロンドン塔周辺 **MAP** 付録P.16 C-3
ガラス張りのテラスからバラ・マーケットを見下ろせる清潔感あふれるレストラン。伝統的な日曜日のごちそうとして食べられる肉や魚のロースト料理が充実。サンデーランチにはセット3コースを試してみたい。

☎020-3006-6111 🚇London Bridgeロンドン・ブリッジ駅から徒歩4分 The Floral Hall, Stoney St, SE1 1TL ⏰7:30(土曜は8:30～)～11:30 11:45～22:00(土曜は～18:30) 無休 🍴

予算 Ⓛ£40～ Ⓓ£50～

⬆シックな雰囲気の店内にはバーコーナーもあり、タパスも楽しめる

⬆シーバス・フィレ£25

⬆バーではユニークな演出が楽しいカクテル、ザ・ビック・ベン£16をぜひ

おすすめメニュー

サドルバック・ポークベリー £30
Signature saddleback Pork Belly
バリバリの皮に旨みが詰まったポークを特製ソースでいただく

古い倉庫をレストランに再生
バトラーズ・ワーフ・チョップ・ハウス
The Butlers Wharf Chop House
シティ〜ロンドン塔周辺 **MAP**付録P.17 E-3

デザイン界の巨匠コンラン卿によるプロデュースで、目の前にテムズ川とタワー・ブリッジを見渡せる絶景が評判を呼ぶ。ディナーなら夜景が見えるテラス席がオススメだ。　看板メニューは炭火焼ステーキ。

☎020-7403-3403 ✕Ⓤ🄽🄱 London Bridgeロンドン・ブリッジ駅から徒歩13分 🚩The Butlers Wharf Building, 36e Shad Thames, SE1 2YE 🈺月曜17:30〜21:00 火〜金曜12:00〜15:00 17:30〜21:00 土曜12:00〜21:00 日曜12:00〜16:30 🈡無休

予算 Ⓛ£20〜 Ⓓ£30〜

➡倉庫群をリノベーションしたエリアで古いレンガ造りの外観

↑窓からはテムズ川とタワー・ブリッジの景観が楽しめる

おすすめメニュー
300gサーロイン・ステーキ £27
bistecca alla fiorentina a peso
イースト・アングリア産の伝統的な血統牛を35〜40日間熟成

おすすめメニュー
ビーフ・ウェリントン £98.50(2人前〜)
Beef Wellington, Dauphinoise Potatoes, Green Beans and Peppercorn Sauce
ジューシーなステーキ肉をパイ皮で包んで焼いたごちそう感のある一品

旬の食材が味わえる創作料理
45 ジャーミン St.
45 Jermyn St.
ソーホー〜コヴェント・ガーデン周辺 **MAP**付録P.22 C-4

赤のソファ席と淡いグリーンを合わせた大人のインテリア。朝食、ランチ、ディナーと伝統的な英国料理をアレンジした創作料理を提供。セットメニューもあり、季節によってキャビア、白トリュフなどの特製料理も自慢。

☎020-7205 4545 ✕Ⓤ Green Park グリーン・パーク駅から徒歩5分 🚩45 Jermyn St SW1Y 6DN 🈺7:30〜23:00 土曜8:00〜23:00 日曜8:00〜18:00 🈡無休 🚭🍴

↑朝食からディナーまでずっとOKのぜひ覚えておきたいお店

予算 Ⓛ£40〜 Ⓓ£50〜

↑「パイ料理には自信があります」

↑1階はカジュアルな雰囲気のパブ

おいしいビールとパブごはん
ウィンドミル・メイフェア
The Windmill Mayfair
ソーホー〜コヴェント・ガーデン周辺 **MAP**付録P.22 A-2

シェパーズ・パイやキドニー・パイなど、自慢のパイ料理が目白押し。毎朝手作りするパイは、全英パイアワードを3度も受賞するなどお墨付き。1階はパブで、2階に落ち着いて食べられるパイ・ルームがある。

☎020-7491-8050 ✕Ⓤ Oxford Circus オックスフォード・サーカス駅から徒歩5分 🚩6-8 Mill St, W1S 2AZ 🈺11:00(土曜12:00)〜23:00 日曜12:00〜19:00 🈡無休 🍴

おすすめメニュー
ウィンドミル・チーズバーガー £19
Dorset lamb Shepherd's pie
ドーセット産のラムをスロー・クックし、リークとチェダーチーズをマッシュしたものを混ぜてオーブンで焼き上げる

予算 Ⓛ£22〜 Ⓓ£30〜

➡チキン・ベーコンパイ £20

アート
エンターテインメント
グルメ
ショッピング
歩いて楽しむ
ホテル

イギリス特有のB級料理にも味に格差!

ウマいッ!フィッシュ&チップス**6**店

紙に包んでもらって立ち食いするフィッシュ&チップスだっておいしい店はおいしい。
そんなに美味を期待してはいけない、というのは昔のハナシ。この6店をお試しあれ!

とても気さくで親切な店員さん **Ⓐ**

➥あつあつでサクサクの
フィッシュフライにタル
タルソースをつけて**Ⓐ**

£16.50

➥ペースト状にしたグ
リーンピースも美味**Ⓐ**

£4.50

£13.95

➥伝統の味!平日の
お昼はスープにワイ
ンorドリンク付き**Ⓑ**

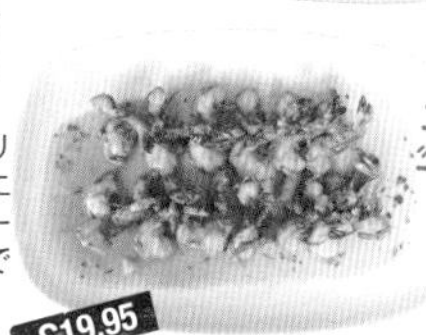

➥地中海エビグリ
ルはプリプリのエ
ビを濃厚なガー
リック・バターで
味付け**Ⓑ**

£19.95

ドリンクは定番のティー&ミルクがオススメ**Ⓑ**

Ⓐ
行列のできる人気店
ゴールデン・ハインド

The Golden Hind
ハイド・パーク周辺 **MAP** 付録P.13 F-1

1914年創業の専門店。タラなど
の大ぶりな新鮮白身魚をサクッと
フライ。老舗なのにカジュアルに
利用できるのもうれしい。
☎020-7486-3644 ❌ⓊBond
Streetボンド・ストリート駅から徒歩7分
⊕71a-73 Marylebone Lane, W1U
2PN⊙12:00～15:00(土曜は～
15:30) 18:00～22:00 ⊛日曜

Ⓑ
北ロンドンの有名店
トゥー・ブラザーズ

Two Brothers
ロンドン近郊 **MAP** 付録P.2 C-1

その名のとおり、双子の兄弟が運
営する。魚はマーケットから毎日直
送で新鮮。セレブや有名シェフに
もファンが多く、目撃情報多数。
☎020-8346-0469 ❌ⓊFinchley
Centralフィンチリー・セントラル駅から
徒歩3分 ⊕297-303 Regents Park Rd
N3 1D ⊙12:00～14:30 17:00～
22:00 ⊛月曜 🍷🍴

Ⓒ
遊び心とレトロ感あふれる
ポピーズ

Poppies
ショーディッチ～イースト・エンド周辺 **MAP** 付録P.11 E-4

1952年の創業以来、50's をテー
マに内装や制服を統一しているユ
ニークな店。魚は巨大でも脂っこ
くなく、サクッと食べられる。
☎020-7247-0892 ❌ⓊⓃⓄLiverpool
Streetリヴァプール・ストリート駅から徒
歩8分 ⊕6-8 Hanbury St, E1 6QR⊛
11:00～22:00(木～土曜は～23:00)
⊛無休 🍴

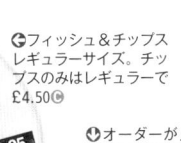

揚げたてのアツアツをどうぞ **D**

👈 フィッシュ＆チップス
レギュラーサイズ。チッ
プスのみはレギュラーで
£4.50 **C**

£4:50

£18.95

👇 オーダーが入ってか
ら揚げるのでいつも揚
げたて。ラージは£24 **D**

£20

オーナーのポップさんが集めたグッズが店内に **C**

ノース・ロンドンの教会の近くに位置する **E**

F I

Toff's

👈 常連さんに大人
気のフィッシュ＆
チップス。週に数
回通うファンも！
E

£18.50

👆 付いてくるカレーソースが絶品。味を変えな
がら食べることができるので、飽きない **F**

£22.50

D 常に数種類の白身魚を用意

ロック＆ソール・プレイス

Rock & Sole Place
ソーホー・コヴェント・ガーデン周辺 **MAP** 付録P.23 F-1

創業1871年、白身魚の名前を並
べたユーモラスな店名の老舗。観
劇街に店を構え、英国産の魚を使
用。魚は常に数種類から選べる。
☎ 020-7836-3785 ❌ Ⓤ Covent
Garden コヴェント・ガーデン駅から徒
歩5分 🚇 47 Endell St, WC2 9AJ ⏰
12:00～22:00(日曜は～21:00) 🚫 無
休 🍴

E 賑やかで庶民的な雰囲気

トッフズ

Toff's
ロンドン近郊 **MAP** 付録P.2 C-1

店内利用・テイクアウトともに人
気で、行列のできる有名店。魚は
種類豊富で、いつも揚げたてカリ
カリのフライが楽しめる。
☎ 020-8883-8656 ❌ Ⓤ Highgate ハ
イゲート駅から徒歩19分 🚇 38 Muswell
Hill Broadway, N10 3RT ⏰ 11:30～
22:00(LO21:00) 🚫 日曜 🍴

F シティにできた新店舗にも注目

メイフェア・チッピー

The Mayfair Chippy
ハイド・パーク周辺 **MAP** 付録P.13 F-2

定番フィッシュ＆チップスのほか、
シーフードや、シェパーズ・パイ
などの伝統料理に現代的なセンス
を加えたメニューで人気。
☎ 020-7741-2233 ❌ Ⓤ Bond
Street ボンド・ストリート駅から徒歩4分
🚇 14 North Audley St, Mayfair,
W1K 6WE ⏰ 11:30～21:30 (金・土曜
は～22:30) 🚫 無休 🍴

アート

エンターテインメント

グルメ

ショッピング

歩いて楽しむ

ホテル

カキやドーバーソール！食材で勝負する店！

なにより新鮮！シーフード ⑤ 店

どこの国のカキが美味かを競えば日本産に票が集まるかと思うが、種類の多さではどうか。
流通手段の進化で内陸のロンドンでも新鮮な魚介を提供している。白ワインで舌鼓！

産地の異なるカキを食べ比べ

ベントレーズ・オイスター・バー＆グリル

Bentley's Oyster Bar & Grill

ソーホー〜コヴェント・ガーデン周辺 MAP 付録P.22 C-3

1916年創業の老舗。多いときには1日に1000個は提供するというカキは新鮮そのもの。ロブスターやドーバーソール（舌平目）といったシーフードのグリル料理も評判だ。毎週金曜の夜にはピアノのライブ演奏もある。

☎020-7734-4756 ✖Ⓤ Piccadilly Circus ピカデリー・サーカス駅から徒歩5分 ㊅11-15 Swallow St, W1B 4DG ⊗12:00〜15:00（日曜は〜22:00）⑭土曜のランチ、日曜のレストラン

リージェント Stを一本入った裏道にある。オイスターの看板が目印

予算 Ⓛ£30〜 Ⓓ£70〜

🔼クラシックな雰囲気の店内

新鮮なカキの盛り合わせ
Native Oysters
オイスターバーカウンターに座ると職人のヘリオさんが目の前でさばいてくれる £30〜（6個）

ダブリンベイ・プロウンズ
Dublin Bay Prawns, Mayonnaise
レモンを搾りマヨネーズを少しつけて食べる £21.50

生カキメニューは黒板をチェック

ジ・オイスターメン・シーフード・バー＆キッチン

The Oystermen Seafood Bar & Kitchen

ソーホー〜コヴェント・ガーデン周辺 MAP 付録P.15 D-2

新鮮なシーフードが評判の人気店。毎日、各地から取り寄せる新鮮な生ガキもおすすめだが、一番人気はイギリス南西部デヴォン州のカニをまるごと使った一皿。アイオリソースをつけて食べよう。

☎020-7240-4417 ✖Ⓤ Covent Garden コヴェント・ガーデン駅から徒歩3分 ㊅32 Henrietta St, WC2E 8NA ⊗火〜日曜12:00〜15:00 月〜土曜17:00〜22:00 ⑭無休

毎日お店に立つオーナーのマット（左）とロブ（右）

予算 Ⓛ£30〜 Ⓓ£60〜

ドーセット産イカのスパイシーブロス
Dorset Squid, N'duja & Zhoug Broth, Baby Gem
ポークと香味野菜の効いたスープはブイヤベース風

日替わりの生ガキ
Daily Fresh Oysters
その日いちばんのカキを選んで仕入れるこだわり

カキ2個£9〜

デヴォン産のブラウンクラブ、アイオリソース
Whole Undressed Devon Brown Crab, Garlic Aioli
一番人気のカニはガーリックの効いたソースでいただく

🔼海辺の街を思わせる内装。新鮮なシーフードならぜひここへ

グラスワインの種類が豊富
ランダル&オービン
Randall & Aubin Restaurant
ソーホー〜コヴェント・ガーデン周辺
MAP 付録P.23 D-2

↑黒板の日替わりメニューに注目しよう

フランス料理の手法を取り入れたシーフード料理が楽しめる。マン島で採れたホタテなど、珍しいシーフードもあるので日替わりのスペシャルメニューは要チェック。ロティサリーでじっくりとグリルした肉料理も評判。

☎020-7287-4447 ⊗Ⓤ Piccadilly Circus ピカデリー・サーカス駅から徒歩6分 ㊀16 Brewer St, W1F 0SQ ⌚12:00〜0:00(日曜は〜23:00) ㊖無休 💳🔲(ランチのみ)

生ガキ
Fresh Oysters
レモンやチリ、お好みのソースを添えて **£16.60〜**(半ダース)

ロブスターハーフ
Lobster Half
ガーリックバターが食欲をそそる。サラダとフレンチフライ添え **£35**

エイヒレ、ハーブとブラウン・シュリンプ・バター
Ray Wing, Sea Herbs & Brown Shrimp Butter **£26**
新鮮なシーフードを主役にバターソースを絡めたフレンチ風

ゆったりと流れる景色も味わう
ロンドン・シェル・コー
London Shell Co.
リージェンツ・パーク周辺 **MAP** 付録P.12 B-1

狭い運河に適したロンドンならではの船、ナローボートを改装したレストラン。リージェンツ運河のクルージングしながらのディナーは5品コースで£75。市場直送の新鮮な食材のメニューは日替わり。

☎7818-666005 ⓁⓂ Paddington パディントン駅から徒歩7分 ㊀Sheldon Square, W2 6PY ⌚12:00〜14:30 17:30〜21:30(クルーズディナーは水〜土曜の18:00と19:00出発) ㊖月・日曜 💳🔲

↑天窓から陽光が降り注ぐ、開放感あふれる店内

鮮魚店併設で新鮮さには自信あり
フィッシュワークス
FishWorks - Swallow Street
ソーホー〜コヴェント・ガーデン周辺 **MAP** 付録P.22 C-3

その日採れた魚介類から好きなものを好きな調理法でオーダーできる。10種類以上の料理が盛り合わせになったシーフードプラッターは(2人前£90)は見た目も華やかだ。マリルボーンとコヴェント・ガーデンに支店がある。

☎020-7734-5813 ⊗Ⓤ Piccadilly Circus ピカデリー・サーカス駅から徒歩4分 ㊀7-9 Swallow St, W1B 4DE ⌚12:00〜22:00(金・土曜は〜22:30)、ショップ9:00(日曜10:00)〜22:00 ㊖無休 💳🔲

↑新鮮さとサステナブルな素材調達にこだわる名店

↑期待の高まるディスプレイ

コーンウォール産サバのスパイス焼き
Spicy blackened Cornish mackerel fillets **£19.50**
炭火焼きチコリ、茎ブロッコリー、カリフラワーピュレ添え

シーフードグリル盛り合わせ
Grilled Seafood Platter **£35**
ホタテ(白ワインとガーリックバター)、スズキ、鯛、エビ(チリ&ジンジャー風味)

アート
エンターテインメント
グルメ
ショッピング
歩いて楽しむ
ホテル

味に間違いナシ!インド料理⑥店

19世紀からだからもう、これも英国の伝統料理!

大英帝国時代にインドを植民地にした歴史から、移民とともに香辛料と料理も流入した。
保守的なインド人たちが自分たちの舌を信じつつも味を進化させ絶品料理を完成させた!

活気あふれる老舗インド店
タヤブス
Tayyabs

ショーディッチ～イーストエンド周辺 **MAP** 付録P.17 F-1

パキスタン・パンジャブ系インド料理店。あつあつの鉄板皿で出される骨付きラムチョップやシークケバブや石窯で焼いたナンなどが人気。レモンがアクセントのエビカレーなどカレーも豊富に揃う。

☎020-7247-9543 ⊗Ⓤ⑭ Liverpool Street リヴァプール・ストリート駅から徒歩15分 🚇83-89 Fieldgate St，E1 1JU ⏰12:00～23:30 ⑯無休 🍷

手前左から奥へ、ドライ・ミート（小）、ミックス・グリル、ダール、ガーリックナン（右）。ドリンクはマンゴーラッシー&スイートラッシー

➲ジュージューと煙が立ち上る鉄板がひっきりなしに通り過ぎる

➲目の行き届いた家族経営。仲の良い3兄弟で経営している

予算 Ⓛ£20～ Ⓓ£20～

ジャックフルーツ・ビリヤニ£10.90、カチュンバー£3.50、チキン・ルビー£15.90、ラム・ボティ£10.20などインド料理の数々

モダンインド料理の人気店
ディシューム・カーナビー
Dishoom Carnaby

ソーホー・コヴェント・ガーデン周辺 **MAP** 付録P.22 B-2

1960年代のボンベイのカフェを再現したレトロモダンな店。HOUSE BLACK DAAL(ハウス・ブラック・ダール)という奥深いスパイスが香るレンズ豆カレーが看板メニューで、オクラのフライ、チキングリルなどタバス風の料理も人気。

☎020-7420-9322 ⊗Ⓤ Oxford Circusオックスフォード・サーカス駅から徒歩4分 🚇22 Kingly St, W1B 5QP ⏰8:00～23:00(金曜は～24:00) 土・日曜9:00～24:00 ⑯無休 🍷

予算 Ⓛ£25～ Ⓓ£35～

⬆⬆➲8個の賞を受賞した人気のインディアン・レストラン。イギリス国内には10軒の店をオープンしている

洗練された創作料理
ベナレス
Benares Restaurant & Bar
ソーホー〜コヴェント・ガーデン周辺
MAP 付録P.22 A-3

ミシュラン1ツ星を獲得の高級インド料理店。エレガントな内装で、インド各地の味を融合させたモダンな創作料理が楽しめる。盛り付けは美しく、スパイスの使い方が絶妙なコース料理のほか、アラカルトも充実。

メインコースから、ヒラメのサンバルソース（手前）。奥はアペタイザーとして生ガキ

☎020-7629-8886 🚇ⓊGreen Park グリーン・パーク駅から徒歩10分 🏠12A Berkeley Square House, Berkeley Square, W1J 6BS 🕐12:00〜14:30 17:30〜22:30 🏠無休 ※ドレスコード(スマート・カジュアル) 🍷💳

予算 Ⓛ£55〜 Ⓓ£80〜

⬆エグゼクティブ・シェフ、タネジャ氏
➡インド料理店のなかでもクラス感あり。上品な色使いが落ち着く

ディープなカレー体験
アラジン・ブリック・レーン
Aladin Brick Lane
ショーディッチ〜イースト・エンド周辺 **MAP** 付録P.11 E-4

カレー通りとして有名なブリック・レーンにある。チキン、ラム、エビ、野菜などご飯に合う濃厚な旨みを出すバングラデシュ風カレーが自慢。単品のほか、スターター、カレー、ナンかライスがついたセットもある。

☎020-7247-8210 🚇Ⓤ Shoreditch High Street ショーディッチ・ハイ・ストリート駅から徒歩7分 🏠132 Brick Lane , E1 6RU 🕐12:00〜0:00 (日曜は〜22:30) 🏠無休 💳

予算 Ⓛ£20〜 Ⓓ£30〜

⬆お茶目なウェイターがサーブしてくれる

⬆元気な色づかいの外観は、通りでも目立つ存在だ

手前からタンドーリ・キング・プローン£17.95、ピラウ・ライス£3.50、チキン・モドゥカーシュ£14.95、ハリャリ・チキン・マサラ

カレーとライス、バコラ、サラダで£29

満足度の高いヴィーガン料理
アムルサ・ラウンジ
Amrutha Lounge
ロンドン近郊 **MAP** 付録P.2 C-3

さわやかなスパイスがアクセントになったグリーン・カレーやパコラなど野菜をふんだんに使ったヴィーガン料理が楽しめる店。店内はアットホームな雰囲気で、ビールやワインの持ち込みもOK。

⬆駅から近く、カジュアル使いしたい店構え

☎020-8011-4628 🚇Ⓤ Earlsfield アールズフィールド駅から徒歩2分 🏠326 Garratt Lane | Earlsfield, SW18 4EJ 🕐18:00(土曜13:00)〜20:00(日曜は〜21:00) 🏠月曜 💳

予算 Ⓛ£25〜 Ⓓ£35〜

⬆味付けは細やかで繊細、見た目も美しく食欲をそそる

市内最古の印度料理店
ヴィーラスワミー
Veeraswamy
ソーホー〜バッキンガム宮殿周辺
MAP 付録P.22 C-3

1926年創業。伝統の味から洗練されたオリジナル料理までバリエーション豊かなメニュー。最高品質のローカル食材を使用し、王室のレシピに基づいたロイヤル・メニューが人気。ミシュラン1ツ星。

☎020-77341401 🚇Ⓤ Picuddilly circus ピカデリー・サーカス駅から徒歩2分 🏠Victory House, 99 Regent St, W1B 4RS 🕐12:00〜14:15 土・日曜12:30〜14:30 17:30〜22:30 日曜・祝日18:00〜20:00 🏠無休 💳🍷 ＊ドレスコードあり／ショートパンツやスポーツウエアはお断り

➡シャンデリア下のセッティング・テーブル

予算 Ⓛ£50〜 Ⓓ£60〜

⬆カラフルな色彩でラグジュアリーな雰囲気

前菜は卵のサラダ、ラム・ミンチのケバブ、メインの海老カレー、チキンのペースト包み£39

アート
エンターテインメント
グルメ
ショッピング
歩いて楽しむ
ホテル

ペルー料理
素材の味わいを楽しむ

パチャママ
Pachamama

ハイド・パーク周辺 **MAP**付録P.13 F-1

色とりどりの地元産食材をふんだんに使い、モダンでヘルシーに仕上げたペルー料理が人気。カクテルも充実している。店内はビストロのようなカジュアルな雰囲気で、バーカウンターにテーブル席、ダイニングルームも。

☎020-7935-9393 ⊗ⓊBond Streetボンド・ストリート駅から徒歩5分 ㊿18 Thayer St, W1U 3JY ⏰12:00〜15:00 18:00〜23:00 土・日曜11:00〜16:00 18:00〜23:00 ㊡無休

予算 Ⓛ£30〜 Ⓓ£60〜

➡女性に人気のシャビーシックな店内。いろいろなコーナーがあり楽しい

スモークド・チェダー・テキーノ
Smoked Chedder Tequeos

カリッと揚げたチーズの春巻でお酒もすすむ

£9

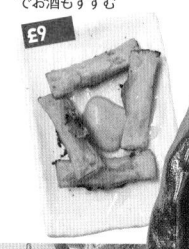

£13

ポークベリー・チカロン
Pork Belly Chicharrones

ちょっと甘辛い豚肉が後を引く、日本人好みの味

食通の移民も多いイギリスだからこその名店

問題なしの美味!エスニック⑤店

もともとイギリスは移民に寛容で、戦後は積極的に多様な移民を受け入れてきた。移住してきた人々は故国特有の店を持ち、切磋琢磨し、エスニック料理は進化した。

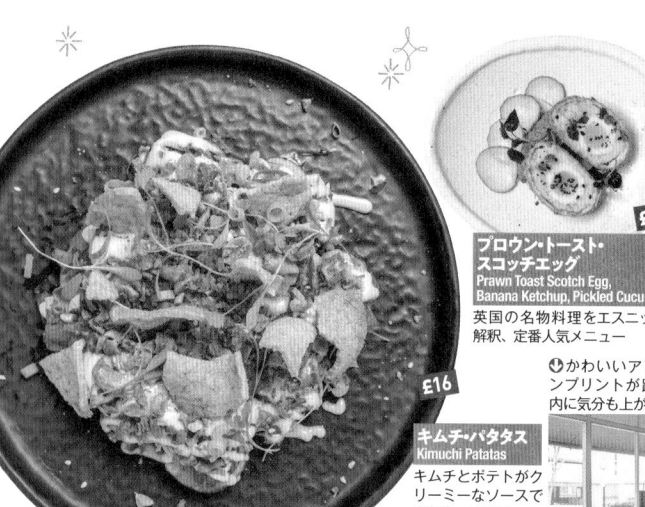

£16

キムチ・パタタス
Kimuchi Patatas

キムチとポテトがクリーミーなソースでまとまっている

£9.50

ブラウン・トースト・スコッチエッグ
Prawn Toast Scotch Egg, Banana Ketchup, Pickled Cucumber

英国の名物料理をエスニックに解釈、定番人気メニュー

アフリカ・アジア料理
洗練されたフュージョン

ジコニ
Jikoni

ハイド・パーク周辺 **MAP**付録P.13 E-1

多国籍なバックグラウンドを持つ有名インド系シェフが手がけるレストラン。ロンドンをベースに、東アフリカ、中東、アジアまでさまざまな要素を取り入れている。内装は家庭的で、ファブリック類もおしゃれ。

☎020-7034-1988 ⊗ⓊBond Streetボンド・ストリート駅から徒歩9分 ㊿19-21 Blandford St, W1U 3DH ⏰水〜金曜12:00(土・日曜11:00)〜16:00 木〜日曜17:00〜22:00 ㊡月・火曜

➡かわいいアフリカンプリントが躍る店内に気分も上がる

予算 Ⓛ£30〜 Ⓓ£50〜

アート

エンターテインメント

グルメ

ショッピング

歩いて楽しむ

ホテル

予算 Ⓛ£30〜 / Ⓓ£45〜

➡古い写真が飾られた、昔ながらの風情に浸る常連も多い

ギリシャ料理
フレンドリーで家庭的
ダフネ
Daphne Restaurant
大英博物館〜キングス・クロス周辺
MAP付録P.8 A-1

本場のギリシャ料理がリーズナブルに味わえるとあって人気。多種多様なスターターもいいが、一番のオススメはラム肉の炭火焼き。カムデン・タウンの裏路地にあり、こぢんまりとして隠れ家のような雰囲気も◎。

☎020-7267-7322 ✕Ⓤ Camden Townカムデン・タウン駅から徒歩4分 🚍83 Bayham St, NW1 0AG ⏰12:00〜14:30 17:30〜22:30 🛌日曜、祝日 📞🍴

アフェリア
Afelia
豚のワイン煮込み、シナモンとコリアンダーのスパイスが効いている

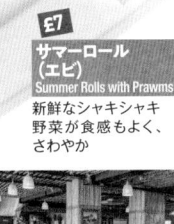

£7

サマーロール（エビ）
Summer Rolls with Prawns
新鮮なシャキシャキ野菜が食感もよく、さわやか

予算 Ⓛ£18〜 / Ⓓ£25〜

ベトナム料理
在英ベトナム人にも人気
ミエン・タイ
Mien Tay
ショーディッチ〜イースト・エンド周辺
MAP付録P.11 D-2

ベトナム料理店が集中しているキングスランドRdで長く愛されている老舗。エビの生春巻や牛肉のフォーなどを筆頭に、野菜たっぷりでやさしい味付けの料理が豊富に揃う。気軽に楽しめる価格帯と雰囲気も魅力。

➡バンブー使いがアジアンテイストの店内

☎020-7739-3841 ✕Ⓤ Hoxtonホクストン駅から徒歩3分 🚍106-108 Kingsland Rd, E2 8DP ⏰12:00〜22:30(金・土曜は〜23:00) 🛌無休 📞🍴

ムサカ
Moussaka
トレーで一気に焼かず、ひとつひとつ注文ごとに仕上げるのがうれしい

ホリアティキ・サラダ
Horiatiki Salad
フェタチーズとキュウリ、トマト、オリーブのサラダ

中東系料理
モダンロンドンの到達点
オットレンギ・ノピ
Ottolenghi Nopi
ソーホー〜コヴェント・ガーデン周辺
MAP付録P.22 B-2

オーナーシェフの出身地・イスラエルのレシピを源流として、中東、地中海、アジアとさまざまな地域をクロスオーバー。スパイスやハーブを効かせ、自由な発想で作り上げるフュージョン料理が評判を呼んでいる。

予算 Ⓛ£45〜 / Ⓓ£60〜

☎020-7494-9584 ✕Ⓤ Piccadilly Circusピカデリー・サーカス駅から徒歩5分 🚍21-22 Warwick St, W1B 5NE ⏰11:00〜15:00 17:00〜22:30 金・土曜11:30〜22:30、日曜12:00〜16:00 🛌無休 📞🍴

➡キッチンが垣間見られるリラックスした雰囲気

ひな鳥の二度焼き
Whole twice-cooked baby chicken, lemon myrtle salt, chilli sauce
香ばしく焼き上げたまるごとのひな鳥に、レモンマートルソルトとチリソースを添えて

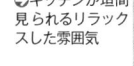

紅茶大国イギリスだからスイーツだって最高!
「映える」保証付きのスイーツ 9 店

イギリス人は昔から食事については口を閉ざすが、スイーツだけはとやかく言わせないのだそうだ。たしかに、おいしい。牛乳やバターやクリームがおいしいから当然といえば当然なのだ。

パステルと花の世界に浸る
ペギー・ポーション
Peggy Porschen
ケンジントン～チェルシー周辺
MAP付録P.18 C-3

フォトジェニックさで際立つチェルシーのカップケーキ・カフェ。季節ごとに変わるディスプレイも必見。ケイト・モスなどセレブリティたちのお気に入りというのも納得だ。

☎ 020-7730-1316 ❌ Ⓤ Sloane Square スローン・スクエア駅から徒歩15分 🚌 219 King's Rd, SW3 5EJ ⏰ 8:00～ 20:00 🈔 無休 🍴

⤴ショッピングストリート、キングスRdに位置し、買い物の合間の休憩にも

ブラックベリーの
カップケーキ
➡色鮮やかなフルーツ・ベースはいつも人気のフレーバー
・£4.95

塩キャラメル・
カップケーキ
➡人気の塩キャラメル味にトフィーポップコーンをトッピング
・£4.95

➡おとぎ話から飛び出してきたようなキュートさ(上)。お祝いに人気の華やかなホールケーキ。店内ではスライスで注文も(下)

ブラックベリー
のカップケーキ
がピンクの店内
に映える

通りにディスプレイされた花の自転車が目印

世界一インスタ映えするスイーツ！

ノット・チュロス
The Knot Chuross
ケンジントン～チェルシー周辺
MAP付録P.18 B-2

パステルカラーを基調としたメルヘンチックな装いで、オリジナリティあふれるチュロスが勢揃い。夏場はアイスクリーム＆チュロスが大好評。2017年ロンドンにオープンして以来インスタでブームとなり、今や世界約350店に拡大。

☎なし ❌ Ⓤ Southkensingtonサウス・ケンジントン駅から徒歩2分 🏠13 Bute St, South Kensington, SW7 3EY 🕐12:00～22:00 土・日曜9:00～23:00 🗓無休 💳

£8.80

£7.48

オリジナルの味にホワイトチョコ、ピスタチオなどでアレンジもOK

グレーズド・チュロス（ピンク）
⬆ピンク、ダークチョコ、ホットカスタードからトッピングを選ぶ

クラシックシナモンチュロス（ストロベリーディップ付き）
⬆シナモンパウダーが決め手のオリジナル味。お好みのディップで

⬆ピンクルーフとミントグリーンの壁が目印

揚げたてのチュロスを1つづつ飾り付け

£11.04

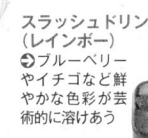

スラッシュドリンク（レインボー）
➡ブルーベリーやイチゴなど鮮やかな色彩が芸術的に溶けあう

£8.28

ミルクシェーク（ザ・オーシャン）
⬅オリジナルの味にホワイトチョコ、ピスタチオなどでアレンジもOK

カラフルで豪華、心躍るビスキーをお茶のお供に

アフタヌーンティーも好評
カッター＆スクイッジ
Cutter & Squidge
ソーホー～コヴェント・ガーデン周辺
MAP付録P.22 C-2

ケーキとビスケットの間のような生地に、クリームを挟んだビスキーが看板商品。健康的なスイーツを目指し、バターや砂糖は必要最低限に。上品な甘さで日本人の口にも合う。

☎020-7734-2540 ❌ Ⓤ Piccadilly Circusピカデリー・サーカス駅から徒歩5分 🏠20 Brewer St, W1F OSJ 🕐11:00～19:00 🗓無休 💳

ラズベリーアイスティー
➡甘くないので飲みやすく、ビスキーと相性がいい

ストロベリー＆クリーム
⬅イチゴのさっぱり感とリッチなクリームが最高の組み合わせ

⬆ソーホーの街歩きに疲れたらひと休み

⬆オレンジをアクセントにしたポップな店内

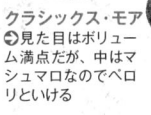

クラシックス・モア
➡見た目はボリューム満点だが、中はマシュマロなのでベロリといける

アート

エンターテインメント

グルメ

ショッピング

歩いて楽しむ

ホテル

113

GOURMET

ハンドメイド高級ドーナツが大人気！
クロスタウン
Crosstown

ピカデリー・サーカス周辺 MAP 付録P.22 C-1
2014年に露店から創業し、ロンドンっ子の支持を受けて現在16店舗へと拡大。毎日、新鮮な果物やナッツの仕込みからトッピングまですべて手作り。本物の味を追求する。
☎020-77348873 ❌Ⓤ Oxford circus オックスフォード・サーカス駅から8分 🚇4 Broadwick St, W1F 8WA ⏰9:00(日曜10:00)〜20:00(木・金曜は〜21:00 土曜10:00〜21:00, 🈂無休 🍴

"ビーガンサワー種発酵"がふんわり、もっちりした食感の秘密

£5

ピーナッツバター
Ⓤアメリカンピーナッツバターとゼリーの組み合わせ

ピスタチオローズ
Ⓤピスタチオとローズ・カスタードを詰めた見た目もカワイイ一品

£5.50

⬆ガラスケースの中にカラフルなドーナツが並ぶ

⬆黒一色の店構えがシンプルでクールと話題

連日行列ができる人気デリ
オットレンギ
Ottolenghi

ハイド・パーク周辺 MAP 付録P.4 A-2
中東や地中海料理のエッセンスを取り入れた野菜たっぷりのデリ料理が人気だが、スイーツも評判。スコーンやタルトなど、イギリスらしい焼き菓子が10種類ほど並ぶ。
☎020-7727-1121 ❌Ⓤ Notting Hill Gate ノッティング・ヒル・ゲート駅から徒歩10分 🚇63 Ledbury Rd, W11 2AD ⏰8:00〜19:00 日曜8:30〜18:00 🈂無休 🍴

野菜が中心のちょっとスパイシーな惣菜で超人気店となっているが、実はスイーツも大人気！

⬅ラズベリーのメレンゲは口の中でたちまちとろける

真っ白な内装の店内にカラフルな惣菜や焼き菓子が華やかに並ぶ

ミシェラン星のシェフを招聘
ケークス＆バブルズ
Cakes & Bubbles by Albert Adrià

ピカデリー・サーカス周辺 MAP 付録P.22 C-3
"世界のベストレストラン50"で世界最優秀パティシエに選ばれ、地元スペインで次々とミシェラン3ツ星を獲得したシェフ、アルバート・アドリアを迎えてオープン。
☎020-4571-6745 ❌Ⓤ Piccadilly Circus ピカデリー・サーカス駅から徒歩2分 🚇 Hotel Café Royal, 70 Regent St,W1B 4DY ⏰11:00〜21:00 🈂無休

⬆ホテル・カフェ・ロイヤルに併設される豪華な一流カフェ

ラズベリーケーキ
Ⓤラズベリームースをスポンジケーキで包んだ繊細で上品な味

エレガントなインテリアがゆったりくつろげる空間を演出する

£6

お店の伝統のチーズケーキ
⬇シルキーな最高級バロン・ビゴッドチーズとホワイトチョコの融合

£15

アート

エンターテインメント

グルメ

ショッピング

歩いて楽しむ

ホテル

絶対に喜ばれるロンドンみやげ
ビスケッティアーズ・ブティック&アイシング・カフェ
Biscuiteers Boutique and Icing Cafe

ハイド・パーク周辺 **MAP**付録P.4 A-2

カラフルなアイシング・ビスケットの店。季節ごとに新しいコレクションが発表されるほか、ロンドンらしいモチーフの定番シリーズもディスプレイ。メッセージ入れも可能だ。マカロンやブラウニーなどのスイーツもあり、カフェも併設している。

☎020-354-6650 ✖Ⓤ Ladbroke Groveラドブローク・グローヴ駅から徒歩6分 ➍194 Kensington Park Rd, W11 2ES ⏰10:00〜18:00 日曜11:00〜17:00 ❹無休 💶

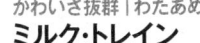

↑定番ビスケットは1枚£7.95。個別包装されていておみやげに最適

ラブリーなデザインの箱に入った詰め合わせはプレゼントに！

↑レトロな外観がノッティン・ヒルの街並みに映える

ユニコーン
➔大ブレイクした綿あめソフトは味やトッピングをお好みで選んで

£8.45

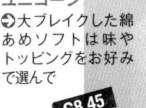

かわいさ抜群「わたあめソフト」
ミルク・トレイン
Milk Train

ソーホー〜コヴェント・ガーデン周辺 **MAP**付録P.15 D-2

ロンドン交通博物館の裏手にあるキュートなソフトクリームで人気のスイーツ店。雲のようなわたあめをあしらったデコレーションに心奪われる。ソフトクリームのみで£4.95から。トッピングによって料金が変わる。

☎なし ✖Ⓤ Covent Garden コヴェント・ガーデン駅から徒歩4分 ➍12 Tavistock St, Covent Garden, WC2E 7PH ⏰13:00〜21:00(日曜は〜20:00) ❹月曜 💶

£6.50

チョコ&オレオ
↑チョコ×ココアの組み合わせで街歩きの疲れも吹き飛ぶ

ディナー後、デザートに立ち寄るのもおすすめ

創業1875年の老舗
シャボネル・エ・ウォーカー
Charbonnel et Walker

ソーホー〜コヴェント・ガーデン周辺

MAP付録P.22 B-3

英国王室御用達のチョコレート店で、エリザベス女王もこの店がお気に入りだったとか。一番人気はピンクシャンパンを使ったトリュフチョコ。パステル調のパッケージも魅力だ。

☎020-7318-2075 Green Parkグリーン・パーク駅から徒歩5分 ➍28 Old Bond St, W1S 4BT ⏰10:00〜18:30 日曜12:00〜17:00 ❹無休 💶

↑大きなウインドーから、かわいらしく飾られた店内をのぞくことができる

£43

ユニオン・フラッグ・チョコレート・セレクション
↑ユニオンジャック柄が目立つ、さまざまな味が楽しめるセレクションボックス

カラフルなボックスが並ぶ店内。お願いするとかわいくラッピングしてくれる

£18

£18

トリュフ
➔看板商品のトリュフボックス。一番人気はピンクのパッケージのシャンパン・トリュフ

£18

ミニ・ハート
➔女性に喜ばれるミニハートシリーズ

各£8.50

紅茶よりコーヒーが飲みたくなる人も多いでしょ

おしゃれな**カフェ⑥**店

**実はイギリスで17～18世紀頃好まれていたのは、紅茶よりコーヒーだったらしい。
今もカフェは英国内で2000店あるという。チェーン店もあり、本格派も増えている。**

芸術品に囲まれてティータイム

V&Aカフェ

The V&A Café
ケンジントン～チェルシー周辺 **MAP** 付録P.18 C-1

世界初のミュージアムカフェと
して知られるヴィクトリア＆ア
ルバート博物館のカフェ。1868
年オープンのモリス・ルームや
ギャンブル・ルームでは大英帝
国時代の栄華を感じて。
☎020-7581-2159 ⊗①South
Kensington サウス・ケンジントン駅
から徒歩5分 ⊛Victoria and Albert
Museum, Cromwell Rd,SW7 2RL
⊛10：00～17：00 ⊛無休 □

豪華壮麗なギャンブル・
ルームはジェームズ・
ギャンブルによるもの

⬆ケーキのほかにサンド
イッチ、サラダなどフー
ドの種類が豊富

⬆キャロットとピスタチ
オのケーキ

⬆ベーシックな焼き菓子は根強い人気

新鮮なフルーツのデザート天国

レト・カフェ

L'ETO Caffe
ピカデリー・サーカス周辺
MAP 付録P.22 C-1

店のコンセプトはフレッシュな
果実を使ったグルメ・デザート。
オリジナリティあふれるケーキ
が大集合。明るい雰囲気の店内
で上品なティータイムからカ
ジュアルな食事まで楽しめる。
☎020-36217-77000 ⊗①Oxford
circus オックス・フォードサーカス駅か
ら8分 ⊛155 Wardour St, London
W1F 8WG ⊛9:00～23:00 ⊛無休
□
⬆ショーウインドーのヴィヴィット
なケーキに道行く人が足を止める

夏をイメージした"花・
明るさ・鮮やかさ"を
強調したインテリア

⬆ココナツ・マンゴ £
8.90と紅茶£6を含めた
ココナツ・マンゴ£8.90
と紅茶£6

⬆ピスタチオ＆ローズ £
8.90を含めたピスタチオ
＆ローズ£8.90

植物園でいただくアフタヌーンティー

ザ・ボタニカル

The Botanical
ロンドン近郊 **MAP** 付録P.2 A-3

フィンガーサンドイッチ、スコーン、ミニ・ティーケーキで1人£37.50

↑ヴィクトリア・ゲート近くにあって便利

↑植物標本や図表などが展示されている

世界遺産の王立植物園キューガーデンにある。 レストランだがアフタヌーンティーが楽しめるためにカフェとして紹介。窓から温室のパームハウスが見える絶好のロケーション。

☎020-8332-5655 ⊗⑪Kew Gardensキュー・ガーデンズ駅から徒歩8分 ⑰Kew Gardens, Kew, Richmond,TW9 3AE ⊛10:00〜16:45(アフタヌーンティー14:00〜16:45)⊛無休 ☕🍴

都会のオアシスにある公園カフェ

セント・ジェイムズ・カフェ

St James's Cafe
バッキンガム宮殿〜ウエストミンスター寺院 **MAP** 付録P.14 C-4

広々とした店内だがランチどきは満席になることも多い

↑屋外で食事することもできる

↻チェリーとアーモンドのペストリー

↻キャロットケーキはイギリス人が大好きなスイーツ

バッキンガム宮殿にも近い王立公園のセント・ジェームズ・パーク内にあるカフェ。窓から見える緑の木々や池の噴水に心が癒される。公園散策の途中に立ち寄ってみたい。

☎020-7839-1149 ⊗⑪Charing Crossチャリング・クロス駅から徒歩5分 ⑰St James's Park, SW1A 2BJ ⊛8:00〜18:00(LO19:00)⊛無休 🍴

バラ色のフォトジェニックな世界

イーエル&エヌ

EL&N London - Park Lane
ハイド・パーク周辺 **MAP** 付録P.13 F-3

ショッキングピンクを基調とした派手な店内

↑選ぶのを迷ってしまう目移りしそうなスイーツ群

↻ピスタチオ&ラズベリーをサンドした深紅の大型マカロン£7.50

Eat, Live & Nourish(食・生・育む)の頭文字を店名にしたスタイリッシュな店。2017年の創業以来、斬新なインテリアと極上スイーツで世界に大旋風を巻き起こしている。

☎020-7491-8880
⊗⑪Hyde Park Corner ハイド・パーク・コーナー駅から9分 ⑰48 Park Ln, W1K 1PR ⊛7:30〜23:00(金・土曜は〜0:00)⊛無休 🍴

地元民にもファンが多い和風カフェ

和カフェ

Wa Café
ソーホー〜コヴェント・ガーデン周辺 **MAP** 付録P.13 F-1

イギリスでは抹茶が大ブーム。

↑ディテールまでこだわるケーキの数々に目移りしそう

↻焼きたてのパンがお昼頃から棚に並ぶ

ロンドン西部で在英日本人や地元イギリス人に評判のカフェがウエスト・エンドに進出。日本人パティシエによる和テイストを取り入れたケーキや惣菜パン、抹茶ドリンクが人気。

☎020-7240-5567 ⊗⑪Covent Gardenコヴェント・ガーデン駅から徒歩5分 ⑰5 New Row, WC2N 4LH ⊛10:30〜19:00(LO18:45)⊛無休 🍴

アート

エンターテインメント

グルメ

ショッピング

歩いて楽しむ

ホテル

サンドイッチはランチの定番メニューなのだ!
多種多彩のサンドイッチ**4**店

周知のように、サンドイッチは、18世紀にパンに具を挟んで食べた伯爵の名前だという。ロンドンで食べるのは格別というもの。さすがに元祖は種類が多くていろいろある。

お好みに応える超贅沢サンド
Ａ ウィッチ・ウィッチ・スーペリア・サンドイッチ
Which Wich Superior Sandwiches

ピカデリー・サーカス周辺
MAP 付録P.23 E-1

基本メニューを選択後、40種の中からレタス、ピクルスなど自由にトッピングできる。サンドイッチの常識を覆す美味しさ!
☎020-38796677 ✕Ⓤ Tottenham Court Roadトッテナム・コート・ロード駅から徒歩3分 🚇 Unit 8 Central St. Giles, London WC2H 8AG 🕐8:30~21:00(金曜は~20:00) 土曜11:00~22:00 日曜11:00~20:00 ⓗ無休 🍴

⬆小さめの店内だが、地下にも少し座れるスペースがある

コンビニ感覚で利用できる
Ｂ プレタマンジェ
Pret A Manger

ソーホー~コヴェント・ガーデン周辺
MAP 付録P.23 E-2

英国内に多数あるチェーン店。店舗内にあるキッチンでその日に作られたサンドイッチを販売しているため商品はどれもフレッシュ。
☎020-7932-5213 ✕Ⓤ Leicester Squareレスター・スクエア駅から徒歩1分 🚇77-78 St Martin's Lane, WC2N 4AA 🕐5:30~22:00 ⓗ無休 🍴

⬆各地にあるほかの店舗と比べてイートインスペースが広いのが特徴

Ａ レタス・トマト・シュリンプフライ・辛いタルタル
辛さが決め手!小エビフライ&レタス・トマト、タルタルソース付き

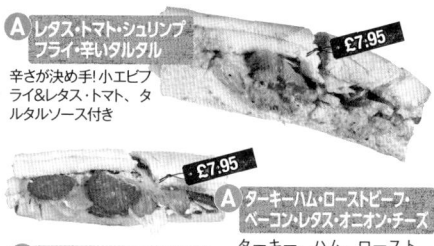

£7.95

£7.95

Ａ ターキー・ハム・ローストビーフ・ベーコン・レタス・オニオン・チーズ
ターキー、ハム、ローストビーフ、ベーコン、サラミの5種の具に3種のチーズ

Ｃ ブリオッシュサンドイッチ
スモークしたターキーとパストラミが贅沢に入った逸品

£12

£11.50

オニオンジャムと特製ソースが隠し味

£6.60

Ｂ バゲットサンドイッチ
ウィルトシャーキュアドハム&グレーヴェチーズ

Ｂ サンドイッチ
チキン、アボカド&バジルのサンドイッチ

£6.60

Ｄ フォッカッチョ・サンドグレート・ビューティー
ハム、モッツァレラ、トマトにバジルが効く

£7.95

Ｄ フォッカッチョ・サンドトリュフ・ハム
ローストハムにトリュフクリームがたっぷり

£8.55

ローカルの人々の憩いの場
Ｃ トレード
Trade

ショーディッチ~イースト・エンド周辺
MAP 付録P.17 E-1

近隣のオフィスで働く人や地元の人々で混み合うカフェ。ランチタイムに販売される通常メニューにない日替わりサンドイッチも人気。
☎020-3490-1880 ✕Ⓐ Aldgate Eastオールドゲート・イースト駅から徒歩4分 🚇47 Commercial St, Spitalfields, E1 6BD 🕐7:30(土・日曜9:00)~17:00 ⓗ無休

⬆屋外にもテーブルがあるので、晴れた日は外でくつろぐのもおすすめ

古代ローマのサンドイッチ
Ｄ ブレッド&トリュフ
bread&truffle. Monument

シティ~ロンドン塔周辺
MAP 付録P.17 D-2

イタリア産小麦粉を使用し完全発酵まで16時間。風味豊かな最高食材を使って、パリっとふかふかのフォッカッチョが完成。
☎020-4538-9193 ✕Ⓤ Momumentモニュメント駅から徒歩2分 🚇20 Eastcheap, EC3M 1DT 🕐8:00(土・日曜11:00)~16:00 ⓗ無休 🍴

⬆注文後、具を入れて温める本格派

LET'S GO FIND YOUR TREASURE !

ショッピング

一生の宝物を見つけよう

Contents

©iStock.com/Cristian Mircea Balate

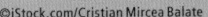

旅の思い出を手に入れる 欲しいものであふれるロンドン!

伝統的で上質な王室御用達やブランド品にポップな雑貨など、憧れの品を自分に買うのもトレンドなおみやげとして買うのも◎。庶民的なマーケットではロンドナー気分で買い物しよう。

基本情報

休みはいつ? 営業時間は?

老舗デパートやブランド店の営業時間は、月～土曜は10～20時または～21時。日曜、祝日は不定休が多く、日曜は11時30分にオープンという店舗もある。

暗証番号(PIN)の確認を!

キャッシュレス化が進む英国ではクレジット決済がほとんど。会計のたびに必ずPINコードの入力を求められる。PINコードとはクレジットカードを申し込む際に設定した4桁の暗証番号のこと。カード(クレジット、デビット、トラベルプリペイド)はICチップ搭載が必須。決済端末機で3回以上番号を間違えるとロックになるので注意! もし忘れた場合は出国前にカード会社で確認を。自宅に番号通知書類が送られるシステムなので旅行の2週間前には連絡しよう(カード会社によってはネット会員ページから確認可能)。

買い物時はパスポートを携帯!

18歳以上が飲酒可能だが、25歳以下に見られがちな人は、スーパーなどでお酒の購入時に年齢確認に提示を求められることも。

お得情報

バーゲンの時期は?

夏と冬の年に2回、大きなセールの期間がある。夏は6月中旬～7月中旬までと、冬はクリスマス明けの12月26日頃～1月中旬まで。デパートは朝7～8時にオープンし、マーケットもセールになる。

エコバッグは必需品?

レジ袋は基本的に有料(1～5ペンス)なので、携帯していると便利。お店オリジナルのエコバッグなどもあり、おみやげにしてもいい。

イギリス発祥のお店

バーバリー
バーバリーチェックで知られるトレンチコートなどアパレルから小物まで多彩に展開。

マッキントッシュ
布地の裏に世界初の防水布ゴムシートを貼り付けてできた定番のレインコートが有名。

ポール・スミス
モダンなストライプ柄で有名。デヴィッド・ボウイやダイアナ元妃など著名人の愛用者多数。

ヴィヴィアン・ウエストウッド
王冠と地球をモチーフにしたロゴで、パンクの女王と呼ばれたアバンギャルドなブランド。

マーガレット・ハウエル
伝統的なハンドメイドの美学を貫く、英国王室御用達の高級革靴ブランドの老舗。

サイズ換算表

服(レディス)		服(メンズ)	
日本	イギリス	日本	イギリス
5 XS	6	—	—
7 S	8	S	34
9 M	10	M	36
11 L	12	L	38
13 LL	14	LL	40
15 3L	16	3L	42

パンツ(レディス)		パンツ(メンズ)	
日本(cm)	イギリス	日本(cm)	イギリス
58-61	23	68-71	27
61-64	24	71-76	28-29
64-67	25	76-84	30-31
67-70	26-27	84-94	32-33
70-73	28-29	94-104	34-35
73-76	30	—	—

靴(レディス・メンズ)	
日本	イギリス
22	2・—
22.5	2.5・—
23	3・—
23.5	3.5・4.5
24	4・5
24.5	4.5・5.5
25	5・6
25.5	5.5・6.5
26	6・7
26.5	6.5・7.5
27	7・8
27.5	7.5・8.5
28	8・9
28.5	—・9.5
29	—・10

おすすめのロンドン みやげ

王室公式ロイヤルギフトに、紅茶にお菓子にロンドン発祥ファッションブランドなど、ハイセンスなおみやげがたくさん。老舗デパートや博物館、美術館などのスペシャルアイテムもおすすめ。

王室御用達

ロイヤルワラントと呼ばれ英国王室の紋章が目印。高級品からお菓子や雑貨などスーパーで買える手ごろな品もある。

リバティプリント

生地からバッグにインテリア雑貨に食器まで可愛い小花柄やポップなプリントアイテムは世界中の女性に大人気。

紅茶

老舗はもちろんスーパーの紅茶もブランドや種類が豊富。英国らしいデザインやラッピングのものがおすすめ。

アンティーク

食器にレースにジュエリーに家具。アンティークマーケットではありとあらゆるアイテムが揃うのが魅力。

ショッピングのマナー

▌まずは挨拶を

日本では「いらっしゃいませ」と店員に言われても無言で入店するとか、軽い会釈だけというのは英国では通じない。お店に入ったら、まずはHiやHelloと口に出して挨拶を。お店を出るときはThank youとひと言声をかけたい。

▌商品には勝手にさわらない

日本人的な感覚でとにかく商品を手に取って確認したくなるかもしれないが、勝手に棚から出したり、むやみに商品にさわらないのがマナー。気に入ったものが見つかったら店員にお願いしよう。

Can I pick it up?／Can I hold it?
手に取ってもいいですか？
Would you show me that?
あれを見せてもらえますか？

ロンドンのショッピングエリア

日本未上陸のブランド商品などお目当ての店にポイントを絞ったり、自分好みの街を歩きながらウィンドーショッピングをするのも楽しいもの。下記のストリートのほか、メルボルン・ハイStやショーディッチなどにも注目したい。

ファストファッションのメッカ
オックスフォード St

·········· Oxford Street
セルフリッジズなどの4つの大型デパートにユニクロやH&Mの旗艦店やブランドショップ、レストラン、カフェなど約400店が集まる。観光客に人気の通りでおみやげ店も多い。

華やかな高級ショッピング街
リージェント St

·········· Regent Street
大きな弧を描くエレガントな通りに、リバティやバーバリー、アクアスキュータムなど英国を代表する有名ブランド店がある。クリスマスシーズンの壮麗なライトアップが有名。

有名ブランド店が集結する
ボンド St

·········· Bond Street
ルイ・ヴィトン、シャネル、グッチ、ティファニー、ブルガリをはじめ、世界の高級有名ブランド店が軒を連ねる。オールド・ボンドStとニュー・ボンドStからなる。

セレブ街のブランド通り
スローン St

·········· Slorne Street
ハロッズや最先端ファッションを扱うハーヴィー・ニコルズなどの高級百貨店を中心にした、ボンドStに次ぐ高級ブランド街。高級車で乗りつけて買い物をするセレブの姿も。

©iStock.com/tupungato

アート

エンターテインメント

グルメ

ショッピング

歩いて楽しむ

ホテル

Recommend!

ロンドンで注目の買い物スポットはここ

おしゃれなロンドンで見つけた
話題のショップ 5 店

**コスモポリタンなロンドンで
自由なスタイルを楽しむための
個性的なブランドが集合。**

↑スタッフがセットアップなどのアドバイス
をしてくれる

↑天井の高い店内に、オリジナル製品のほかに、
ルイズが厳選したセレクト小物が並ぶ

遊び心のあるワークウェア

エル・エフ・マーキー
L.F.Markey

ショーディッチ～イースト・エンド周辺 **MAP**付録P5 E-1

バーバリーの元デザイナーだったルイ
ズ・マーキーが立ち上げたブランド。
カットやカラー、素材にこだわった
モードで上質なワークウェアを展開。
大ヒットのジャンプスーツやショル
ダーフリル、ミディドレスなど普段の
生活が楽しくなるアイテムが豊富に揃
う。服に合わせた靴やバッグ、小物も
充実。

☎020-3862-5391 ✇Ⓤ Dalston Junc-
tionドールストン・ジャンクション駅から徒歩5分
🏠50 Dalston Lane E8 3AH ⏰11:00～
18:00 日曜12:00～17:00 ❌無休 🏧

↓ヒット商品の
ジャンプスーツ
は赤や紺など色
違いも

£190

ヴィヴィッド
なカジュアル
シューズで足
元をきめて

↓ポケット付き
トートバッグ

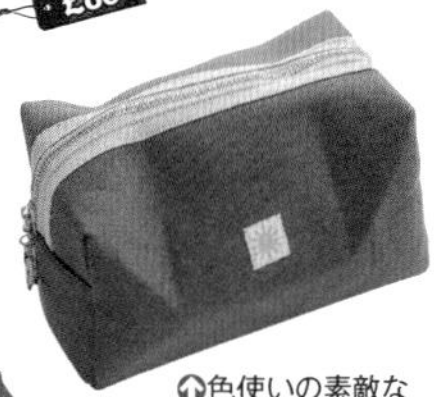

£86

↑色使いの素敵な
ポーチ

£87

↓ショートパンツ。
おそろいのTシャツ
と合わせたい

↑若きクリエイターたちが集まる東ロンドン
のドールストンに出店

アート

エンターテインメント

グルメ

ショッピング

歩いて楽しむ

ホテル

1920年代の石炭倉庫をリノベートした店内

ロンドン発デニムファクトリー

ブラックホース・レーン・アトリエ

Blackhorse Lane Ateliers

大英博物館～キングス・クロス周辺 **MAP** 付録P.8 C-1

ロンドンで唯一、ジーンズを自社で縫製している。オーガニック素材や環境にやさしい製法にこだわる。ロンドンのポストコードE8やNW1などエリアごとのライフスタイルに合わせたジーンズを提案。

☎020-3746-8303 ⓧ Ⓤ King's Cross St Pancras キングス・クロス／セント・パンクラス駅から徒歩8分 ⓟ Unit 32, Lower Stable St, Coal Drops Yard, N1C 4DQ ⓣ 11:00～19:00 日曜12:00～17:00 ⓗ無休 🈺

↑クオリティの高い縫製技術や取り扱うデニムについて説明してくれるスタッフ

↑爽やかな風合いにファンが多いブルージーン・シャツ

↑トルコや日本、イタリアなど各国から取り寄せたセルビッジ・デニムがずらり

↑2018年にキングス・クロス駅近くにオープンしたショッピングモール、コール・ドロップス・ヤード内にある

↑ファクトリーのロゴ入り、トルコ産の生地を使用したジーンズ **£201**

↑ソーホー・セルビッジ生地を使用した人気のエプロン£84を試着中のロンドン・ガール

↩ブロードウェイ・キャンバスのトートバッグ **£364**

ナイツブリッジの隠れおしゃれブランド
エッグ
Egg

ケンジントン～チェルシー周辺 **MAP**付録P.13 E-4

イッセイ・ミヤケとともに働いていたデザイナーのモーリーン・ドハーティのショップ。真っ白な空間に、シンプルでポエティックなデザインのドレスやコート、ジュエリー、セレクト製品がちりばめられている。

☎020-7235-9315❌Ⓤ Knightsbridge ナイツブリッジ駅から徒歩7分🏠36 Kinnerton St, SW1X 8ES🕙10:00～18:00🈚日曜♩日曜

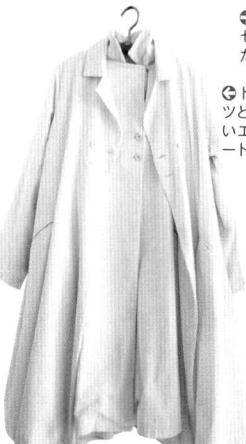

➡ブランドコンセプトを熟知したスタッフ

⬅ドレスやシャツと重ね着したいエアリーなコート

➡Aラインのロマンティックなトップス

£400

➡元は牛乳屋だったところを改装したブティック

➡2階にはオフホワイトや黒のボリューム感のあるコートやドレスを展示

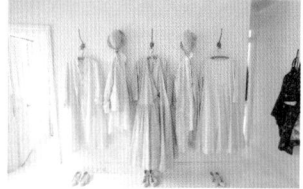

➡オーストラリアブランドのシープスキンのシューズ

⬅パーティに映えるポーチ

⬆イエローのボタン付きドレス

ショーディッチの気鋭デザイナー
ヴィンティ・アンドリュース
Vinti Andrews

ショーディッチ～イースト・エンド周辺 **MAP**付録P.11 E-3

セント・マーチン出身のヴィンティ・タンとポール・アンドリュースが手がける。ユニークでグラフィックなデザインと古着のリメイクワークで独自のスタイルを作っている。2人がセレクトする商品も好評。

☎なし❌Ⓤ Shoreditch High Streetショーディッチ・ハイ・ストリート駅から徒歩4分🏠83 Redchurch St, E2 7DJ🕙11:00～19:00🈚無休🚭

⬅60年代を意識したネオンカラーのフェイクファーコート

➡ハートモチーフのブラウス

⬆さらっと羽織りたいチェックのナイロンジャケット

⬆ヴィヴィアン・ウエストウッドのコレクションに参加した経験もあるデザイナーのヴィンティさんがお出迎えしてくれることも

➡モードなチェーン・ミニバッグ

£80

⬆ダイナミックなプリントTシャツ

⬆透け感のあるグラフィティなTシャツ

新作から定番、アーカイブまで幅広いラインナップ

⬆ミニトランクやスリムアタッシュケース、エアキャビンケース、トロリーケースなどサイズも豊富

⬆スタッフがカラーやバーツオーダーなどの相談にのってくれる

旅のシーンを彩るトラベルケース
グローブ・トロッター
Globe-Trotter

ソーホー〜コヴェント・ガーデン周辺
MAP 付録P.22 B-4

1897年の創業以来、チャーチル元首相やエリザベス女王、ミスター007のダニエル・クレイグ、ケイト・モスなど世界のセレブが愛用。熟練した職人の手仕事と軽量で堅牢、美しいデザインが人気の秘密。特殊な紙素材、ヴァルカン・ファイバーを使用したトラベルケースやミニトランクなどが揃う。2階にはアーカイブ製品が陳列。

☎ 020-7529-5950 ⓧ ⓤ Green Park グリーン・パーク駅から徒歩5分 🏠 60-61 Burlington Arcade,51 Piccadelly,W1J OQJ ⏰ 10:00〜18:00 ❌日曜 🚇

⬆コレクションに合わせたポップなショーウインドー

⬅定番カラーのミニ・トランク
・£1145

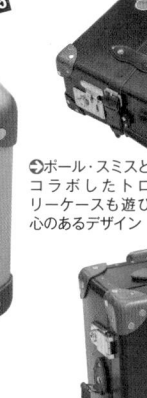

➡ポール・スミスとコラボしたトロリーケースも遊び心のあるデザイン
・£1995

⬆インフライトできるトロリーケースは、ハンドルだけ赤など色違いのレザーに替えることも可能
・£1545

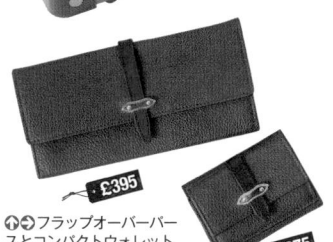

£395

£275

⬆⬆フラップオーバーバースとコンパクトウォレット

アート

エンターテインメント

グルメ

ショッピング

歩いて楽しむ

ホテル

125

ロイヤルワラントを授与された 誇り高きショップ③店

英国女王、エディンバラ大公、ウェールズ公に認められた栄誉あるブランドを巡る。

290年の歴史が刻みこまれた重厚な店内

フレグランスの最高峰
フローリス
Floris

ソーホー〜コヴェント・ガーデン周辺 **MAP** 付録P.22 C-4

1730年に、地中海のメノルカ島出身のジュアン・ファメニアス・フローリスが創業。上質な香料を使用した気品ある香水や石鹸を作り、フレグランスブランドを確立。ジョージ4世や女王エリザベス2世、チャールズ国王らに愛用される。ブーケ ドゥ・ラ・レーヌやホワイトローズ、ネロリボヤージュ、シプレなどの名香に出会える。

☎020-7930-2885 ⊗ⓤ Piccadilly Circus ピカデリー・サーカス駅から徒歩6分 ⓐ 89 Jermyn St, St James's, SW1Y 6JH ⓣ 10:00〜18:00 日曜11:00〜17:00 ⓗ無休 ▭

↑創業当時から同じ場所に存続するフローリス本店

£100

↑ヴィクトリア女王やナイチンゲールも魅了された可憐なバラの香り、オードトワレ ホワイトローズ

↱潮風を感じるマリンノートに、ネロリやレモンが香るオードパフューム、ネロリボヤージュ

£160

↱フローリスが日本女性の美しさを讃えて創作したフェミニンな春の香り、オードパフューム チェリーブロッサム

£160

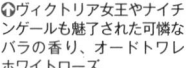

各£30

↱保湿成分が配合されたハンドトリートメントクリーム。左からローザ・センティフォリア、セフィーロ、シプレの香り

⬆️ビフローリス家に代々継承されてきた貴重な香りの数々が陳列されている

⬅️別室には創業者フローリスの肖像画や名香、注文台帳などが展示されている(右)。代々受け継がれてきた香調をもとに、熟練のハウスパフューマーのアドバイスを受けながらオーダーできるビスポークルーム(左)

アート

エンターテインメント

グルメ

ショッピング

歩いて楽しむ

ホテル

品格漂う老舗ブランド

スマイソン

Smythson

ソーホー~コヴェント・ガーデン周辺 **MAP** 付録P.22 A-2

1887年の創業。薄くなめらかな書き心地で、ナイルブルーやエメラルドなど美しいカラーの手帳は世界のセレブのお気に入り。型押し仕様のレザーグッズもクラス感がある。

☎020-3535-8009 ❌🔵Green Park グリーン・パーク駅から徒歩10分 🏠131-132 New Bond St, W1S 2TB 🕐10:00(日曜12:00)~18:00 🚫無休 📧

⬆️手帳やノートブック、ビスポークステーショナリーからバッグなどのレザーグッズまで幅広い品揃え

⬆️最高品質のラグジュアリーな製品を作り出すスマイソンの美学が感じられる店構え

➡️スマイソンならではのノーブルなカラーのステーショナリー

⬇️A4サイズも入るトートバッグ

£795

127

世界最古の帽子ブランド
ロック&コー・ハッターズ
Lock & Co.Hatters
ソーホー～コヴェント・ガーデン周辺 **MAP** 付録P.14 B-3

1676年創業。英国紳士や淑女に欠かせないフォーマルなハットやキャスケット、ハンチングなどを製作。チャーチル首相やチャップリン、ダイアナ元妃、ジョン・レノンなどに愛されてきた。

☎020-7930-8874 ❎Ⓤ Green Park グリーン・パーク駅から徒歩6分 ⓐ6 St James's St,SW1A 1EF ⏰9:00～17:30 土曜9:30～17:00 ⏳日曜 💳

➡上質な素材と仕立てに名店のこだわりが宿る

£175～

⬆クラフトマンシップが薫るマリンキャップ

➡ダイアナ元妃が公式の場でかぶっていたようなエレガントなハット

£365

➡カジュアルなファッションに合わせたいハンドニット帽

£175

英国の伝統が薫り立つ傘店
ジェイムズ・スミス&サンズ
James Smith & Sons
大英博物館～キングス・クロス周辺 **MAP** 付録P.14 C-1

創業1830年の傘とステッキの老舗。ヴィクトリア調の店内には、常時1000本以上のストックがあり、今も店の工房で職人たちが作っている。動物や鳥などのハンドルやタッセルの種類が豊富。

☎020-7836-4731 ❎Ⓤ Tottenham Court Road トッテナム・コート・ロード駅から徒歩3分 ⓐ53 New Oxford St,WC1A 1BL ⏰10:00～17:45 ⏳日曜 💳

➡古き良き時代の面影を残す建物

⬆伝統的な製法を用いた上質なステッキを見せてくれる責任者のフィルさん

➡かわいい鳥のハンドルの赤い傘£95

王室の記念グッズを購入できる公式ショップ
バッキンガム・パレス・ショップ
Buckingham Palace Shop
バッキンガム宮殿～ウエストミンスター寺院 **MAP** 付録P.20 A-1

バッキンガム宮殿のそばにある。ロイヤルファミリーの写真や王室紋章入りのテーブルウェア、女王エリザベス2世の愛犬コーギーのぬいぐるみ、記念グッズまで、王室関連のグッズを販売。

☎020-7839-1377 ❎ⓃⓊ Victoria ヴィクトリア駅から徒歩8分 ⓐ7 Buckingham Palace Rd, SW1W 0PP ⏰10:00～18:30 ⏳無休 💳

➡王室グッズのコレクターを虜にするショップ

⬆ブレックファストティー（ミニ）£4.95

➡スコットランド産ヘザーのハチミツ£8.95

➡女王の愛犬だったコーギーのぬいぐるみ£25

キャサリン妃お気に入りブランド

各女性誌でも最新コーディネートが日々アップデートされるほど、その着こなしが話題になるキャサリン妃。バッキンガム宮殿でのパーティやチャリティパーティなどTPOに合わせたコーディネート。アレキサンダー・マックイーンなどのラグジュアリーなブランドとカジュアルなブランドを上手にミックスしている。

キャリアガールは見逃せない
リース
Reiss
ハイド・パーク周辺 MAP 付録P.13 F-2
キャサリン妃が婚約式で着用した白のワンピースで一躍注目されたブランド。オフィスで着るジャケットやパンツ、パーティ用ドレス、小物などシックでトレンド感のあるものが見つかる。
☎020-7486-6557 ❎Ⓤ Bond Street ボンド・ストリート駅から徒歩2分 ⌚10 Barrett St,W1U 1BA ⌚10:00〜20:00 日曜12:00〜18:00 ❹無休 🖃

↑パーティで着映えするドレスが充実

↑メタルとガラスで覆われた無機質な外観

↑華やいだパーティに身につけたいヒールやバッグ

キャサリン妃偏愛ブランド
L.K.ベネット
L.K.Bennett
ハイド・パーク周辺 MAP 付録P.13 F-2
ダイアナ元妃のスタイルを参考にしたり、ロイヤルファミリーにふさわしい装いに気をつけるキャサリン妃。上品なセットアップやパンツ、ヒールやブーツ、バッグなどを愛用している。

↑カシミヤやシルクのトップスやサテンのドレスも人気

☎020-3985-3081 ❎Ⓤ Bond Streetボンド・ストリート駅から徒歩2分 ⌚95-96 New Bond St.W1S DB ⌚10:00〜19:00 日曜12:00〜18:00 ❹無休 🖃

旬のモダンカジュアル
ミー・アンド・エム
ME＋EM
ハイド・パーク周辺 MAP 付録P.13 F-1
キャサリン妃が視察旅行で着ていたボーダーTシャツで注目を浴びる。モノトーンのシックな店内に、黒やグレー、ブラウンなど着回ししやすいトップスやボトムがたくさん揃う。

↑プリントドレスやブラウスもフェミニンなスタイル

☎020-7935-0008 ❎Ⓤ Bond Street ボンド・ストリート駅から徒歩7分 ⌚4 New Cavendish St,W1G 8UQ ⌚10:00〜18:00 日曜11:00〜17:00 ❹祝日の週末 🖃

アンティークから雑貨までマーケット⑤店

ロンドンには世界各国から質の高いものや伝統的なクラフト、無国籍な雑貨が集結し、世界中のアンティークディーラーがやって来る。早起きして、とっておきのアンティークを見つけたい。

この街はデヴィッド・ボウイの出身地としても有名

ブリクストン・ヴィレッジ
Brixton Village
ロンドン近郊 MAP 付録P.3 D-3

テムズ川の南に位置するブリクストンにはいくつものマーケットがあるが、ここはマーケットというよりは商店街に近い。アフリカやカリブからの移民の多いエリアとして有名で、ポップ・カルチャーな匂いが濃い。治安は以前より良いが夜は避けたい。

☎020-7274-2990 ❷❶❷ Brixtonブリクストン駅から徒歩5分 ㊟ Coldharbour Lane, SW9 8PS ❷8:00〜0:00(月曜は〜18:00) ※店舗により異なる ㊡無休

↩↪おしゃれな雑貨店が増え続けている

無国籍でボヘミアンな雰囲気が残るアーケードも魅力

エスニックな色彩の衣類や小物、ラグなどが並ぶ

↪気軽に入れるレストランが多いのも特徴

↪トレンド感のある店構えも人気の理由

ポートベロ・ロード・マーケット
Portobello Road Market

ハイド・パーク周辺 **MAP** 付録P.4 A-2

高級住宅街のカラフルな建物に囲まれたエリアにあり、華やかな風情が漂う。ポートベロRdからゴルボーンRdあたりまで続く。英国陶器や銀食器、アクセサリー、衣類、絵画などを売る露店や食材や日用品を売る市、家具やジュエリーなどを売る常設の骨董店も多数あり、土曜日がいちばん活気がある。
☎020-7361-3001 ㊂Ladbroke Groveラドブロック・グロウヴ駅から徒歩4分㊟Portopbello Rd,W11 1AN ㋐9:00〜18:00(木曜は〜13:00、金・土曜は〜19:00頃) ※店舗により異なる ㋡日曜

『パディントン』の映画にも登場した有名骨董店「Alice's」

アンティークだけで1500軒という規模で、観光客で大混雑

➡ホウロウ製のポットは形も良く売れ筋

➡英国調花柄の小皿。ポットやティーカップなどもあり、おみやげに!

➡ピーターラビットの作者、ビアトリクス・ポターのイラスト

⬅ブローチなどのアクセサリーもザクザク

新人デザイナーの洋服や小物、世界のフードの店が出店

「オールド」に加え「ニュー」マーケットもできている

オールド・スピタルフィールズ・マーケット
Old Spitalfields Market

ショーディッチ〜イースト・エンド周辺 **MAP** 付録P.17 D-1

広場の中心に小さな屋台が並び、それを囲んで商店が連なっている。アンティークやオリジナルのクラフトなどがぎっしり並び、見てまわるだけで楽しい。カラフルな靴やアクセサリーなど品質の高い商品もあり、若い感覚で流行の発信地ともなっている。
☎020-7247-8556 ㊂㋭㋵Liverpool Streetリヴァプール・ストリート駅から徒歩7分㊟16 Horner Square, E1 6EW ㋐10:00(木曜8:00)〜18:00(日曜は〜17:00) ※店舗により異なる(バー・レストランは〜23:00) ㋡無休

⬆イマドキのものを食べたり買い物したりが気軽にできる、若者ウケする内容が◎

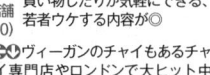

➡ヴィーガンのチャイもあるチャイ専門店やロンドンで大ヒット中のドーナツ屋もある!

⬅✕ナチュラル&オーガニックのスキンケアの店やアロマのバニラブランも人気

アート

エンターテインメント

グルメ

ショッピング

歩いて楽しむ

ホテル

カムデン・パッセージ
Camden Passage

ショーディッチ～イースト・エンド周辺
MAP 付録P.9 F-1

おしゃれなエンジェルにある隠れ家マーケット

エンジェル駅から徒歩数分の静かな小道に面する。水曜と土曜に露店市が開かれ、良質な食器やカトラリー、グラス、雑貨などを見つけることができる。常設では状態のいい銀食器やヴィンテージの洋服などを扱うショップなどがある。通りにはおしゃれなブティックやオーストリアのデリ・カフェもあり、穴場のスポットだ。
☎07463-557899 ✖Ⓤ Angel エンジェル駅から徒歩3分 ⊞1 Camden Passage,N1 8EA ⌚9:00～18:00(主に水・土曜) ※木・金・日曜に開ける店もある) ⊛月・火曜(店舗により異なる)

小道にあるけれど、充実した内容のマーケットでおすすめ！

➡小さな通りなので、時間のないときにコンパクトにまわれるのも魅力

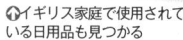

⬆イギリス家庭で使用されている日用品も見つかる

キプフェル
Kipferl

マーケットの散策途中に立ち寄りたいオーストリアンカフェ。ウィーンのフードやスイーツを中心に軽食がとれる。

⬆チーズ・オムレツ£8.80やスポーティ・ブレックファスト£8.80も

ヘイゲン
Haygen

トレンドにフォーカスしたコンセプトストア。世界中から買い付けたセンスのいいホームウェアや雑貨は欲しくなるものばかり。

四季折々の花々にうっとり！ホテルの部屋に飾るのも◎

花を愛する英国人の
生活を感じとれる花市

コロンビア・ロード・フラワー・マーケット

Columbia Road Flower Market

ショーディッチ～イースト・エンド周辺

MAP 付録P.11 E-2

活気のあるショーディッチの北にある花市。日曜日には、花や草花を愛する地元住民や観光客で賑わい、季節の花々が飛ぶように売れていく。周りにはガーデニング・グッズやインテリア用品などを扱うショップが並ぶので、立ち寄ってみよう。近くのカフェやパブで休憩もできる。

🚇 Hoxton ホクストン駅から徒歩10分 📍 Columbia Rd, E2 7RG 🕐 日曜8:00～15:00頃 🗓 月～土曜

➎夫婦やカップルで花を求めるお客さんも多い

➍➌美しい彩りの花が多く、どれにしようか迷ってしまうほど。1束£5程度から購入できる

ノム
Nom

可愛いブルーの外観に、ふらっと入りたくなるホームウェアの店。花束を入れたくなるバスケットや植木ポットなどが狙い目。

イン・ブルーム
In Bloom

ガーデニング用品のショップ。各種の植木ポットや花瓶、ガーデニング用のグローブ、ジョウロなどがぎっしり飾られている。

ヴィンテージ・ヘヴン
Vintage Heaven

草花のモチーフのヴィンテージのティーセットや食器、ガーデン・ツールが多数揃う。奥にはラブリーなスイーツがあるカフェも。

アート

エンターテインメント

グルメ

ショッピング

歩いて楽しむ

ホテル

133

美しきロンドンの デパート④店

**風格ある老舗のデパートや
モダンなデパートで
英国ならではのファッションや
食品、雑貨を旅の思い出に見つける。**

美しい
ホールで
ランチを
楽しむ

ロンドン最大の老舗デパート
ハロッズ
Harrods
ケンジントン〜チェルシー周辺 **MAP** 付録P.19 D-1

1824年に、チャールズ・ヘンリー・ハロッ
ドが設立。ラグジュアリーな室内装飾の
中に、人気のフードホールやハイブラン
ドのフロア、ハロッズグッズやハリー・
ポッターグッズのコーナーなどがある。
☎020-7730-1234
🚇Ⓤ Knightsbridge
ナイツブリッジ駅から徒歩
3分 🏠87-135 Bromp-
ton Rd,SW1X 7XL ⏰
10:00〜21:00 日曜11:
30〜18:00 🈳無休 💳 9万㎡の売り場面積を誇る

◑おなじみの
ハロッズベア
がお出迎え

⬇厳選された紅茶やコーヒーのコーナー

◑人気のぬい
ぐるみも各種
揃う£30

◑ハロッズ レッ
ドベリー＆フルー
ツティー £10
◑ハロッズ ダー
ジリン£15(125g)

憧れのリバティプリントの聖地
リバティ
Liberty
ソーホー〜コヴェント・ガーデン周辺 **MAP** 付録P.22 B-2

1875年、アーサー・ラセンビィ・リ
バティによって創業。ウィリアム・
モリスなど著名デザイナーらによる
プリント生地は大人気。アール・
ヌーヴォー柄や小花、植物、ペイズ
リー柄のファブリックやグッズが充
実している。
☎020-3893-3062 🚇Ⓤ Oxford
Circus オックスフォード・サーカス駅から徒
歩3分 🏠Regent St, W1B 5AH ⏰10:
00〜20:00 日曜12:00〜18:00 🈳無休
💳

➜チューダー・リバイバル
様式の木造建築が圧巻

◑オルティギア・ハンドクリーム £44
◑アカシア・トゥー
バーローズ・ソープ
£15.50

↑1階と地下に紅茶や食品の売り場がある

300の歴史を持つ王室御用達
フォートナム&メイソン
Fortnum & Mason

ソーホー～コヴェント・ガーデン周辺 **MAP**付録P.22 B-4
1707年に食品専門店として創業。紅茶やビスケット、ジャム、ハチミツ、チョコレートからティーカップや旅行用に作られたハンパーまで揃う。4階の「ダイヤモンド・ジュビリー・ティールーム」も人気。

☎020-7734-8040 ✕ⓤGreen Park グリーン・パーク駅から徒歩4分 🏠181 Piccadilly, W1A 1ER ⏰10:00～20:00 日曜11:30～18:00 🅚無休

↑一番人気のロイヤル・ブレンド・ティー£10.95

↩18世紀に旅行用の食料箱として作られたハンパーは今も愛用者が多い

↑バター・クラッカー £4.95

↑エキゾチックな絵柄の缶入りビスケット £21.95

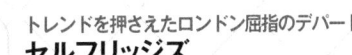

↩アプリコットとチェリーのハーブティー£8.95

↩バイレードの華やかなパルファム、カサブランカ・リリー

↩個性的なファッションに合わせたいスニーカー

↩コーディネートのアクセントにしたいシルバーのミニバッグ

トレンドを押さえたロンドン屈指のデパート
セルフリッジズ
Selfridges

ハイド・パーク周辺 **MAP**付録P.13F-2
1909年に、アメリカ人のハリー・ゴードン・セルフリッジが創立。英国の伝統的なスタイルと海外のモダンなセンスを組み合わせたスタイル。高級ブランドからスイーツやベーカリーまで充実した品揃え。

☎020-7160-6222 ✕ⓤBond Street ボンド・ストリート駅から徒歩3分 🏠400 Oxford St, W1A 1AB ⏰10:00～22:00(土曜は～21:00)日曜11:30～18:00 🅚無休 🈂

↩プラダとのコラボ商品。おしゃれなウォーターボトル

↩次のモードを先取りするウェアや小物が並ぶ

↑ハロッズに次いで規模の大きな老舗デパート。品揃えも豊富でトレンドの発信源となっている

アート
エンターテインメント
グルメ
ショッピング
歩いて楽しむ
ホテル

英国が世界に誇る
ブリティッシュ・モダンブランド **5**店

**伝統とモダンをミックスしながらも常に旬を感じられる
おしゃれな英国ブランドならここ!**

伝統とトレンドの融合
バーバリー
Burberry
ソーホー～コヴェント・ガーデン周辺 **MAP**付録P.22 A-3
1856年、トーマス・バーバリーが創立。コットンギャバジンのトレンチコートやバーバリー・チェックで有名に。ケンジントンやウエストミンスター、チェルシーなど5シルエットのトレンチや小物が人気。
☎020-3402-1500 ❎Ⓤ Bond street ボンド・ストリート駅から徒歩4分 ㊞21-23 New Bond st, W1S 2RE ㊚10:00～19:00 日曜12:00～18:00 ㊡無休 🈵

⬆バーバリー、ニュー・ボンドSt店もある

モダンなUKロックを楽しむ
ヴィヴィアン・ウエストウッド
Vivienne Westwood
ソーホー～コヴェント・ガーデン周辺 **MAP**付録P.22 A-2
アヴァンギャルドなデザインで、世界中のファンを魅了。王冠と地球のモチーフロゴ入りのウェアやバッグ、靴、アクセサリー、ブライダルなどのアイテムがある。地下のフロアもコレクションが充実。
☎020-7439-1109 ❎Ⓤ Oxford Circus オックスフォード・サーカス駅から徒歩6分 ㊞44 Conduit St, W1S 2YL ㊚10:00～18:00(木曜は～19:00) 日曜12:00～17:00 ㊡無休

➡メイフェア・バス・リリーフ・ペンダント £104

⬆ヴィヴィアンの独創的な世界が広がる

英国のモードを長年牽引
ポール・スミス
Paul Smith
ソーホー～コヴェント・ガーデン周辺
MAP付録P.22 B-3
英国らしさを大切にしながら、色使いやディテールにこだわったアイテムが魅力。アートや家具なども置き、ギャラリー感覚で楽しめる店内は必見。

⬅アートギャラリーのようなたたずまい

☎020-7493-4565 ❎Ⓤ Green Park グリーン・パーク駅から徒歩4分 ㊞9 Albemarle St, W1S 4BL ㊚11:00(日曜12:00)～18:00 ㊡無休

モダンなジェントル・スタイル
マッキントッシュ
Mackintosh
ソーホー～コヴェント・ガーデン周辺
MAP付録P.22 A-2
1823年に、チャールズ・マッキントッシュが設立。防水布のゴム引きコートは、ブランドのシンボル的存在。英国の伝統柄のシェパードチェック柄や無地のコートやアウターが好評。

⬅英国気分をまとうならここ

☎020-7493-4667 ❎Ⓤ Oxford Circus オックスフォード・サーカス駅から徒歩5分 ㊞19 Conduit St, W1S 2BH ㊚10:00～18:00(木曜は～19:00) 日曜11:00～17:00 ㊡無休 🈵

高い美意識に基づくモダンシック
マーガレット・ハウエル
Margaret Howell
ハイド・パーク周辺
MAP付録P.13 F-1
伝統的な素材、カッティング、縫製、上質なつくりにこだわり、シンプルでオーセンティックなライフスタイルを提案。天然素材のニットやシャツは着心地抜群で愛用者が多い。
➡中に入るとミッドセンチュリーモダンな空間が

☎020-7009-9009 ❎Ⓤ Bond Street ボンド・ストリート駅から徒歩5分 ㊞34 Wigmore St, W1U 2RS ㊚10:00～18:00 日曜12:00～17:00 ㊡無休 🈵

SAVILE ROW

英国テーラーの聖地 サヴィル・ロウ

サヴィル・ロウは1本の短い通りだが、そこにはビスポークの紳士服を仕立てるという矜持が感じられる名門テーラーがひしめいている。おしゃれの達人たちが惚れこむ名カッターのいるテーラーへ。

サヴィル・ロウ最古のテーラー

ヘンリー・プール

Henry Poole & Co.

ソーホー〜コヴェント・ガーデン周辺 MAP 付録P.22 B-3

1806年に創業。最高品質のスーツを仕立てることにこだわり、サヴィル・ロウを長年牽引してきた。チャーチルや吉田茂、白洲次郎らに愛された。店内に工房があり、さまざまな生地見本がある。

☎020-7734-5985 交Ⓤ Piccadilly Circus ピカデリー・サーカス駅から徒歩7分 所15 Savile Row,W1S 3PJ 営9:00〜17:15 休土・日曜 💳

⬆英国王室御用達。ビスポークの歴史を築いた名店

⬆熟練の職人たちが誇りを持って働いている

⬆2つボタンのラウンジジャケット

⬅由緒ある店内で働くスタッフは最高のサービスで迎えてくれる(左)。壮麗な各種儀礼服や制服なども作り続けている(右)

テーラーリングの真髄を知る

ギーブス&ホークス

Gieves & Hawkes

ソーホー〜コヴェント・ガーデン周辺
MAP 付録P.22 B-3

1785年設立のギーブスと1771年設立のホークスが、1975年に合併。ホークスがジョージ3世から認定をうけて以来、ロイヤルワラントを継続。構築的なデザインのスーツにファンが多い。

☎020-7434-2001 交Ⓤ Piccadilly Circus ピカデリー・サーカス駅から徒歩6分 所1 Savile Row, W1S 3JR 営10:00〜18:00 土曜10:30〜17:00 休日曜 💳

➡王室御用達の瀟洒な建物

リラックス・エレガンスを追求

ドレイクス

Drake's

ソーホー〜コヴェント・ガーデン周辺
MAP 付録P.22 B-3

1977年に、マイケル・ドレイクが創業。ハンドメイドのタイや完成度の高いシャツやニットウェアが、圧倒的な人気。おしゃれ好きな男心をくすぐる。2019年秋にサヴィル・ロウに進出。

⬅人気のストライプやプリント柄のタイは£170〜、オックスフォード生地のシャツは£200〜

☎020-7734-2367 交Ⓤ Piccadilly Circus ピカデリー・サーカス駅から徒歩7分 所9 Savile Row,W1S 3PF 営10:00(日曜12:00)〜18:00 休無休 💳

⬇グリーンを配し、抜け感のあるおしゃれを演出

模様が素敵インテリア&雑貨⑤店

趣味や嗜好を取り入れたリラックスできる部屋作りが上手な
ロンドナーを真似て、オブジェや雑貨を探す。

人気ナーサリーでガーデン雑貨を
ピーターシャム・ナースリーズ
Petersham Nurseries
ソーホー〜コヴェント・ガーデン周辺
MAP付録P.23 F-2

ロンドン郊外で大人気のナースリー(園芸店)がロンドンに進出。ガーデニング好きなイギリス人の心をつかむガーデングッズがいっぱい。草花模様の陶器や花瓶、カードなどが揃う。

☎020-7305-7676 ⊗ⓤCovent Garden コヴェント・ガーデン駅から徒歩3分 📍31 King St, WC2E 8JD 🕐10:30〜18:30 日曜12:00〜18:00 ⊛無休
↩グリーンに彩られた店内

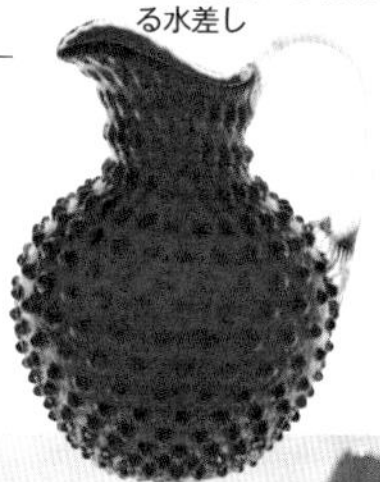

↩ガーネットレッドの花瓶にも使える水差し

↑手作りの袋に入った野花のシード 各£6

£18.50

£27.50

£100

↩オブジェとして飾りたい花びら型の器

↑かわいらしいフォルムのティーポット

英国雑貨の宝庫
アフター・ノア
After Noah
ショーディッチ〜イースト・エンド周辺
MAP付録P.10 A-1

アンティーク家具やレトロな小物、トラディショナルなおもちゃからコンテンポラリーな雑貨までを扱う。ホームウェアやステーショナリーなどおみやげになりそうなものも充実。

☎020-7359-4281 ⊗ⓤⓝHighbury & Islington ハイベリ&イズリントン駅から徒歩12分 📍121-122 Upper St, N1 1QP 🕐10:00〜18:00 日曜11:00〜17:00 ⊛無休 🖂

£12.99
➜オー・ド・トワレ(10㎖)

£14.99

↩フローラル柄プレイングカードセット

➜フラワーモチーフのポーチ
£13.99

138

アート

エンターテインメント

グルメ

ショッピング

歩いて楽しむ

ホテル

長く愛用したい日用品が見つかる
レーバー&ウエイト
Labour and Wait
ショーディッチ〜イースト・エンド周辺
MAP付録P.11 E-3

ファッションデザイナーだったレイ
チェルとサイモンが開いたこだわり
の雑貨店。形が美しく、機能的な
キッチングッズやエプロン、洋服な
どもあり、男女ともに楽しめる商品
が多い。

☎020-7729-6253
⊗Ⓤ Shoreditch High Streetショー
ディッチ・ハイ・ストリート駅から徒歩8分
🏠85 Red church St, E2 7DJ 🕐11:
00〜18:30(土・日曜は〜18:00) 🈳無休

↑雑誌も入る丈夫な黒
のブックバッグ £14

↑人気の
エ ナ メ
ル・タン
ブ ラ ー £8

↑鮮やかなグリーンの建物が目印

手芸女子お気に入りの生地屋
クロス・ハウス
Cloth House
ソーホー〜コヴェント・ガーデン周辺
MAP付録P.8 B-1

1階と地下のフロアに、ギンガム
チェックや色とりどりのコットン
生地や麻やジーンズなどの生地を
取り揃える。リボンやチロリアン
テープ、糸、ボタンもあり、手芸
好きにおすすめ。

↑活気あるソーホーの一角
にある

☎020-7437-5155 ⊗Ⓤ Oxford
Circus オックスフォード・サーカス駅から
徒歩6分 🏠130 Royal College st. 🕐
10:00〜17:00 ※予約客のみにオープン
🈳金〜日曜

↑繊細な色使
いの生地が魅
力。£16/m〜

↑淡い色合いが
素敵なボタン 1シート£8

↓カラフルなギ
ンガムチェック
のリボン £2/m〜

↑花モチーフの
チロリアンテープ 各£5.50

ハイクオリティの文房具が集結
チューズィング・キーピング
Choosing Keeping
ピカデリー・サーカス周辺 **MAP**付録P.23 E-2

世界各国、とりわけヨーロッパの選り
すぐりのステーショナリーが集まる
ショップ。ラミー、ペリカン、セー
ラーなどのペン、カードやノート類な
ど見ているだけでも楽しい。

☎020-7613-3842 ⊗Ⓤ Covent Garden
コヴェント・ガーデン駅から徒歩3分 🏠21 Tower
St,WC2H 9NS 🕐10:30〜18:30 (土曜は〜
18:00) 日曜11:30〜17:30 🈳無休

↑プレゼントに選びたい
可憐な花柄のノート £20

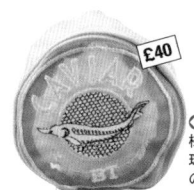
£40

↑イギリスが
発祥のピー
ターラビット
のカード

↓魚や花の模
様が入った半
球体のガラス
の文鎮

£4.50

↑ディスプレイがショーウインドーに並ぶ

↑ステーショナリーのほか、シックで格調高いパッキングペーパーも取り揃えている

暮らしのなかにアートやカルチャーが息づく

ロンドンならではの書店❸店

最近の英国ベストセラーからアートやファッション、グルメ、児童書など
あらゆるジャンルの本を探しに行こう。

ロンドン一美しい書店を訪れる
ドウント・ブックス
Daunt Books

ハイド・パーク周辺 **MAP**付録P.13 F-1

1910年に建てられたエドワード様
式の建物で、ステンドグラスがはめ
込まれた店内が美しい。各国の旅行
書や人気作家の本がずらりと並ぶ。

☎020-7224-2295 ⊗Ⓤ
Baker Streetベイカー・スト
リート駅から徒歩8分 ⓜ83-84
Marylebone High St,
W1U 4QW ⓔ9:00〜19:30
日曜11:00〜18:00 ⓗ無休
▭

アガサ・クリスティ
やビアトリクス・ポ
ターなどの本やガー
デニングの本など幅
広い品揃え。オリジ
ナルトートも好評

↩天井から自然光が差し込む
吹き抜け空間

料理好きにおすすめ！
ブックス・フォー・クックス
Books for Cooks

ハイド・パーク周辺 **MAP**付録P.4 A-2

各国の料理本や人気シェフの本、ケー
キやスコーンの本など料理に関する
本を集める。オーナーが本をもとに、
奥のキッチンで試作することも。

☎020-7221-1992 ⊗Ⓤ
Ladbroke Groveラドブロー
ク・グローヴ駅から徒歩6分 ⓜ
4 Blenheim Crescent,
W11 1NN ⓔ10:00〜18:
00 ⓗ月・日曜、祝日 ▭

ベジタリアン・レシ
ピやケーキのレシピ
本のほか、イギリス
料理の本など実際に
作るときに参考にな
るものや眺めて楽し
い本が揃う

↩料理本がずらりと並び、店の奥で出す
ランチも人気がある

最新アートを感じるならここ
マグマ
Magma

ソーホー〜コヴェント・ガーデン周辺
MAP付録P.23 F-1

トレンドのアートやデザイン、建築、
フラワーなどの本や雑誌、若手アー
ティストのプリント＆アートワーク
からおしゃれな雑貨までを揃える。

☎020-7240-7970 ⊗Ⓤ
Covent Garden コヴェント・
ガーデン駅から徒歩3分 ⓜ29
Short's Gardens WC2H
9AP ⓔ11:00〜19:00 ⓗ無
休 ▭

クリエイティブな
マガジンや秀逸な
デザインのキッチ
ングッズまで幅広
い品揃え

↩1階と地下のフロアがある。気の
利いたグッズはプレゼントに

アート

エンターテインメント

グルメ

ショッピング

歩いて楽しむ

ホテル

心身ともにキレイになるための
ビューティ&香水ブランド③店

オーガニック製品のコスメやこだわりの香りを創造する
とっておきの英国ブランドをご紹介。

最高級のスキンケア
ニールズ・ヤード・レメディーズ

Neal's Yard Remedies
ソーホー〜コヴェント・ガーデン周辺
MAP付録P.23 F-1

数々の美容賞を受賞するオーガニック・コスメを扱う。特にクレオパトラがスキンケアに使っていたというフランキンセンスという天然香料を使用したコスメのシリーズが大人気。

☎020-7379-7222 ❌Ⓤ Covent Garden コヴェント・ガーデン駅から徒歩4分 🏠2 Neal's Yard,WC2H 9DP ⏰10:00〜19:00 日曜11:00〜18:00 ⓗ無休 Ⓙ🖂

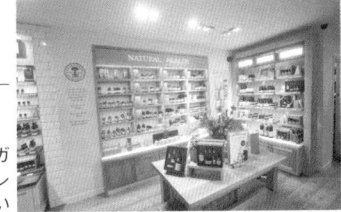
↑心身を浄化させるお香やエッセンシャルオイルなど多数のプロダクトが見つかる

↑肌と心をトータルに考えたケアに愛用者が多い

↑アロマやハーブを取り揃えたヘルス&ビューティ製品に詳しい店員さん

↑集中保湿クリームのフランキンセンス・インテンスクリーム
£65〜

→フランキンセンス　インテンス・アンチエイジング・セリム
£74

←ふっくらリッチな潤いがあるワイルドローズ・ハンドクリーム
£12

英国の香りのトップブランド
ジョー・マローン

Jo Malone
ソーホー〜コヴェント・ガーデン周辺
MAP付録P.23 F-2

英国の節度あるスタイルを尊重したエレガントで洗練された香りを提案。イングリッシュベアー&フリージアコロンや7種のバラをブレンドしたレッドローズコロンが人気。

☎020-370-192-5771 ❌Ⓤ Covent Garden コヴェント・ガーデン駅から徒歩3分 🏠10-11 King St, WC2E 8HN ⏰10:00〜20:00 日曜11:30〜18:00 ⓗ無休 🖂

↑すがすがしい香りのキャンドルやバスアイテムも見逃せない

ドラッグストアの優秀コスメ
ブーツ

Boots
ソーホー〜コヴェント・ガーデン周辺
MAP付録P.22 C-3

ロンドン最大規模を誇るドラッグストア。薬からメイクアップ用品、スキンケア、健康商品などたくさんの製品がある。オーガニックやアンチエイジングなどのシリーズも充実。

☎020-7637-9418 ❌Ⓤ Piccadilly Circus ピカデリー・サーカス駅から徒歩1分 🏠44-46 Regent St, W1B 5RA ⏰8:00〜21:00 土曜9:00〜19:00 日曜12:00〜18:00 ⓗ無休 🖂

↑街のいたるところに店舗がある

ティーマスターがこだわる通好みの紅茶
イースト・インディア・カンパニー
The East India Company

ソーホー〜コヴェント・ガーデン周辺 **MAP** 付録P.14A-2

1600年に設立され、イギリスに初めて紅茶を広めた歴史的にも有名な東インド会社。当時の紋章やトレードマークを受け継ぎ、現在の会社が経営。一番摘みや秋摘みなど紅茶通が喜ぶ約100種類のお茶を販売。ビスケットやチョコレートも美味。

☎020-3205-3380 ⊗Ⓤ Bond Streetボンド・ストリート駅から徒歩4分 ⑯94 New Bond St, W1S 1SJ ⏰10:00〜19:00日曜・祝日11:00〜17:00 ⊕無休 💳

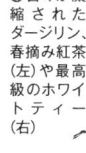
➔旨みが凝縮されたダージリン、春摘み紅茶(左)や最高級のホワイトティー(右)

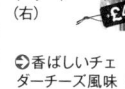
£95
£45

➔ジンの発展に貢献してきた正統派のロンドン・ドライ・ジン
£45

➔香ばしいチェダーチーズ風味のビスケット

EAST INDIA COMPANY

£8

£20

THE STAUNTON
EARL GREY
FINE BLACK LEAF TEA

Ⓖネロリとベルガモットオイルの香りのオーセンティックなアール・グレイもおすすめ

Ⓤ広い店内に多数の紅茶やコーヒーが

Ⓤ店内にはこんなオリエンタルな茶器もディスプレイされている

お茶の本場で、通好みの紅茶やコーヒーを選ぶ
紅茶&コーヒー③店

お茶専門店はたくさんあるが、そのなかでもさらに際立ったある種道楽のような紅茶やコーヒーを扱うショップをご紹介。

エリザベス女王御用達
H.R.ヒギンス
H.R.Higgins

ハイド・パーク周辺 **MAP** 付録P.13 F-2

ハロルド・R・ヒギンスがコーヒーの卸店として創業。2代目は紅茶の販売も始め発展。小さな店内には、銅製の缶に入ったコーヒー豆や紅茶を求めて、世界の愛好家がひっきりなしに訪れる。

☎020-7629-3913 ⊗Ⓤ Bond Streetボンド・ストリート駅から徒歩3分 ⑯79 Duke St, W1K 5AS ⏰8:00〜17:30 土曜10:00〜18:00 ⊕日曜 💳

BLUE LADY
£11/125g

➔爽やかな飲み心地の紅茶、ブルー・レディはベストセラー。ブラックティーに花の香りが漂う

⬆缶に入ったコーヒーや紅茶は量り売りで購入できる
➔コーヒー・マンの称号をもつ由緒あるショップ

Ⓤ地下にカフェがあり、淹れたてのコーヒーが楽しめる

趣味人がこだわる世界各国のお茶
ポストカード・ティーズ
Postcard Teas

ハイド・パーク周辺 **MAP** 付録P.14 A-2

ティー文化に魅了されたオーナーのティムさんが、世界各国から厳選して買い付ける約60種のお茶を販売。購入したお茶をショップで販売するポストカードに入れて店から送ることも可能。茶通好みの陶器もある。

☎020-7629-3654 ⊗Ⓤ Bond Streetボンド・ストリート駅から徒歩2分 ⑯9 Dering St, W1S 1AG ⏰12:00〜18:30 ⊕日曜 💳

POSTCARD TEAS

➔毎週土曜の朝、ティーのテイスティングも開催している。要予約

➔紅茶を入れてショップから郵送できるポスタル・ボックスが人気

£16.95
£12.95
STONEROLLED

➔左からミルクと合わせて飲みたいロースト粉末茶、ダージリン一番摘み

アート

エンターテインメント

グルメ

ショッピング

歩いて楽しむ

ホテル

ブリック・レーンの人気古着店
アティカ
Atika
ショーディッチ〜イースト・エンド周辺 **MAP** 付録P.11 E-4
1階と地下の広いスペースに、多彩なアイテムの古着が揃う。バーバリーやフレッド・ペリーなど英国ブランドからカジュアルなTシャツ、ジーンズ、アクセサリーまで丹念に探したい。
☎020-7377-8828 ❌Ⓤ Shoreditch High Streetショーディッチ・ハイ・ストリート駅から徒歩8分 ㊍55-59 Hanbury St, E1 5JP ⏰11:00〜19:00 日曜12:00〜18:00 ㊡無休 💳

⬆スプリングドレス £9.99〜

⬇個性光る白黒バッグは£65。シンプルなファッションに合わせたい

⬆アール・デコスタイルベルト £17.99(上)。草花が可憐なシューズ £17.99(下)

➡ポイントヒール・ブーツ£5

➡ヴィクトリア時代の倉庫を利用した建物

⬆何枚あってもうれしいカラフルなTシャツも豊富な品揃え

お宝がザクザク！バイヤー気分で掘り出し物を探そう
ハイブランド・ヴィンテージ③店

ロンドンには、ヴィンテージショップやチャリティショップがあちこちに。おしゃれの達人たちも通うショップで、お目当てのアイテムを。

シックでエレガントなヴィンテージ
ブラックアウトII
Blackout II
ソーホー〜コヴェント・ガーデン周辺 **MAP** 付録P.23 F-1
アラジンの洞窟のようなコージーな店内は、1920年代から80年代のグラマラスなドレスやジュエリー、帽子、バッグ、靴などで埋め尽くされている。ヴィンテージに精通したスタッフが親切にアドバイスしてくれる。
☎020-7240-5006 ❌Ⓤ Covent Garden コヴェント・ガーデン駅から徒歩3分 ㊍51 Endell St,WC2H 9AJ ⏰11:00〜19:00 土曜11:30〜18:30 ㊡日曜

⬆1階と地下のフロアがあるので、しっかりのぞいてみたい

⬆ベークライトのおしゃれなめがねやネックレスで、華やかさをプラス

➡ゴージャス感たっぷりのペンダントやイヤリングは夜会に！値段は比較的手ごろで買いやすい

ノッティン・ヒルのチャリティショップ
オクスファム・ブティック
Oxfam Boutique
ハイド・パーク周辺 **MAP** 付録P.4 A-3
チャリティ団体が運営するショップ。高級住宅街にあり、ハイブランドのファッションアイテムが多い。品よくディスプレイされた店内に、ジミー・チュウやクロエ、トッズなどの靴や洋服が格安で見つかることも。
☎020-7229-5000 Ⓤ Notting Hill Gateノッティン・ヒル・ゲート駅から徒歩10分 ㊍245 Westbourne Grove, W11 2SE ⏰10:00〜18:00 日曜12:30〜16:00 ㊡無休 ㊍23 Drury Lane, WC2B 5RHの店舗は⏰10:00〜18:00 日曜12:00〜16:00㊡無休 💳

⬆おしゃれなショップが軒を連ねる通り

⬅フェラガモの上品なフラットシューズ

⬆トッズのシックなショートブーツ

⬆何にでも合わせやすい黒とゴールドのトップス

➡ウエストが映える王冠デザインのベルト

£6

£55
£45
£6

バラマキみやげに利用したい!

スーパーマーケット ⑤ 店

ロンドンのいたるところにあるスーパーマーケット。王室御用達から
オーガニック専門まで、ロンドンっ子が日頃愛用しているものをチョイス。

おしゃれなオーガニック製品

Ⓐ ホール・フーズ・マーケット
Whole Foods Market

ソーホー〜コヴェント・ガーデン周辺 MAP 付録P.22 C-3

☎020-7406-3100 ❷Ⓤ Piccadilly
Circus ピカデリー・サーカス駅から徒歩2分
📍20 Glasshouse St,W1B 5AR ⏰7:30
(土曜 9:00)〜22:00 日曜 12:00〜18:00
🈳無休

英国王室御用達のプレミアムな食材

Ⓑ ウエイトローズ
Waitrose

ハイド・パーク周辺 MAP 付録P13 F-1

☎020-7935-4787 ❷Ⓤ Baker Street
ベイカー・ストリート駅から徒歩9分 📍98-
101 Marylebone High St,W1U 4SD ⏰
8:00〜22:00 日曜11:00〜17:00 🈳無休
💳

定番のおみやげ探しならここ

Ⓒ マークス&スペンサー
M&S

ソーホー〜コヴェント・ガーデン周辺 MAP 付録P.22 B-1

☎020-7437-7722 ❷Ⓤ Oxford Circus
オックスフォード・サーカス駅から徒歩3分 📍
173 Oxford St,W1D 2JR ⏰9:00〜21:
00 日曜12:00〜18:00 🈳無休 💳

コスパ抜群のみやげが勢揃い

Ⓓ テスコ
Tesco

ソーホー〜コヴェント・ガーデン周辺 MAP 付録P.22 C-3

☎0345-677-9812 ❷Ⓤ Piccadilly
Circus ピカデリー・サーカス駅から徒歩3分
📍17-25 Regent St, SW1Y 4LR ⏰6:00
〜24:00(土曜 は〜22:00) 日曜 12:00〜
18:00 🈳無休 💳

イギリス最大オーガニックスーパー

Ⓔ ホーランド&バレット
Holland&Barrett

ソーホー〜コヴェント・ガーデン周辺 MAP 付録P.14 B-1

☎0330-0582640 ❷Ⓤ Tottenham
Court Road トッテナム・コートロード駅から
徒歩3分 📍20 Glasshouse St,W1B 5AR
⏰7:30(土曜9:00)〜22:00 日曜12:00〜
18:00 🈳無休 💳

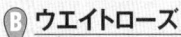

⬆️おつまみに最
高!醤油テイスト
のロースト・カ
シューナッツ Ⓐ

£2.19

£2.49

⬆️お手軽なプロテ
イン入りナッツバ
ター・バーⒶ

£2.49

⬆️70%ダークチョ
コをコーティング
したラズベリー・
マシュマロⒷ

£2.80

£4.65

⬆️ピーナッツ・バターが
香りと味を深めたコロ
ンビア産ダークチョコ
レートⒶ

⬆️フルーティでマイ
ルドなアカシア・ハ
ニーⒷ

⬆️グルメなビー
ガン・キャンデ
ィ。甘酸っぱい
スイカ味Ⓑ

£2.05

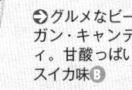

⬆️本場スイスブランド。
カカオが香ばしいチョ
コレートバーⒸ

£2.10

⬅️ユニオンジャ
ックの包装がお
みやげに喜ばれ
るミルクチョコ
Ⓒ

£1.50

⬆️英国の国民食。
トーストやク
ラッカー用酵母
ペーストⒹ

£3.45

£1.70

⬆️ビタミン配合のシュ
ガーレスガム。マンゴ&
ライム味Ⓑ

£1.10

➡️肉料理やサラ
ダ、スイーツに
も味を添える香
り高いミント
ソースⒹ

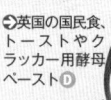

£3

⬅️ミネラルを配
合した焼きビス
ケット。チョコ
&ヘーゼルナッ
ツ味Ⓓ

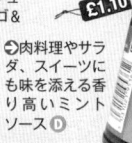

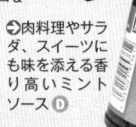

£3.40

⬅️100%自然原料。塩キャラメル
味のフルーツ&ナッツバーⒺ

£1.35

⬆️塩キャラメル味のプロ
テインバーⒺ

£1.65

⬆️ヘルシーなオーツ麦の
ビスケットⒺ

⬆️イチゴとピーチの
ドライフルーツⒺ

£2.95

LONDON, AREA WALKING

歩いて楽しむ

📷

刺激にあふれた街を楽しむ

Contents

©iStock.com/johnkellerman

©iStock.com/johnkellerman

宮殿の前には
ヴィクトリア女
王メモリアル

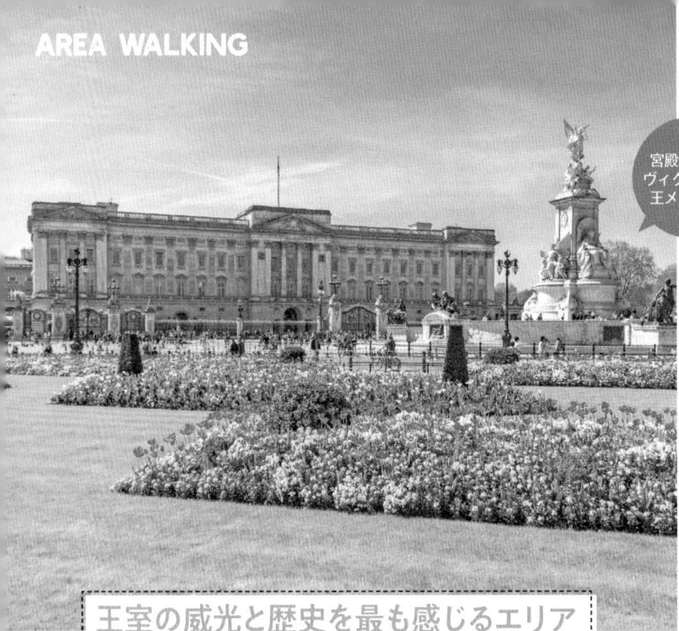

王室の威光と歴史を最も感じるエリア

バッキンガム宮殿周辺
Buckingham Palace

キングス・
クロス駅
ハイド・
パーク
大英博物館
ロンドン塔
テムズ川

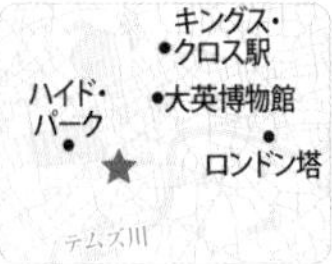

イギリス王室を象徴する宮殿と教会、テムズ河畔にそびえるビッグ・ベンにロンドン・アイ。これぞロンドン!とイメージする景色に出会える。

MAP 付録P.14-15／20-21

王室ゆかりの歴史的建造物が集まる エリザベス女王陛下のお膝元

真っ赤な制服に黒いモコモコ帽子をかぶった衛兵交代の行進が見られるバッキンガム宮殿周辺は、セント・ジェイムズ・パークやグリーン・パークなどが広がる緑豊かなエリア。宮殿前から、トラファルガー・スクエアを結ぶザ・マルの沿道には王室関連の建物が多い。

英国国王の戴冠式を行う寺院であり、ニュートンやディケンズなども眠る荘厳なウエストミンスター寺院と、テムズ河畔にビッグ・ベンの愛称で知られる時計塔(正式名:エリザベス・タワー)を持つ国会議事堂(ウエストミンスター宮殿)は、ロンドン観光には外せない。それらの歴史的建物を見渡せる対岸の大観覧車のロンドン・アイもロンドンの新シンボルとして人気。

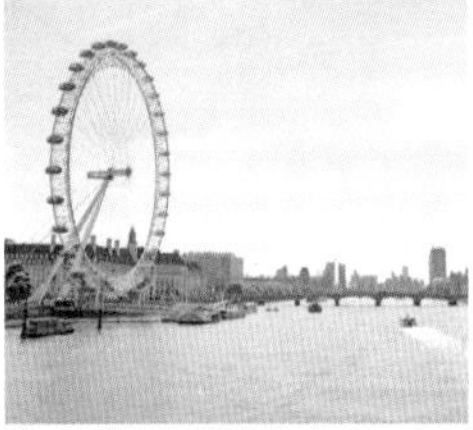

⇧テムズ河畔の観覧車ロンドン・アイ

アクセス

ディストリクト線、サークル線
ヴィクトリア駅、ウエストミンスター駅、セント・ジェイムズ・パーク駅
ピカデリー線
コヴェント・ガーデン駅
ベイカールー線、ピカデリー線
ピカデリー・サーカス駅

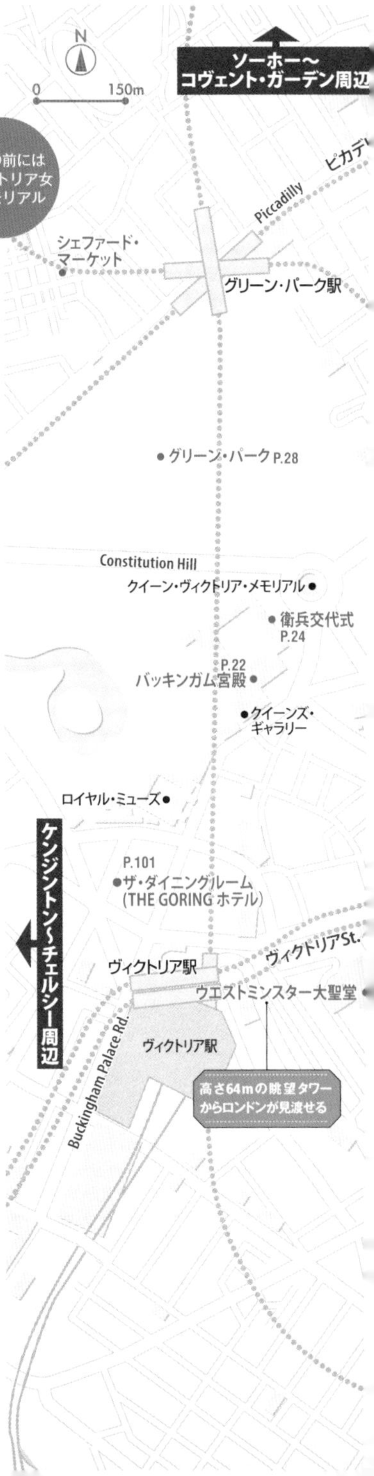

N
0
150m
ソーホー～
コヴェント・ガーデン周辺
ピカデ
Piccadilly
シェファード・
マーケット
グリーン・パーク駅
グリーン・パーク P.28
Constitution Hill
クイーン・ヴィクトリア・メモリアル
衛兵交代式
P.24
P.22
バッキンガム宮殿
クイーンズ・
ギャラリー
ロイヤル・ミューズ
ケンジントン～チェルシー周辺
P.101
ザ・ダイニングルーム
(THE GORING ホテル)
ヴィクトリアSt.
ヴィクトリア駅
ウエストミンスター大聖堂
Buckingham Palace Rd.
ヴィクトリア駅
高さ64mの眺望タワー
からロンドンが見渡せる

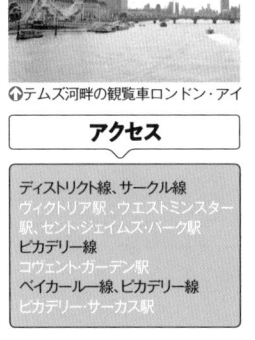

ピカデリー・サーカス駅

●ナショナル・
ポートレート・ギャラリー
●ナショナル・ギャラリー P.72

Strand

ウォータールー・
ブリッジ

トラファルガー・
スクエア

チャリング・クロス駅

チャリング・クロス駅

エンバンクメント駅

セント・ジェイムズ・パークで
は1664年にロシア大使から贈ら
れたペリカンが繁殖した

Victoria Embankment

●セント・ジェイムズ・
宮殿

The Mall

P.24
騎兵隊交代式

P.32
ロンドン・アイ

ウォータールー駅

ザ・マル

●セント・ジェイムズ・
カフェ P.117

ダウニング街

P.28
●セント・ジェイムズ・パーク

この辺に赤い公衆電話
ボックスが点在し、記念
写真の絶好ポイント

ロンドン水族館

Leake Street

ザ・マル
The Mall
バッキンガム宮殿とト
ラファルガー・スクエ
アを結ぶ通り。国家的
な儀式用に造られた。

ウエストミンスター・
ブリッジ

●衛兵(ガーズ)博物館

ウエストミンスター駅

P.27
●ビッグ・ベン

フローレンス・ナイチンゲール
博物館 ●

フェリントン兵舎 P.56

セント・マーガレット教会●

P.27/P.36
●国会議事堂
(ウエストミンスター宮殿)

リーク St
Leake Street
いつもグラフィティ・
アーティストが群れるト
ンネルは壮観。バンク
シーも通ったという。

セント・ジェイムズ・パーク駅

ウエストミンスター寺院
P.26/P.36

Carlisle Lane

Hercules Rd.

●ウエストミンスター・
シティ・ホール

テムズ川

アーチビショップス・
パーク

Victoria St.

Great Peter St.

マーシャムSt.

ミルバンク

Lambeth Palace Rd.

ランベスRd.
Lambeth Rd.

ウエストミンスター
★

ランベス・パレス

ランベス

●庭園博物館 P.81

Lollard St.

セント・ジョンズ・
ガーデンズ

Marsham St.

Millbank

ランベス・
ブリッジ

Newport St.

Gibson Rd.

ヴォクソール・ブリッジ
Rd.

ベルグレイヴRd.
grave Rd.

John Islip St.

Atterbury St.

P.76
●テート・ブリテン

Vauxhall St.

Sancroft St.

ピムリコ駅

Vauxhall
Bridge Rd.

Ponsonby Pl.

アート

エンターテインメント

グルメ

ショッピング

歩いて楽しむ

ホテル

夜も賑やかな
ピカデリー・
サーカス

中心街を歩きウエスト・エンドで観劇!

ソーホー〜
コヴェント・ガーデン周辺
Soho , Covent Garden

ハイド・
パーク

キングス・
クロス駅

大英博物館
★

ロンドン塔

歴史と文化と芸術のスポットに、ファッション、ショッピング、グルメ、エンターテインメントなどが集結。あれもこれもと欲張りたい人はマルチにロンドンが楽しめる。

MAP 付録P.14-15

ロンドン一の繁華街
買い物にグルメに芸術三昧

　ナショナル・ギャラリーがあるトラファルガー・スクエアやエロス像の立つピカデリー・サーカス界隈は、多くの観光客で賑わう。王室御用達や老舗高級店などが並ぶショッピングストリートが集まる。

　中華街のあるソーホーは劇場にパブやナイトクラブなど活気あふれるエリア。映画『マイ・フェア・レディ』の舞台として有名なコヴェント・ガーデンは、ヒッチコックが少年時代を過ごした場所で、映画作品にも登場する青果市場などで栄えた。今は屋台が並ぶマーケットやストリート・ファッションのメッカ。また、ロイヤル・オペラ・ハウスをはじめ劇場やライブハウスも多く、広場などでは大道芸人によるパフォーマンスや生演奏などが楽しめる。

⬆キング StとベッドフォードStの交差点

アクセス

セントラル線、ヴィクトリア線
オックスフォード・サーカス駅
ピカデリー線
グリーン・パーク駅、コヴェント・ガーデン駅、ピカデリー・サーカス駅
ベイカールー線、ノーザン線
チャリング・クロス駅

● ライディング・ハウス・カフェ

オックスフォード St
Oxford Street
東西に延びる長い通りは、ロンドンで最も賑やかなショッピング・ストリート。大型デパートが建ち、大小の店が並んで、買い物客が絶えることはない。

オックスフォード・サーカス駅

● フォトグラファーズ・ギャラリー

● リバティ P.134

サヴィル・ロウ
Savile Row
オーダーメイドの紳士服を扱う店が集中している通り。顧客には有名人が名を連ねている。

Carnaby St.

P.137
Savile Row

Bakerloo Line
Regent St.

チャーチル首相とルーズベルト大統領の銅像がベンチで会合中。真ん中に座って記念写真を撮るのが人気

● アライズ・スカルプチャー
ロイヤル・アーケード ●

● シャボネル・エ・ウォーカー P.115
グローブ・トロッター

P.107
フィッシュワークス Ⓐ

P.125

ロイヤル・アーケード
The Royal Arcade
19世紀後半に完成した、歴史あるショッピング・アーケード。

フォートナム&メイソン
P.135

Ⓐ ザ・ウォルズリー P.96

Ⓗ ザ・リッツ・ロンドンP.159

P.28
グリーン・パーク

セント・ジェイムズ・宮殿

バッキンガム宮殿周辺

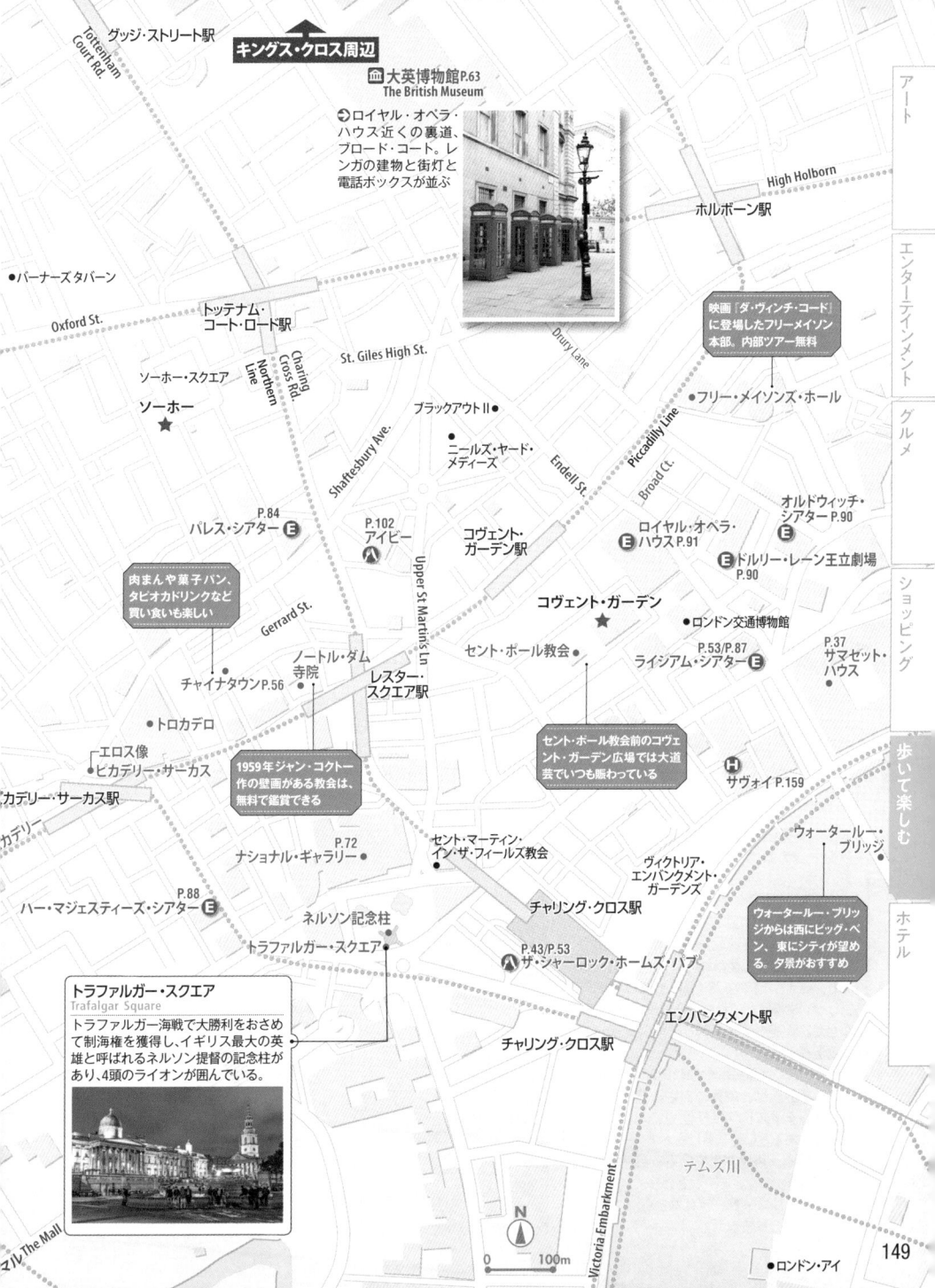

グッジ・ストリート駅

Tottenham Court Rd.

キングス・クロス周辺

🏛大英博物館P.63
The British Museum

➡ロイヤル・オペラ・ハウス近くの裏道、ブロード・コート。レンガの建物と街灯と電話ボックスが並ぶ

High Holborn

ホルボーン駅

映画『ダ・ヴィンチ・コード』に登場したフリーメイソン本部。内部ツアー無料

●バーナーズ タバーン

Oxford St.

トッテナム・コート・ロード駅

Charing Cross Rd.
Northern Line

St. Giles High St.

Drury Lane

フリー・メイソンズ・ホール

ソーホー・スクエア

ソーホー ★

ブラックアウトⅡ●

ニールズ・ヤード・メディーズ

Endell St.

Broad Ct.

Piccadilly Line

オルドウィッチ・シアター P.90

Shaftesbury Ave.

パレス・シアター P.84 E

P.102 アイビー

Upper St Martin's Ln.

コヴェント・ガーデン駅

ロイヤル・オペラ E ハウス P.91

E ドルリー・レーン王立劇場 P.90

肉まんや菓子パン、タピオカドリンクなど買い食いも楽しい

Gerrard St.

ノートル・ダム寺院

セント・ポール教会

コヴェント・ガーデン ★

●ロンドン交通博物館 P.53/P.87

P.37 サマセット・ハウス

チャイナタウン P.56

レスター・スクエア駅

ライシアム・シアター E

●トロカデロ

エロス像

1959年ジャン・コクトー作の壁画がある教会は、無料で鑑賞できる

セント・ポール教会前のコヴェント・ガーデン広場では大道芸でいつも賑わっている

サヴォイ P.159 H

ピカデリー・サーカス

ピカデリー・サーカス駅

ピカデリー

P.72 ナショナル・ギャラリー●

セント・マーティン・イン・ザ・フィールズ教会

ヴィクトリア・エンバンクメント・ガーデンズ

ウォータールー・ブリッジ

ハー・マジスティーズ・シアター P.88 E

ネルソン記念柱

チャリング・クロス駅

ウォータールー・ブリッジからは西にビッグ・ベン、東にシティが望める。夕景がおすすめ

トラファルガー・スクエア ★

P.43/P.53 ザ・シャーロック・ホームズ・パブ A

エンバンクメント駅

トラファルガー・スクエア
Trafalgar Square
トラファルガー海戦で大勝利をおさめて制海権を獲得し、イギリス最大の英雄と呼ばれるネルソン提督の記念柱があり、4頭のライオンが囲んでいる。

チャリング・クロス駅

The Mall

N

0   100m

Victoria Embankment

テムズ川

●ロンドン・アイ

149

アート

エンターテインメント

グルメ

ショッピング

歩いて楽しむ

ホテル

AREA WALKING

ルネサンス様
式のドームを
持つセント・
ポール大聖堂

テムズ川を眺め、最先端の街を歩く

シティ～ロンドン塔周辺
City, Tower of London

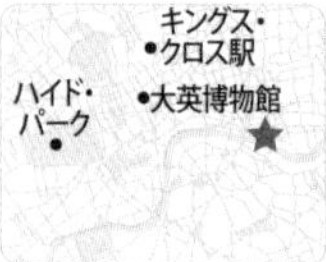

キングス・
・クロス駅
ハイド・　　・大英博物館
パーク　　　★

**中世の建物に斬新な高層ビル群が立ち並ぶ
シティは金融オフィス街。ショーディッチ界隈
はおしゃれなロンドナーが集まる最先端の
アーティスティック・エリアとして注目の的。**

MAP 付録P.16-17

テムズ川沿いで実感する
ロンドンの新旧カルチャー

　テムズ川の北側に位置するシティは、ロー
マ統治時代まで遡るロンドン発祥の地。ドー
ムが印象的なセント・ポール大聖堂、牢獄や
公開処刑場として使われたロンドン塔、『ロ
ンドン橋落ちた』の童謡で知られるロンドン・
ブリッジや優雅な跳ね橋のタワー・ブリッジ
などが、大胆なフォルムの未来型高層ビル
群と混在する。

　一方、古くは移民街や倉庫街だったショー
ディッチ界隈は、家賃の安さに惹かれて多
くのアーティストが移り住み、バンクシー
の作品もあるというストリート・アートが街
なかを飾る。移民文化を伝える個性的なレ
ストランやカフェ、バーなどが多く、ファッ
ションからレコード、家具など幅広いヴィ
ンテージものが揃う。

○リビングトンStのグラフィティ

アクセス

セントラル線、ウォータール―＆シ
ティ線、ノーザン線
バンク駅
サークル線、ディストリクト線
タワー・ヒル駅、モニュメント駅
サークル線、メトロポリタン線
オルドゲート駅

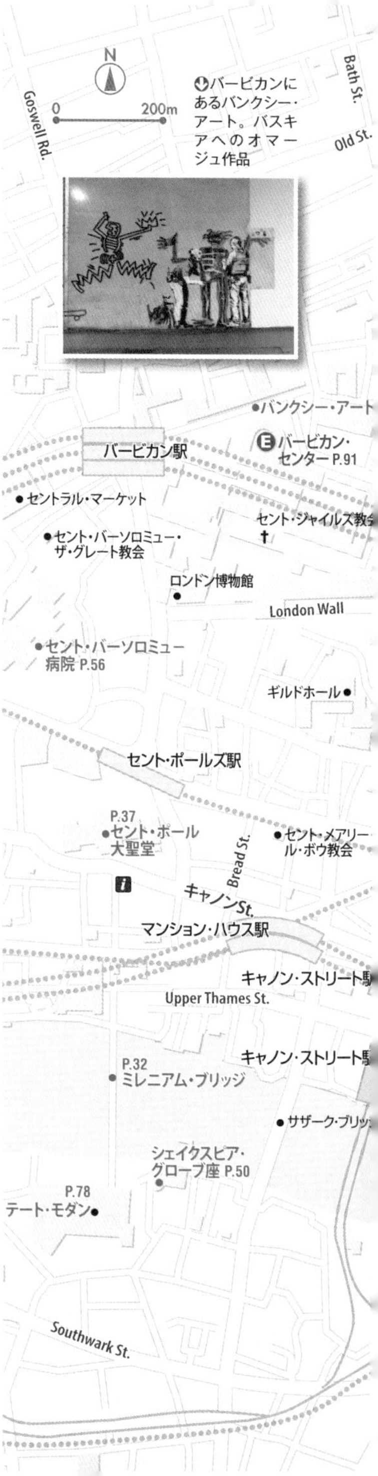

○バービカンに
あるバンクシー・
アート。バスキ
アへのオマー
ジュ作品

●バンクシー・アート
バービカン駅
Ｅ バービカン・
センター P.91

●セントラル・マーケット

●セント・バーソロミュー・
ザ・グレート教会

セント・ジャイルズ教会 ✝

ロンドン博物館●

London Wall

●セント・バーソロミュー
病院 P.56

ギルドホール●

セント・ポールズ駅

P.37
●セント・ポール
大聖堂

●セント・メアリー
ル・ボウ教会

ℹ キャノンSt.
マンション・ハウス駅

キャノン・ストリート馬

Upper Thames St.

P.32
●ミレニアム・ブリッジ

キャノン・ストリート馬

●サザーク・ブリッ

シェイクスピア・
グローブ座 P.50

P.78
テート・モダン●

Southwark St.

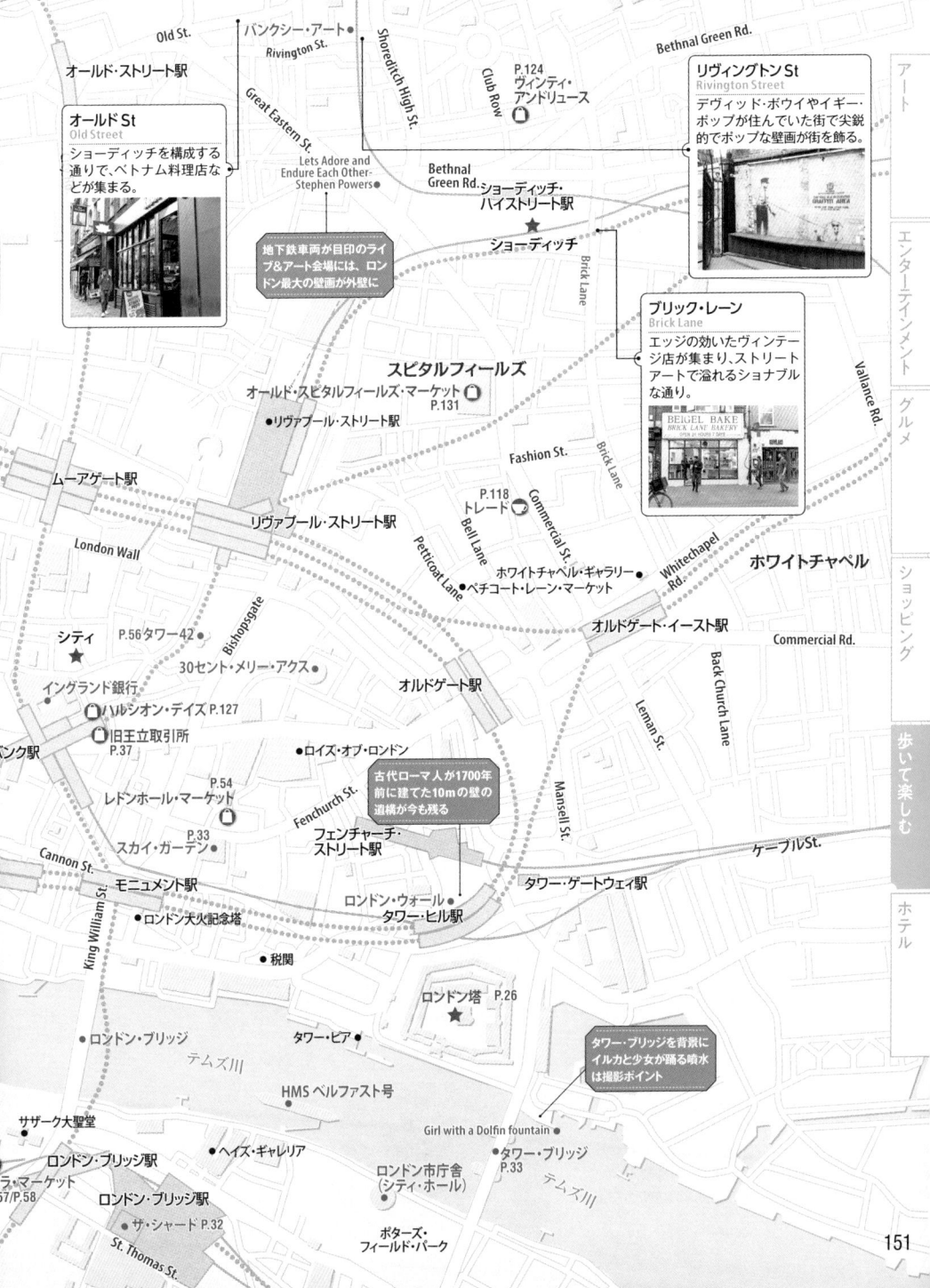

Old St.

バンクシー・アート●

Rivington St.

Shoreditch High St.

Bethnal Green Rd.

オールド・ストリート駅

Great Eastern St.

Club Row

P.124
ヴィンティ・
アンドリュース

リヴィングトン St
Rivington Street
デヴィッド・ボウイやイギー・
ポップが住んでいた街で尖鋭
的でポップな壁画が街を飾る。

オールド St
Old Street
ショーディッチを構成する
通りで、ベトナム料理店な
どが集まる。

Lets Adore and
Endure Each Other-
Stephen Powers●

Bethnal
Green Rd.
ショーディッチ・
ハイストリート駅

★ ショーディッチ

Brick Lane

地下鉄車両が目印のライ
ブ＆アート会場には、ロン
ドン最大の壁画が外壁に

Valance Rd.

ブリック・レーン
Brick Lane
エッジの効いたヴィンテー
ジ店が集まり、ストリート
アートで溢れるショナブル
な通り。

スピタルフィールズ

オールド・スピタルフィールズ・マーケット
P.131 ◎

●リヴァプール・ストリート駅

Fashion St.

Brick Lane

P.118
トレード●

Commercial St.

Bell Lane

ムーアゲート駅

リヴァプール・ストリート駅

London Wall

Petticoat Lane

ホワイトチャペル・ギャラリー●
ペチコート・レーン・マーケット

Whitechapel Rd.

ホワイトチャペル

シティ ★

P.56 タワー42 ●

30セント・メリー・アクス●

オルドゲート・イースト駅

Commercial Rd.

Bishopsgate

イングランド銀行●

ハルシオン・デイズ P.127

旧王立取引所
P.37

バンク駅

●ロイズ・オブ・ロンドン

オルドゲート駅

Back Church Lane

Leman St.

P.54
レドンホール・マーケット ◎

Fenchurch St.

古代ローマ人が1700年
前に建てた10mの壁の
遺構が今も残る

P.33
スカイ・ガーデン ●

フェンチャーチ・
ストリート駅

Mansell St.

ケーブルSt.

Cannon St.

モニュメント駅

ロンドン・ウォール ●
タワー・ヒル駅

タワー・ゲートウェイ駅

King William St.

●ロンドン大火記念塔

● 税関

ロンドン塔 P.26
★

タワー・ブリッジを背景に
イルカと少女が踊る噴水
は撮影ポイント

●ロンドン・ブリッジ

タワー・ピア●

テムズ川

HMS ベルファスト号

サザーク大聖堂 ●

Girl with a Dolfin fountain ●

ロンドン・ブリッジ駅

●ヘイズ・ギャレリア

タワー・ブリッジ
P.33

ラ・マーケット
57/P.58

ロンドン・ブリッジ駅

ロンドン市庁舎
（シティ・ホール）

テムズ川

● ザ・シャード P.32

St. Thomas St.

ポターズ・
フィールド・パーク

アート

エンターテインメント

グルメ

ショッピング

歩いて楽しむ

ホテル

映画の聖地として知られるキングス・クロス駅

モーニントン・クレセント駅

Phoenix Rd.

Eversholt St.

Hampstead Rd.

Churchway

ユーストン駅

ユーストン駅

ユーストン・スクエア駅

ウォレン・ストリート駅

Grafton Way

Maple St.

Howland St.

動物学博物館には、恐竜やドードー鳥など貴重な標本が大集合。入場無料

●動物学博物館

ガワー St.

ロンドン大学

Gower St.

Tottenham Court Rd.

トッテナム・コート・ロード駅

Oxford St.

大英博物館からハリー・ポッターへ

キングス・クロス周辺
Kings Cross

ハイド・パーク
★ ●大英博物館
●ロンドン塔

堂々たる威厳を放つ大英博物館。世界有数のコレクションを収める広い館内には何度訪れても新しい発見が。キングス・クロス駅は『ハリー・ポッター』ファンの人気撮影スポット。

MAP 付録P8-9

大英博物館は必見！
アカデミックな空気をまとう文芸タウン

『ハリー・ポッター』で魔法世界への入口として再現されたプラットホームがあるキングス・クロス駅はすっかり有名な観光地になったが、南に広がるブルームズベリでの見どころは、世界一の規模を誇る大英博物館に尽きる。

界隈はロンドン大学や図書館などが集まるアカデミックなエリアで、かつて作家や文化人たちが活動の拠点としたことで知られる。チャールズ・ディケンズ博物館があり、マルクスやダーウィン、サマセット・モーム、バーナード・ショー、ヴァージニア・ウルフなどのブルー・プラークが多く目につく。学生たちが行き交う通りには、フィッシュ＆チップスの店やカフェや本屋なども多い。

↑大英博物館の館内エントランス

アクセス

ヴィクトリア線、ノーザン線
サークル線、ピカデリー線
キングス・クロス/St.パンクラス駅
ヴィクトリア線、ノーザン線
ウォレン・ストリート駅
セントラル線、ノーザン線
トッテナム・コート・ロード駅

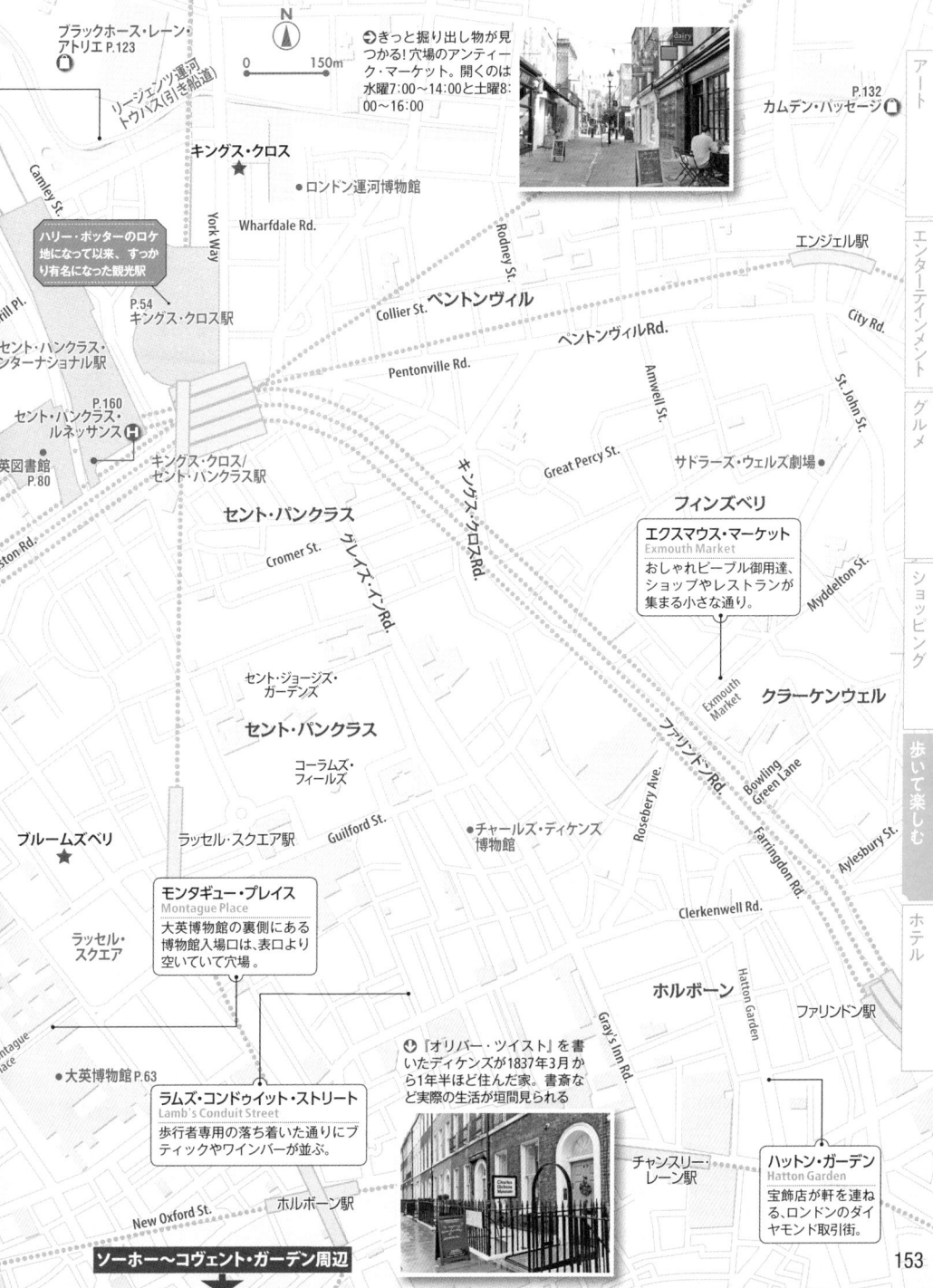

ブラックホース・レーン・アトリエ P.123

リージェンツ運河トウパス(引き船道)

P.132 カムデン・パッセージ

→きっと掘り出し物が見つかる! 穴場のアンティーク・マーケット。開くのは水曜7:00～14:00と土曜8:00～16:00

キングス・クロス ★

●ロンドン運河博物館

Wharfdale Rd.

Camley St.

York Way

エンジェル駅

Rodney St.

Collier St. ペントンヴィル

P.54 キングス・クロス駅

ハリー・ポッターのロケ地になって以来、すっかり有名になった観光駅

Pentonville Rd. ペントンヴィルRd.

City Rd.

セント・パンクラス・インターナショナル駅

P.160 セント・パンクラス・ルネッサンス

大英図書館 P.80

キングス・クロス/セント・パンクラス駅

Amwell St.

St. John St.

Great Percy St.

サドラーズ・ウェルズ劇場●

フィンズベリ

セント・パンクラス

Cromer St.

グレイズ・イン Rd.

キングス・クロスRd.

エクスマウス・マーケット
Exmouth Market
おしゃれピープル御用達、ショップやレストランが集まる小さな通り。

Myddelton St.

セント・ジョージズ・ガーデンズ

セント・パンクラス

Exmouth Market

クラーケンウェル

コーラムズ・フィールズ

ファリンドンRd.

Roseberry Ave.

Bowling Green Lane

ブルームズベリ ★

ラッセル・スクエア駅

Guilford St.

●チャールズ・ディケンズ博物館

Farringdon Rd.

Aylesbury St.

ラッセル・スクエア

Clerkenwell Rd.

モンタギュー・プレイス
Montague Place
大英博物館の裏側にある博物館入場口は、表口より空いていて穴場。

ホルボーン

Hatton Garden

ファリンドン駅

●大英博物館 P.63

ラムズ・コンドウィット・ストリート
Lamb's Conduit Street
歩行者専用の落ち着いた通りにブティックやワインバーが並ぶ。

Gray's Inn Rd.

New Oxford St.

ホルボーン駅

『オリバー・ツイスト』を書いたディケンズが1837年3月から1年半ほど住んだ家。書斎など実際の生活が垣間見られる

チャンスリー・レーン駅

ハットン・ガーデン
Hatton Garden
宝飾店が軒を連ねる、ロンドンのダイヤモンド取引街。

ソーホー～コヴェント・ガーデン周辺

0 150m

N

アート

エンターテインメント

グルメ

ショッピング

歩いて楽しむ

ホテル

153

©iStock.com/Vladislav Zolotov

ケンジントン宮殿の庭園は美しく、気品に満ちている

おしゃれな街チェルシーとミュージアム

ケンジントン〜チェルシー周辺

Kensington, Chelsea

ハロッズを筆頭に王室御用達の高級百貨店やブランド・ショップが立ち並ぶエリア。作家や文化人が住んだ家が残るチェルシーでは高級住宅地をセレブ気分で散策したい。

MAP 付録P.12-13／P.18-19

キングス・クロス駅
大英博物館
ハイド・パーク ★
ロンドン塔

ショップもレストランもハイソ
セレブが愛した街並みへ

ダイアナ元妃ゆかりのケンジントン・ガーデンズの南側は、その歴史とゴージャスな内装と華やかなディスプレイでロイヤルな雰囲気を体現できる老舗デパートやブランド店が軒を連ねる。また、ヴィクトリア&アルバート博物館、科学博物館、自然史博物館の3大ミュージアムが集まるエリアでもあり、ヴィクトリア時代の文化的栄華を偲ばせる。

17世紀頃から高級住宅街だったチェルシーは、古くは『ユートピア』の著者のトマス・モア、『クマのプーさん』の作者のA.A.ミルン、詩人のオスカー・ワイルドやアガサ・クリスティなども居を構え、ブルー・プラークを探すのも楽しい。近年ではフレディ・マーキュリーなどの家も残る。

ヴィクトリア&アルバート美術館

アクセス

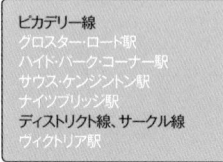

ピカデリー線
　グロスター・ロード駅
　ハイド・パーク・コーナー駅
　サウス・ケンジントン駅
　ナイツブリッジ駅
ディストリクト線、サークル線
　ヴィクトリア駅

Budge's Walk
Lancaster Walk
ピーターパン像
ケンジントン・ガーデンズ P.28
サーペンタイン ギャラリー
アルバート・メモリアル
ロイヤル・アルバート・ホール ●
王立音楽カレッジ ●
インペリアル・カレッジ ●
Gloucester Rd.
Elvaston Pl.
Queen's Gate
Imperial College P.
P.80 科学博物館 ●
P.57/P.79 自然史博物館 ●
クロムウェルRd.
グロスター・ロード駅
サウス・ケンジントン ★
Gilston Rd.
フラムRd.
N
0　　　200m

ハイド・パーク
P.28

サーペンタイン・
クラー・ギャラリー

サーペンタイン・
ブリッジ

ダイアナ・メモリアル・
ファウンテン P.29

サーペンタイン・
リド

The Serpentine

Rotten Row

ロッテン・ロウ
Rotten Row
歩行者用道路に並行した未舗装の乗馬専用道路、英国らしい乗馬姿が見られるかも。

湖の一部を区切った、シャワーや脱衣場もある遊泳場サーペンタイン・リドは、6〜8月オープン

P.117
イーエル&エヌ

ウェリントン・アーチは、もともと、バッキンガム宮殿の玄関として建てられた

アプスリー・ハウス
ハイド・パーク・コーナー駅
ウェリントン・アーチ

P.159
マンダリン・オリエンタル
ハイド・パーク

South Carriage Drive

Kensington Rd.

Knightbridge

バークレー P.159

ナイツブリッジ駅

ナイツブリッジ

ブロンプトン Rd
Brompton Road
デパートのハロッズがあり、バーバリーなどのブランド店も軒を連ねるショッピング街。

Exhibition Rd.

ブロンプトン Rd.

P.134
ハロッズ

Brompton Road

ベルグレイヴィア

P.68
ヴィクトリア＆アルバート
博物館

Pont St.

Sloane St.

Pavilion Rd.

Cadogan Place

Eaton Pl.

Eaton Square

イートン・スクエア

5000年を遡るアートが鑑賞できる。2015年に新ギャラリーが加わった（P.68）

Cromwell Rd.

カドガン・スクエア・
ガーデン

パヴィリオン Rd
Pavilion Road
ヴィレッジ風の雰囲気が楽しい石畳の新ショッピングストリート。

バッキンガム宮殿周辺

サウス・ケンジントン駅

スローン・スクエア

ロイヤル・コート・シアター

キングス Rd
King's Road
およそ2kmにわたってブティックなどが並ぶ、一大ショッピングストリート。

ピーター・ジョーンズ

スローン・スクエア駅

Fulham Rd.

キングス Rd.

デューク・オブ・
ヨーク・スクエア

サーチ・ギャラリー

Pimlico Rd.

Sydney St.

セント・ルークス教会

チェルシー

オスカー・ワイルドが10年間住んでいたアパートが、高級住宅街の一角にある

Royal Hospital Rd.

Chelsea Bridge Rd.

チェルシー・エンバンクメント
Chelsea Embankment
オスカー・ワイルドも散歩したであろう川沿いの静かな道。川向こうはバタシー・パーク。

A.A.ミルンの家

King's Rd.

オスカー・ワイルドの家

Chelsea Embankment

テムズ川

チェルシー・
ブリッジ

アート

エンターテインメント

グルメ

ショッピング

歩いて楽しむ

ホテル

栄光と酸鼻、至福と悲惨のドラマが滔々と流れる
ロンドンを知れば世界が見える

「全世界は一つの舞台」ならば、ロンドンという世界も大きな舞台であるだろう。
長大な歴史の流れを逸話なども楽しみながら気軽に眺めてみたい。

ブリタニアの中心都市ロンドン

カエサルがブリテン島に

　紀元前54年、ケルト人の住むブリテン島にカエサル率いるローマ軍が上陸。ローマの属州ブリタニアの中心都市としてロンディニウム（ロンドン）が整備された。2世紀頃から高さ6mの防御壁ロンドン・ウォールが建造された。5世紀末にはアングロ・サクソン人が進出・支配。11世紀にはイングランド最大の都市となり、のちにハンザ同盟の在外商館も置かれた。エドワード懺悔王はウエストミンスター寺院をロマネスク様式で創建した。

幽霊にも出会える?スポット

ノルマン朝とロンドン塔

　エドワード懺悔王の死後、1066年にノルマンディー公ギヨーム2世はヘイスティングスの戦いでハロルド2世（アングロ・サクソン系最後のイングランド王）を破り、ロ

△ウィリアム1世

△ロンドン塔をシェイクスピアは惨劇の場として描き、夏目漱石は「不気味だった」と書いた ▶P26

ンドンも降伏させた。

　ノルマンディー公はウエストミンスター寺院でイングランド王ウィリアム1世として即位し、イギリス王室の開祖となる（ノルマン・コンクエスト）。城塞としてホワイト・タワー（ロンドン塔）を建造するが、のちには牢獄として利用された。ヘンリー8世の2番目の王妃アン・ブーリンは無実の罪でここに投獄され、斬首された（彼女の幽霊の目撃情報は今も有名）。アン・ブーリンの王女エリザベス1世も投獄されたことがある。「塔の中の王子たち」として知られるエドワード5世と弟も幽閉され、消息を絶ったといわれる。夏目漱石は1900年にここを見学し、小説『倫敦塔』を書いている。

離婚のためなら宗教をも変える

メアリー1世は血の臭い

　チューダー朝第2代のイングランド王ヘンリー8世（在位1509〜47年）の離婚問題を主な原因としてローマ・カトリックから分離したイギリス国教会が設

△メアリー1世

立された。これに反対したトマス・モア（『ユートピア』の著述で知られる）は処刑されるが、ヘンリー8世の側近で、宗教改革を主導したトマス・クロムウェルもやがてロンドン塔に収監され、処刑されてしまう。

　ヘンリー8世の娘メアリー1世は、プロテスタントのイギリス国教会を敵視・迫害し、約300人をも処刑したため"ブラッディ・メアリー（血まみれのメアリー）"と称された。メアリー1世の後継エリザベス1世は国教会を国教とし、確かなものとした。やがてこれがピューリタン革命とつながっていく。1585年、ロンドンに進出したシェイクスピアはロンドンで新進の劇作家として大きな成功を収めた。

200	300	400	500	600	700	800	900	1000	1100	1200
ローマ帝国			アングロ・サクソン七王国					イングランド王国		
			449 サクソン人がロンドンを支配	604 セント・ポール大聖堂創建		886 アルフレッド大王がロンドンを奪回・再建／851 ヴァイキングによるロンドン襲撃が続く	927 イングランド統一	1016 デーン朝／1042 ウエストミンスター宮殿	1066 ノルマン朝	1154 プランタジネット朝
同時期の日本	百済使者来日			十七条憲法	大宝律令／大化の改新	遣唐使廃止	承平・天慶の乱	白河上皇院政	保元・平治の乱／鎌倉幕府	承久の乱

モーツァルト、ロンドンに行く
王妃に神童が見事な即興

　8歳のモーツァルトは1764年、パリを出発してカレーからドーヴァーを渡り、ロンドンに着く。当時この街は音楽都市でもあって、ジョージ3世(在位1760～1820年)は宮廷音楽を好み、イギリスの繁栄をバックに私的なコンサートなどを盛んに開催した。バッキンガム宮殿では、王妃シャーロット・ソフィアが歌うアリアに即興で伴奏を披露し、その超人的な才能を発揮したという。神童モーツァルトのロンドン滞在は1年3カ月にも及び、多くの作品を残した。

ヴィクトリア期に多様な世界が
産業革命の光と影の葛藤

　人口が50万を超えた17世紀のロンドンはヨーロッパ最大の都市になっていたが、1665年には人口の約25%が死亡したペストが大流行、翌1666年には市内の家屋の約85%を焼き尽くしたロンドン大火災が起こる。これらの災厄から、ロンドンは新しい都市計画によって近代都市へと再建されていく。
　1760年代から進行した産業革命は、ロンドンをその中心的都市とするが、人口と産業の集中化は生活環境に深刻な影響も与えることになった。1837年にヴィクトリア女王が即位すると、産業革命は頂点を迎え、19世紀後半にはロンドン万博が開催され、世界初の地下鉄も開業する。文化的にはダーウィンの『種の起原』が発刊され、芸術・文学界ではターナーやラファエル前派、ディケンズやオスカー・ワイルドらが活躍し、個性に富んだ多様な世界が生み出されていった。

大戦後は流入する移民の問題が
飛行船攻撃から大空襲へ

　第一次世界大戦(1914～18年)の前半、連合国側のイギリス首都ロンドンは、ドイツ軍のツェッペリン飛行船による爆撃にさらされ、住民は呆然と空を見上げるばかりだったが、やがてイギリス軍は飛行機を使って反撃に出る。最初の大戦からわずか21年後には第二次世界大戦が勃発。1940年9月、ロンドンはナチス・ドイツ軍から無差別爆撃(ロンドン大空襲／The Blitz)を受け、死者4万人以上の被害を被っている。この頃のロンドン上空には、敵機の低空侵入を防御するため、多くの気球(阻塞気球)が浮かんでいた。
　大戦は結果的にドイツのブリテン島への上陸を諦めさせ、ロンドンは占領されることはなかった。1940年代からロンドンには多くの移民が流入し、多民族化と多様化が進んだが、この傾向は現在も続き、さまざまな不安な問題も生起している。

↑1940年、空襲を受けたロンドン市街

スインギング・ロックの時代が
ロンドンは文化発祥の地

　ロンドンは多くの先端カルチャーの震源地でもある。1950年代末のモッズ、60年代のビートルズやツィギーらが輝いたスインギング・ロンドン、60年代後半のヒッピー、70年代後半のパンクなどが世界を席巻し、ライフスタイルにも多くの影響を与えてきた。現在はショーディッチが位置するイースト・ロンドンあたりが騒がしい。アートシーンではバンクシーが話題となり、ロンドンはそのストリート・アートが各所で見られる宝庫だ。

サッチャーも猫と暮らした家
代々の首相の歴史の証人

　歴代の首相は300年以上の歴史を持つ官邸(ダウニング街10番地、一般にNumber 10と呼ばれる)に住むが、初の女性首相、第71代のマーガレット・サッチャー

↑ロンドンで最も重要な住所かもしれない

(在任1979～90年)は、黒い正面玄関が印象的な官邸を「最も重要な国家遺産のひとつ」と高く評価し、猫を飼ったことでも有名。かつてロンドン市長を務め、2019年7月に首相となったボリス・ジョンソンは77代目にあたる。官邸には「首相官邸鼠捕獲長」の肩書きを持つ正式な飼い猫も"雇用"されていて、給与もある。

1400	1500	1600	1700	1800	1900	2000
		イングランド王国		グレートブリテン王国		イギリス

1399 ランカスター朝
1461 ヨーク朝
1485 チューダー朝
1556 王立取引所設立
1558 エリザベス1世即位
1603 スチュアート朝
1640～ ピューリタン革命
1652 コーヒー・ハウス出現
1666 ロンドン大火災
1694 イングランド銀行設立
1707 グレートブリテン王国
1714 ハノーヴァー朝
1759 大英博物館開館
産業革命
1801 アイルランド王国と連合
1829 ロンドン警視庁設置
1837 ヴィクトリア朝
1851 ロンドン万国博覧会
1863 世界最初の地下鉄開業
1865 ビッグ・ベン完成
1901 サウス・コバーク・ゴーダ朝
1917 ウィンザー朝
1940 ロンドン大空襲
1952 エリザベス2世即位
1979 サッチャー首相就任

室町幕府
江戸幕府
豊臣秀吉関白
織田信長入京
生類憐みの令
享保の改革
寛政の改革
天保の改革
天保の改革
明治維新
日米和親条約
日清戦争
日露戦争
関東大震災

文庫1冊、旅行バッグにしのばせて

イギリスの文豪たち

イギリス文学のヒントになるかもしれない本の一端。シェイクスピアはP.50・80

ジェフリー・チョーサー
Geoffrey Chaucer (1340?～1400)

カンタベリー大聖堂への巡礼者らがそれぞれの物語を語るスタイルで書かれた『カンタベリー物語』は中世文学の傑作。作者はロンドン生まれのチョーサーで、その人間洞察の深さと鋭さはもとより、ラテン語や当時の貴族の言葉であったフランス語ではなく、中期英語で著したことでも知られる。英詩の父とも称される。

ジョナサン・スウィフト
Jonathan Swift (1667～1745)

ダブリン生まれのスウィフトは聖パトリック大聖堂の司祭でもあったが、デフォーの『ロビンソン・クルーソー』の影響を受けて、当時のイギリスの政治や社会、さらに人間存在への痛烈な批判と嘲笑の風刺小説『ガリバー旅行記』を書いた。ほかに『桶物語』などが知られる。デフォーとともに近代小説の父ともされる。

ウィリアム・ワーズワース
William Wordsworth (1770～1850)

イギリス・ロマン派を代表する詩人ワーズワースは、生涯の大半を湖水地方で過ごしたため、湖畔詩人とも呼ばれた。コールリッジとの共著『抒情歌謡集』はロマン主義運動の画期的な詩集として高く評された。ほかに自伝的叙事詩『序曲』などが知られる。73歳で桂冠詩人（王室から任命された詩人）となっている。

ジェーン・オースティン
Jane Austin (1775～1817)

イギリス南部ハンプシャーの牧師館で生まれたオースティンの小説はどれも18～19世紀イングランドの田舎の中流生活を書いたもの。その登場人物の皮肉っぽく、ユーモラスな心理描写は高い評価を得ている。代表作は『高慢と偏見』『マンスフィールド・パーク』など。住んだことのあるバースには資料館がある。

チャールズ・ディケンズ
Charles Dickens (1812～1870)

軍港ポーツマス近郊に生まれ、のちにロンドンに住んだディケンズは、ヴィクトリア時代を代表する作家で、下層の人々の生活をヒューマニズムを基調にユーモアとペーソスで描き、国民的作家として人気を博した。代表作に『ディヴィット・コパフィールド』や『オリバー・ツイスト』『クリスマス・キャロル』などがある。

オスカー・ワイルド
Oscar Wilde (1854～1900)

「自然は芸術を模倣する」と言ったとされるワイルドは19世紀末を代表する作家・劇作家。同性愛で投獄されるなど、スキャンダラスな生涯を歩んだ。小説に『ドリアン・グレイの肖像』、詩劇の『サロメ』（挿絵を描いたビアズリーはブライトン生まれ）、喜劇の『真面目が肝心』、有名な童話『幸福の王子』などを残した。

ジョージ・バーナード・ショー
George Bernard Shaw (1856～1950)

アイルランド生まれのショーは、イギリス近代演劇を確立した劇作家で、生涯に53作もの戯曲を書き、1925年にはノーベル文学賞を受賞。代表作のひとつ『ピグマリオン』はミュージカル『マイ・フェア・レディ』の原作として知られる。ほかに『メトセラへ帰れ』や『人と超人』などがある。批評家としても活躍した。

サマセット・モーム
Somerset Maugham (1874～1965)

イギリス人を両親とし、パリに生まれたモームは幼くして孤児となりイギリスに渡る。軍医や諜報部員などを経て、ゴーギャンの生涯をモデルとした小説『月と六ペンス』を書いて注目された。わかりやすさと巧妙な物語性が好まれた作家で、長編として『人間の絆』や『お菓子とビール』、短編に『雨』などの傑作がある。

ジェイムズ・ジョイス
James Joyce (1882～1941)

ダブリン郊外に生まれた20世紀最大の作家の一人と評されたジョイスは、登場人物の意識の流れや、パロディ、洒落、地口、模倣などの手法を駆使てさまざまな文体で表現した小説『ユリシーズ』が特に知られる。ほかに『若き芸術家の肖像』や難解な言語で書かれた『フィネガンズ・ウェイク』などがある。

D.H. ロレンス
David Herbert Lawrence (1885～1930)

ノッティンガムシャーで炭坑労働者の息子として生まれたロレンスは、小学校の教員などをし、やがて創作活動に専念。恩師の妻フリーダと駆け落ちし、物質文明を嫌い、本能による性愛の充実を主張した。代表作『チャタレイ夫人の恋人』の邦訳は"わいせつ物頒布罪"に問われ、「チャタレー事件」として話題になった。

ホテルリスト

アート

エンターテインメント

グルメ

ショッピング

歩いて楽しむ

ホテル

● バッキンガム別館とも呼ばれる歴史と格式

クラリッジス
Claridge's

ハイド・パーク周辺 **MAP** 付録P.13 F-2
☎020-7629-8860 ✕Ⓤ Bond Streetボンド・ストリート駅から徒歩3分 🚇 Brook St Mayfair, W1K 4HR 🈁Ⓣ £1200〜 客数190室 🅗 www.claridges.co.uk

● 施設が充実。洗練されたしつらえとサービスが好評

フォーシーズンズ・アット・パーク・レーン
Four Seasons Hotel at Park Lane

ハイド・パーク周辺 **MAP** 付録P.13 F-4
☎020-7499-0888 ✕Ⓤ Hyde Park Cornerハイド・パーク・コーナー駅から徒歩3分 🚇 Hamilton Place, Park Lane, W1J 7DR 🈁Ⓣ £945〜 客数193室 🅗 www.fourseasons.com/london

● 世界のセレブに愛される名門ホテル

ドーチェスター
The Dorchester

ハイド・パーク周辺 **MAP** 付録P.13 F-3
☎020-7493-8181 ✕Ⓤ Hyde Park Cornerハイド・パーク・コーナー駅から徒歩7分 🚇 Park Lane, W1K 1QA Ⓢ Ⓣ £925〜 客数250室 www.dorchestercollection.com/en/london/the-dorchester

● モダンに生まれ変わった老舗ホテル

コンノート
The Connaught

ハイド・パーク周辺 **MAP** 付録P.13 F-3
☎020-7499-7070 ✕Ⓤ Bond Streetボンド・ストリート駅から徒歩6分 🚇 Carlos Place, W1K 2AL Ⓢ £990〜 Ⓣ £1350〜 客数121室 🅗 www.the-connaught.co.uk

● パレスのようなたたずまいとインテリア。食も一流

ザ・リッツ・ロンドン
The Ritz London

ソーホー〜コヴェント・ガーデン周辺 **MAP** 付録P.22 B-4
☎020-7493-8181 ✕Ⓤ Green Parkグリーン・パーク駅から徒歩2分 🚇 150 Piccadilly, W1J 9BR 🈁Ⓣ £819〜 客数136室 🅗 www.theritzlondon.com

● モダン×アンティークなインテリアも素敵

ハム・ヤード
Ham Yard Hotel

ソーホー〜コヴェント・ガーデン周辺 **MAP** 付録P.22 C-2
☎020-3642-2000 ✕Ⓤ Piccadilly Circusピカデリー・サーカス駅から徒歩2分 🚇 One Ham Yard, W1D 7DT 🈁Ⓣ £630〜 客数91室 🅗 www.firmdalehotels.com/hotels/london/ham-yard-hotel

● 改装を経てさらに華やか。豪華ホテルの祖

サヴォイ
The Savoy

ソーホー〜コヴェント・ガーデン周辺 **MAP** 付録P.15 D-3
☎020-7836-4343 ✕Ⓤ Embankmentエンバンクメント駅から徒歩5分 🚇 Strand, WC2R 0EZ Ⓢ Ⓣ £827〜 客数267室 🅗 thesavoy.grandluxuryhotels.com/en/h/396/the-savoy-hotel-london

● 街を象徴する複合ビルの高層階に位置

シャングリラ・アット・ザ・シャード
Shangri-La Hotel At The Shard

ショーディッチ〜イースト・エンド周辺 **MAP** 付録P.16 C-3
☎020-7234-8000 ✕Ⓤ London Bridgeロンドン・ブリッジ駅から徒歩1分 🚇 31 St. Thomas St., SE1 9QU 🈁Ⓣ £600〜 客数202室 🅗 www.shangri-la.com/en/london/shangrila

● 結婚式前日にキャサリン妃が宿泊

ゴーリング
The Goring

バッキンガム宮殿〜ウエストミンスター寺院 **MAP** 付録P.20 A-1
☎020-7396-9000 ✕Ⓤ Victoriaヴィクトリア駅から徒歩4分 🚇 15 Beeston Place, SW1W 0JW Ⓢ Ⓣ £617〜 客数69室 🅗 www.thegoring.com

● エドワード王朝様式の建物に泊まる

ローズウッド
Rosewood London

ソーホー〜コヴェント・ガーデン周辺 **MAP** 付録P.15 E-1
☎020-7781-8888 ✕Ⓤ Holbornホルボーン駅から徒歩3分 🚇 252 High Holborn, WC1V 7EN 🈁Ⓣ £691〜 客数308室 🅗 www.rosewoodhotels.com/en/london

● 大規模改修を経て、さらにラグジュアリーに

マンダリン・オリエンタル・ハイド・パーク
Mandarin Oriental Hyde Park London

ハイド・パーク周辺 **MAP** 付録P.13 E-4
☎020-7235-2000 ✕Ⓤ Knightsbridgeナイツブリッジ駅から徒歩2分 🚇 66 Knightsbridge, SW1X 7LA 🈁Ⓢ Ⓣ £900〜 客数181室 🅗 www.mandarinoriental.com/london/hyde-park

● 著名な文化人たちも暮らした品格あるホテル

バークレー
The Berkeley London

ケンジントン〜チェルシー周辺 **MAP** 付録P.13 E-4
☎020-7235-6000 ✕Ⓤ Hyde Park Cornerハイド・パーク・コーナー駅から徒歩4分 🚇 Wilton Place Knightsbridge, SW1X 7RL 🈁£450〜 Ⓣ £1050〜 客数190室 🅗 www.the-berkeley.co.uk

◎ 洗練されたモダンなラグジュアリー・ホテル
ザ・ウェルズリー
The Wellesley Knightsbridge London
ケンジントン〜チェルシー周辺 MAP 付録P.13 F-4
☎020-7235-3535 ⊗ ⑪ Hyde Park Corner/ハイド・パーク・コーナー駅から徒歩2分 ⏱11
Knightsbridge, SW1X 7LY ⑧⑤⑦£769〜 客室36室 🆗 www.marriott.com/hotels/
travel/lonwb-the-wellesley-knightsbridge-a-luxury-collection-hotel-london

◎ 駅構内にある19世紀の名建築に滞在
セント・パンクラス・ルネッサンス
St. Pancras Renaissance Hotel
大英博物館〜キングス・クロス周辺 MAP 付録P.8 C-3
☎020-7841-3540 ⊗ ⑪ King's Cross St Pancras キングス・クロス/セント・パンクラス
駅から徒歩3分 ⏱ Euston Rd., NW1 2AR ⑧⑤⑦£316〜 客室245室 🆗 www.
marriott.com/hotels/travel/lonpr-st-pancras-renaissance-hotel-london/

◎ 古い銀行を改装。モダンな高級感が漂う
ソフィテル・セント・ジェイムズ
Sofitel London St James
ソーホー〜コヴェント・ガーデン周辺 MAP 付録P.23 D-4
☎020-7747-2200 ⊗ ⑪ Piccadilly Circus ピカデリー・サーカス駅
から徒歩4分 ⏱6 Waterloo Place, SW1Y 4AN ⑧⑤⑦£290〜 客室
183室 🆗 all.accor.com/hotel/3144/index.en.shtml

◎ カジノも有する伝統の中規模5ツ星
デュークス
Dukes London
ソーホー〜コヴェント・ガーデン周辺 MAP 付録P.14 B-3
☎020-7491-4840 ⊗ ⑪ Green Park グリーン・パーク駅から徒歩4
分 ⏱35 St James's Place, SW1A 1NY ⑧⑤£357〜 客室87室 🆗
www.dukeshotel.com

◎ アトリウムでのアフタヌーンティーも素敵
ランドマーク
The Landmark London
リージェンツ・パーク周辺 MAP 付録P.7 D-4
☎020-7631-8000 ⊗ ⑪ Marylebone マリルボーン駅から徒歩2分
⏱222 Marylebone Rd., NW1 6JQ ⑧⑤⑦£432〜 客室300室 🆗
www.landmarklondon.co.uk

◎ 現代的な華やかさをたたえた老舗ホテル
ランガム・ホテル
The Langham London
ハイド・パーク周辺 MAP 付録P.14 A-1
☎020-7636-1000 ⊗ ⑪ Oxford Circus オックスフォード・サーカス駅
から徒歩6分 ⏱1c Portland Place, GB W1B 1JA ⑧⑤⑦£544〜 客室
380室 🆗 www.langhamhotels.com/en/the-langham/london

ホテルの予約方法

ホテルにメールや電話で予約したり旅行代理店への依頼も可能だが、手軽さと割引率で昨今一般的になっているのがホテル比較サイトの利用。

▌ 比較サイトでホテル選び

ホテルの比較サイトでチェックインや滞在日数、宿泊者数などを入力して検索すると、条件に合った宿泊施設がリストアップされる。サイトのおすすめ順、料金順、ランドマークなどでソートし、興味のあるホテルを選ぶと最安値でそのホテルを取り扱っている予約サイトに誘導されるが、料金表示はサイトによって1泊1室あたりのものだったり、滞在日数や部屋数を掛けた金額だったりとマチマチなので確認が必要。また、税やサービス料が加算されていない金額が記載されている場合がほとんどなので、その点も注意。

▌ 支払い方法を確認し選択

予約時にサイト上でクレジットカード決済するケースと現地払いがある。£建て、円払いも要確認。サイトや宿泊プランにより、支払い方法が指定されており、利用者が選択できない場合もある。

▌ 最終手続き前の確認事項

ホテルを決定し、最終的に予約手続きする際には、チェックインとアウトの日付、宿泊人数、部屋数、ツインやダブル、バスタブ付きといった部屋のタイプ、送迎や朝食、クラブラウンジ利用などのサービスが含まれたプランかどうかなど、自分の検索条件に合っているかを確認する。キャンセル要項も重要だ。

▌ チェックイン時には

通常、名前を告げパスポートを提示すれば完了。万が一に備えて予約確認書やバウチャーを持参する。

▌ ホテル選びのポイント

周辺の治安や滞在目的に便利な立地を考慮して選びたい。地図から検索できる予約サイトもある。また、ホスピタリティや清潔感などについてはクチコミも有力な情報源となる。格安ツアーのホテルは都心や駅などから離れた不便な立地にあることも多いので申し込み前に確認を。

SHORT TRIP TO COTSWOLDS

コッツウォルズ

緑の田園風景のなかへ

Contents

©iStock.com/Matthew J Thomas

コッツウォルズへの旅

ロンドンから
日帰りもできる

**イギリスを象徴する豊かな田園風景が広がるコッツウォルズ
地方。ロンドンからちょっと足を延ばして、都会では見られない
のどかな風景やイギリスの神髄にふれてみよう。**

Ⓐ シェイクスピア生誕の街
ストラトフォード・アポン・エイヴォン ▶P.177
Stratford-upon-Avon

イギリスを代表する劇作
家シェイクスピアの生家
などで有名。

Ⓑ 羊毛取引で栄えた豪奢な町並み
チッピング・カムデン ▶P.164
Chipping Campden

コッツウォルズ北端にあ
り、近世の村の風景をよ
く残している村。

Ⓒ コッツウォルズの典型的な村
ブロードウェイ ▶P.166
Broadway

ハチミツ色の石灰岩で造
られた家が軒を連ねる、
美しい村のひとつ。

Ⓓ 静かな村として人気が高い
ロウアー・スローター ▶P.169
Lower Slaughter

商店がなく、観光地の雰
囲気が薄いが、静けさが
魅力の小村。

Ⓔ 観光客で賑わう小川沿いの村
ボートン・オン・ザ・ウォーター ▶P.168
Bourton -on-the -Water

小川の風景に石造りのか
わいらしいショップが交
わり人気が高い。

M5
A46
A44
A46
A449
イーヴシャム ○
Evesham
A44
A44
A46
レッドベリ ○
Ledbury
P.166 ブロードウェイ
Broadway
A417
テュークスベリ ○
Tewkesbury
P.166 ブロードウェイ・タワー ★
Broadway Tower
M50
A417
P.167 スノーズヒル・マナー ★
Snowshill Manor
A40
○ チェルトナム
Cheltenham
A48
グロスター ○
Gloucester
A40
M5
A417
A429
セヴァーン川
Severn
○ サイレンセスタ
Cirencester
P.172 テットベリー Ⓗ
Tetbury
コッツウォルド・ウォーターパーク ●
Cotswold Waterpark
M4
P.174 カッスル・クーム Ⓘ
Castle Combe
○ チッペナム
Chippenham
Ⓙ レイコック P.176
Lacock
○ ブリストル

N
0   10km

Ⓚ バース P.178
Bath

Ⓐ ストラトフォード・
アポン・エイヴォン P.177
Stratford-upon-Avon

イヴォン川

A429

P.164
チッピング・カムデン
Chipping Campden
Ⓑ

バンベリー○
Banbury

○モートン・イン・マーシュ
Moreton -in-Marsh

M40

ストウ・オン・ザ・ウォウルド
Stow-on-the-Wold

○アッパー・スローター Upper Slaughter
Ⓓ ロウアー・スローター P.169
Lower Slaughter
Ⓔ ボートン・オン・ザ・ウォーター P.168
Bourton-on-the-Water

A44

Ⓕ バーフォード P.171
Burford

A34

バイブリー P.170
Bibury

オックスフォード○
Oxford

ケルムスコット・マナー P.180
Kelmscott Manor
★

A420 アビンドン・オン・テムズ○
Abingdon-on-Thames

○ファリンドン
Faringdon

ディドコット○
Didcot

○スウィンドン
Swindon

A34

A346

M4

○モールバラ
Marlborough

M1

A40

Ⓕ コッツウォルズの東の玄関口
バーフォード ▶P.171
Burford
ゆるやかな坂道に、石造
りと木骨組の家々が混在
する村。

Ⓖ コッツウォルズで最も有名な村
バイブリー ▶P.170
Bibury
詩人モリスが「イギリス
で最も美しい村」と賞賛
したことで知られる。

Ⓗ ロイヤルファミリーゆかりの街
テットベリー ▶P.172
Tetbury
アンティークショップで
知られ、チャールズ国王
の店もある。

Ⓘ 近世の田舎の風景を残す
カッスル・クーム ▶P.174
Castle Combe
数百年前の風景を完璧な
までにとどめる、奇跡の
ような山あいの小村。

Ⓙ 映画やドラマの舞台になる村
レイコック ▶P.176
Lacock
ナショナル・トラストに
よって、村と修道院屋敷
が保存されている。

Ⓚ イギリスで唯一の温泉のある街
バース ▶P.178
Bath
ハチミツ色の石造りの建
物が並ぶ、ジョージア王
朝時代の街並みが印象的。

いにしえの情緒漂う
コッツウォルズ最北の村

チッピング・カムデン

Chipping Campden

かつて羊毛取引でヨーロッパにも知られた村。
今はその美しさで、世界中の観光客を
魅了している。

村のシンボル、
セント・
ジェイムズ教
会は必見

ロンドンから
約**2**時間

ハイ Stに軒を連ねる
羊毛商人たちの古い建物

中世から近世にかけて羊毛産業で栄
え、コッツウォルズを縦断する遊歩道
コッツウォルド・ウェイの北の出発点
となっている村。通りに面した古い石
造りの建物には、飲食店、ショップ、
郵便局などがあり、周辺の住人や観光
客で賑わいをみせる。

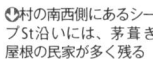

村の中央に残る、17世紀
に建てられたマーケットホー
ル。地元の農産物が販売され
ることもある

村の南西側にあるシー
プSt沿いには、茅葺き
屋根の民家が多く残る

ロンドンからのアクセス

ロンドンのPaddingtonパディントン
駅から鉄道で約1時間30分のMoreton-
in-Marshモートン・イン・マーシュ 駅
で下車し、さらにローカルバスで約30
分、タウン・ホール下車。

ストラトフォード・
アポン・エイヴォン
セント・
ジェイムズ教会
N
0   200m
Back Ends
カムデン・
ハウス跡
フランキー・
ドゥードゥル S
コッツウォルド・ハウス・
ホテル・&スパ H
High St
C バンタム・
ティー・ルームズ
i
R ノエル・アームズ
S ロバート・ウェルチ

地元住民が集うショッピング・ビレッジ

おすすめの人気スポット

ハイストリート沿いには、日常生活に欠かせない店舗が盛りだくさん。住民気分でショッピングを楽しもう。

20世紀初めに保存活動で守られた美しい景観

村の中心にある豪華ホテル
コッツウォルド・ハウス・ホテル＆スパ `ホテル`
Cotswold House Hotel and Spa
`MAP` P.164
裕福な羊毛商人が建てた邸宅を改装したホテル。広い庭とスパ施設もあり、旅の疲れをゆっくり癒やすことができる。
☎01386-840330 🚌バス停の前 🏠The Square GL55 6AN 🛏28 💷⑤⑦£161〜🍽

⬆本館の入口。庭に面した別館もある

⬆クロスの掛かったテーブルで優雅な朝食を
⬇本館の客室。庭側と村の通り側がある

村の復興に関わった工房
ロバート・ウェルチ `ショップ`
Robert Welch
`MAP` P.164
村が過疎化した20世紀はじめに、ロンドンから移住した職人の店。独創的なデザインの銀細工や鋳物用品が揃う。
☎01386-841671 🚌バス停から徒歩3分 🏠Lower High St, GL55 6DY ⏰9:30〜17:30 日曜10:00〜16:00 🈺無休

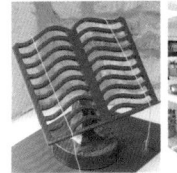

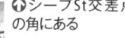
⬆シープSt交差点の角にある
➡レシピ本に便利というブックスタンド£48(左)。シルバーのほか、鍋・釜・包丁などのキッチン用品も多数ある(右)

⬆1693年に建てられた石造りの店内は、落ち着いた雰囲気

多彩なケーキに目移りしそう
バンタム・ティー・ルームズ `カフェ`
Bantam Tea Rooms
`MAP` P.164
自家製のスコーンと伝統的なケーキが楽しめる人気の店。ケーキ類£2.75〜はショーウインドに並んでいるので選びやすい。スコーン2個とクリームティー£8.50。
☎01386-840386 🚌バス停から徒歩1分 🏠High St, GL55 6HB ⏰9:30〜17:00 🈺無休

⬆ハイSt沿いにありB＆Bも経営
⬇通りに面したショーウインドーに並ぶケーキ

ここにしかない逸品に出会える
フランキー・ドゥードゥル `ショップ`
Frankie Doodle
`MAP` P.164
店の内外に小物や雑貨があふれる、楽しい雰囲気のショップ。エスプリの効いたカードや置物、地元の作家による独特なアクセサリーが揃う。
☎01386-841282 🚌バス停から徒歩1分 🏠High St, GL55 6AG ⏰9:30〜17:00 日曜11:00〜16:00 🈺無休

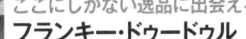
⬆「ありふれた商品は置かない」と店主

⬆ちょっと変わったみやげ物が見つかるかも

⬇歩道まであふれるグッズが店の目印

駅馬車時代の繁栄を今に伝える古い村

ブロードウェイ
Broadway

地元で切り出されるハチミツ色の
石灰岩で建てられた村は、絵はがきの
ような風景で旅行者を迎え入れる。

17世紀から18世紀に建てられた石造りの建物が残る

ロンドンから
約**1**時間
55分

北部コッツウォルズを代表する近世に栄えた宿場町

　近世に、ロンドンからウスターにつながる街道沿いの宿場町として栄えた村。村名のとおり、村の中心に幅の広いハイStがあり、コッツウォルズ特有のハチミツ色をした建物が並ぶ。その風景は、駅馬車が停泊した時代を彷彿とさせる。

ロンドンからのアクセス

ロンドンのPaddingtonパディントン駅から鉄道で約1時間30分のMoreton-in-Marshモートン・イン・マーシュ駅で下車し、さらにローカルバスで約25分、リゴン・アームズ下車。

ここは立ち寄りたい

モリスも愛した丘の上の塔

コッツウォルズを一望できる
ブロードウェイ・タワー
Broadway Tower
MAP P.162

ブロードウェイ村を見下ろす小高い丘の上に立つ石造りの塔は、中世の城塞のように見えるが、建てられたのは18世紀。塔の屋上からの眺望は抜群だ。

☎01386-852390 ⊗村のバス停から車で約10分 🚩Middle Hill WR12 7LB ⏰10:00〜17:00 休無休 料£5 🅿

🕐ウィリアム・モリス(→ P.180)はこの塔にたびたび訪れており、塔内にモリス関連の展示も

ハイStの東端は静かな住宅街が続く

幅の広いハイStを散歩
おすすめの人気スポット

観光で訪れる人が多く、ハイStとその周辺に、楽しいショップやティールームが見つかる。

国内でも有名な老舗ホテル
リゴン・アームズ ホテル
The Lygon Arms
MAP P.166

16世紀から続くホテルで、国王をはじめ多数の著名人が宿泊。歴史を感じさせる古い内装を生かした空間で、日常を忘れるひとときを過ごせる。
☎01386-852255 ⊗バス停の前 🚉High St, WR12 7DU 客室数86室 料⑤①£213〜 💳

↑ハイStに面したホテルの威容

↑本館脇の客室。中庭に面した客室棟もある

本格的な紅茶が楽しめる
ティサンズ・ティー・ルームズ カフェ
Tisanes Tea Rooms
MAP P.166

ロンドンの老舗紅茶店ウィタードに勤めていたオーナーによる店。30種類以上の紅茶と、自家製ケーキやサンドイッチが味わえる。アフタヌーンティーも£16.50とお手ごろだ。

↑紅茶の販売もしている
☎01386-853296 ⊗バス停から徒歩2分 🚉Cotswold House, 21 The Green WR12 7AA 10:00〜17:00 休無休 💳

↑スコーン1つとポットのミルクティー£3.10

地元産品であふれる
ブロードウェイ・デリ ショップ
Broadway Deli
MAP P.166

コッツウォルズと周辺で作られる食料品を扱う店。オリーブオイルやビールなどおみやげになる品や、テイクアウェイできる良質な自家製スイーツも販売している。

↑おみやげにも人気が高い地元産のハチミツ
↓店先に新鮮な野菜や果物をディスプレイ

☎01386-853040 ⊗バス停の前 🚉St Patrick's, 29 High St, WR12 7DP 8:00(日曜9:00)〜17:00(土曜は〜18:00) 休無休 💳

隣村にある有名庭園と邸宅
スノーズヒル・マナー 庭園
Snowshill Manor
MAP P.162

ブロードウェイの南、スノーズヒルという小村にある16世紀頃の邸宅。20世紀初めに造られたイギリス庭園と、館内に残る世界各地の手工芸品のコレクションが見どころ。

↑小区画に区切られた庭園は20世紀初頭の形式
☎01386-852410 ⊗バス停から車で10分 🚉Snowshill WR12 7JU 11:30〜16:30 休無休 料£14 💳

コッツウォルズ屈指の
美しい水の都

ボートン・オン・ザ・ウォーター
Bourton-on-the-Water

観光シーズンにはいつも多くの人出で賑わうコッツウォルズの人気村。
小川沿いをそぞろ歩けば気分もリフレッシュ。

> 村を流れる小川のほとり、芝生でのんびりしよう

> ロンドンから
> 約2時間
> 5分

美しい水辺が楽しい
コッツウォルズのベニス

　澄んだ小川に小さな石橋が架かる、おだやかな風景が特徴的な村。通りや小川沿いに並ぶ古い石造りの民家には、みやげ物店やレストラン、オープンカフェなどがある。暑い季節には、素足を小川に入れて遊ぶ人々の姿も見られ、開放的な雰囲気に満ちている。

ロンドンからのアクセス

ロンドンのPaddingtonパディントン駅から鉄道で約1時間30分のMoreton-in-Marshモートン・イン・マーシュ駅で下車し、さらにローカルバスで約35分、ウォー・メモリアル下車。

●おしゃれなショップやティールームが並ぶ小川沿いのストリート

オリジナル香水を製造販売
コッツウォルド・
パフューメリー ショップ

The Cotswold Perfumery

MAP P.168

50年以上にわたり、村で独自の香水を作り続ける家族経営の店。製品の質は高く、ロイヤルファミリーからも注文を受けている。

☎01451-820698 ⊗バス停から徒歩1分 ⑰Victoria St, GL54 2BU ⊛9:30(日曜10:30〜17:00(夏季は〜17:30) ⑯無休 ⒿⒿⓘ⦿

●純植物性の石鹸£6.45
●お好みの香水6本詰め合わせ

●店舗は300年前に建てられた古い建物にある
●香水用の小瓶など、小物類も扱っている

人々の日常が静かに流れる小村

ロウアー・スローター

Lower Slaughter

**喧騒から離れ、静かな小村を訪れたいならここ。
イギリスの素朴な田園風景に出合える。**

コッツウォルズを代表するシーンとして有名

ロンドンから約**2時間20分**

散策しながら享受するコッツウォルズの日常

隣村のボートン・オン・ザ・ウォーターと同じ小川沿いの村だが、雰囲気は大きく異なる。ここにはホテルと、赤レンガの水車小屋を改装したショップ兼ティールームが1軒あるだけだ。コッツウォルズの村の日常が感じられ、訪れる人は後を絶たない。

ロンドンからのアクセス

ロンドンのPaddingtonパディントン駅から鉄道で約1時間30分のMoreton-in-Marshモートン・イン・マーシュ駅下車。タクシーで約15分またはバス(セント・メリー教会下車)と徒歩35分。

憧れのマナーハウスホテル

ローズ・オブ・ザ・マナー

Lords of the Monor **ホテル**

MAP P.169

ロウアー・スローターの隣村アッパー・スローターにある有名なマナーハウスホテル。17世紀の邸宅を改装したもので、優雅なひとときを過ごせる。

☎01451-820243 ⊗ロウアー・スローター村から車で約5分 🚗 Upper Slaughter GL54 2JD 室数26室 料⑤①£250〜 🏠

↑別館の寝室。本館には天蓋付きのベッドがある部屋も
➡広い庭園で味わえるアフタヌーンティー£35

↳吹き抜けの大広間などはない小ぶりな建物で、スタッフとの距離も近い

モリスが賞賛した緑に包まれた村
バイブリー
Bibury

石造りの住宅アーリントン・ロウがあり、コッツウォルズを訪れるツアーの目玉ともいえる場所。

今も住民が暮らす中世の建物アーリントン・ロウ

ロンドンから
約2時間30分

毛織物産業の繁栄を伝える石造りの建物と水辺の風景

詩人、工芸デザイナーとして知られるウィリアム・モリスが、19世紀の中頃、「イギリスで最も美しい村」と称したことで知られる。石造りのアーリントン・ロウは、かつて毛織物の工房として使用され、作業場だった隣接する水辺とともに保存されている。

ロンドンからのアクセス

ロンドンのVictoria Coach Stationヴィクトリア・コーチ・ステーションから長距離バスで約2時間のCirencester サイレンセスター下車。ローカルバスで約15分、Bibury Post Officeバイブリー・ポスト・オフィス下車。

小川のほとりに立つホテル
スワン・ホテル
The Swan Hotel

ホテル

MAP P170

白鳥や水鳥が遊ぶコルン川に沿って村を散策すると、必ず目に入る石造りのホテル。テラス席のある中庭やバーで、お茶や食事が楽しめる。

☎01285-740695 🚌バス停から徒歩1分 📮Bibury GL7 5NW 客数22室 料⑤①£220～ 🍴

↑「最も美しい村」の一番のホテル

↑「人生で最高の朝食」が供される

↓19世紀の建物を改装し、内装を上品にまとめたプチホテル

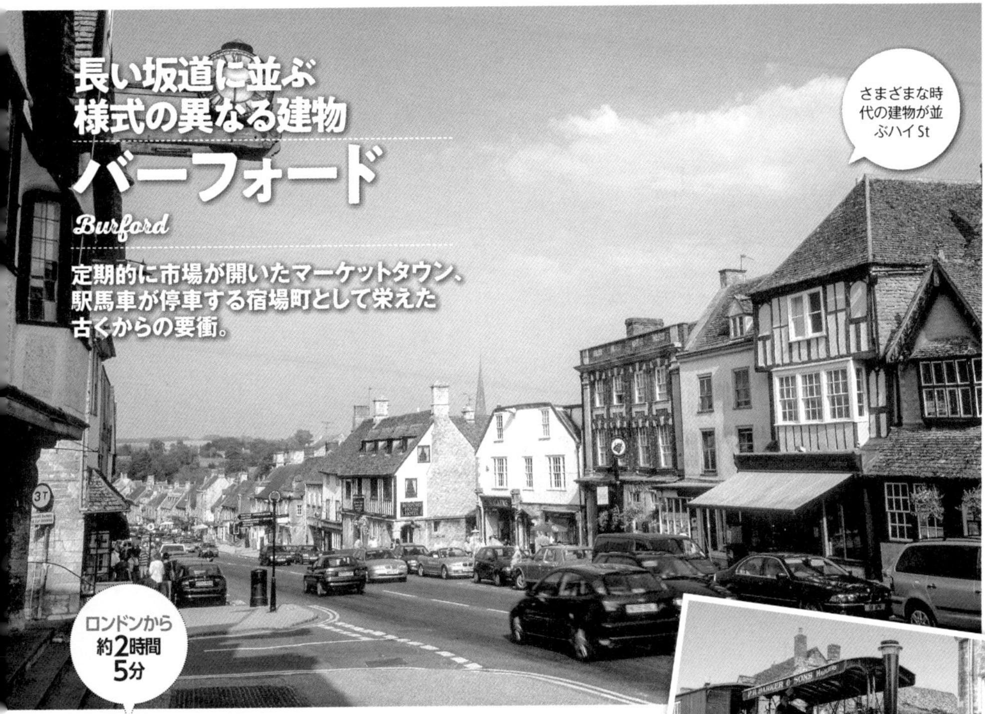

長い坂道に並ぶ様式の異なる建物 バーフォード

Burford

定期的に市場が開いたマーケットタウン、駅馬車が停車する宿場町として栄えた古くからの要衝。

さまざまな時代の建物が並ぶハイ St

ロンドンから約2時間5分

デリや雑貨店でみやげ物を探し ティールームやパブでひと休み

オックスフォードからグロスターに向かう幹線道路沿いにあり、コッツウォルズの東の玄関口と呼ばれる村。この地方では珍しく、石造りのほかに、木骨組の家が混在する。有名菓子店ハフキンスもあり、村の風景とともに、ショッピングも楽しめる。

ロンドンからのアクセス

ロンドンのPaddingtonパディントン駅から鉄道で約1時間20分のKinghamキンガム駅下車。さらにローカルバスで約30分、War Memorialウォー・メモリアル下車、またはタクシーで約15分。

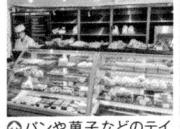

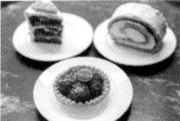

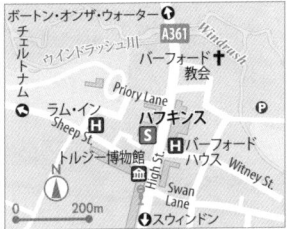

ボートン・オンザ・ウォーター
A361
チェルトナム
ウインドラッシュ川
Windrush
バーフォード教会
Priory Lane
ラム・イン
Sheep St.
ハフキンス
バーフォードハウス
トルジー博物館
High St.
Witney St.
Swan Lane
0
200m
スウィンドン

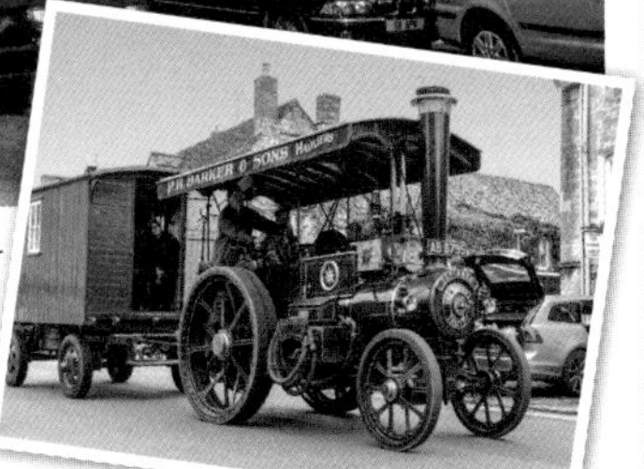

昔の「蒸気自動車」が走っているのを見かける

イギリス伝統菓子の老舗

ハフキンス

ショップ

Huffkins

MAP P.171

日本で開催される「英国展」にも出店している有名な店。1890年にこの村で創業し、スコーンやパンなどを、伝統的な手法で作り続けている。

☎01993-824694 交観光案内所から徒歩2分 所98 High St, Ox18 4QF 営9:00(日曜10:00)～16:00(土曜は～16:30) 休無休

パンや菓子などのテイクアウェイのコーナー

イチゴのタルトやキャロットケーキなど£4.50～

ティールームでは、終日アフタヌーンティーが楽しめる

HUFFKINS COTSWOLDS BAKERY & TEA ROOMS SINCE 1890
HUFFKINS

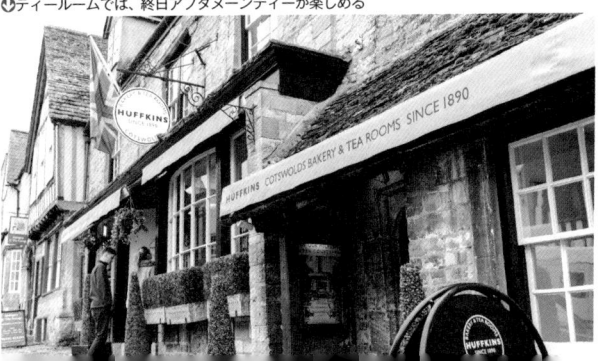

ちょっとハイソな
アンティークの街
テットベリー
Tetbury

アンティークショップとロイヤルファミリーで
知られ、モダンなホテルやティールームに
出合える街。

19世紀後半に建てられたホテルがある街の中心部

ロンドンから
約**1**時間
30分

歴史ある街並みを生かし
クラシックとモダンが交錯

　古くは羊毛取引で繁栄し、その象徴であるマーケット・ハウスが街の中央に立つ。そこから四方に延びる通りには、古い建物を利用した商店が軒を連ね、特にアンティークショップが目立つ。郊外にチャールズ国王やアン王女の別荘があるためか、街にはそこはかとなく高級感が漂う。

⟳高い尖塔が目印のセントメアリー教会(左)。いつも賑わっている街の中心部(右)

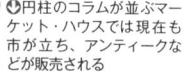

⟳円柱のコラムが並ぶマーケット・ハウスでは現在も市が立ち、アンティークなどが販売される

ロンドンからのアクセス

ロンドンのPaddingtonパディントン駅から鉄道で約1時間10分のKembleケンブル駅で下車、ローカルバスで約20分、BankバンクまたはNewsagentニュースエージェント下車。

N
0　　　100m
Long St.
New Church St.
ハイグローヴ S
Bank
News-agent
ザ・クローズ・ホテル H
リンゼイズ C

ザ・ヘアー・アンド・ハウンズ・ホテル H

街の教会に向かうチャーチStの賑わい

たくさんのショップから選ぶならここ

おすすめの人気スポット

みやげ物を探し、アンティークショップをのぞく。
休憩はちょっとモダンなホテルやティールームで。

街の中心にあるプチホテル

ザ・クローズ・ホテル `ホテル`

The Close Hotel

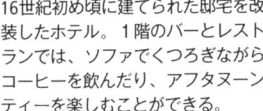

MAP P.172

16世紀初め頃に建てられた邸宅を改装したホテル。1階のバーとレストランでは、ソファでくつろぎながらコーヒーを飲んだり、アフタヌーンティーを楽しむことができる。

☎01666-502272 ⊗マーケット・ハウスから徒歩1分 ㊞Long St, GL8 8AQ 客室数20室 ⊛⑤⑪£350~ ⏍🗂

↑賑やかな通りに面した正面入口

↑レストランに面した庭。テラス席もある

↑内装は全室異なり、庭に面した部屋や屋根裏のこぢんまりした部屋などがある

気軽にひと休み

リンゼイズ `カフェ`

Lyndseys

MAP P.172

レストランやティールームはたくさんあるが、アットホームな雰囲気を選ぶならこの店。クリームティー£5、軽食には日替わりスープ£4.95などがあり、料金も手ごろ。

☎01666-503696 ⊗マーケット・ハウスから徒歩1分 ㊞19 Church St, GL8 8JG 営10:00(土曜9:00)~16:00 ⊛無休 🗂

↑サラダと自家製コールスローが付くサンドイッチ

↑ボードに書き出される日替わりの手作りケーキ

↑街の中心部にあり、立ち寄るのに便利

チャールズ国王の店

ハイグローヴ `ショップ`

Highgrove

MAP P.172

チャールズ国王が設立したブランド「ハイグローヴ」のショップ。別荘の庭園に育つ草花をデザインした小物入れや文具類など、みやげ物にぴったりなアイテムが揃う。

☎0333-2224555 ⊗マーケット・ハウスから徒歩1分 ㊞10 Long St, GL8 8AQ 営9:30~17:00 日曜10:30~16:30 ⊛無休 ⏍🗂

↑マグカップ£14.95

↑ジャム類は£6.95

↑店での売り上げはチャリティに寄付されている

テットベリー郊外のホテル

ザ・ヘアー・アンド・ハウンズ・ホテル `ホテル`

The Hare & Hounds Hotel

MAP P.172

テットベリーから南に4kmほど行った、牧草地と自然に囲まれたホテル。18世紀の農家の建物を利用しているが、20世紀にホテルとして拡張しているので設備は新しく快適。

☎01666-881000 ⊗マーケット・ハウスから車で10分 ㊞Westonbirt GL8 8QL 客室数44室 ⊛⑤⑪£215~ ⏍🗂

↑1階にフロントやロビーがある邸宅風の本館

↑別館の客室。庭園に面した部屋もある

↑レストランで供されるフル・イングリッシュブレックファスト

コッツウォルズ

テットベリー

173

時代を遡ったような 過去の風景に出会える
カッスル・クーム
Castle Combe

石造りのコテージが並ぶ、
古き良き時代のイギリスの風景を残す村。
映画やドラマの舞台としても有名だ。

近世に毛織物の工房として使われた建物が並ぶ

ロンドンから
約1時間
30分

緑に包まれた谷間の村は
時代を超えた隠れ里

イギリスで最も美しい村のひとつとして、コッツウォルズのみならず、全国的に名を馳せる村。最後の家が建てられたのが17世紀初め頃とされ、近世におけるイギリスの村の様子をよく残している。観光のための施設は乏しいものの、世俗を離れた村の風景を堪能できる。

ロンドンからのアクセス

ロンドンのPaddingtonパディントン駅から鉄道で約1時間10分のChippenhamチッペナム駅下車、ローカルバスで約20分、Village Centreヴィレッジ・センター下車。

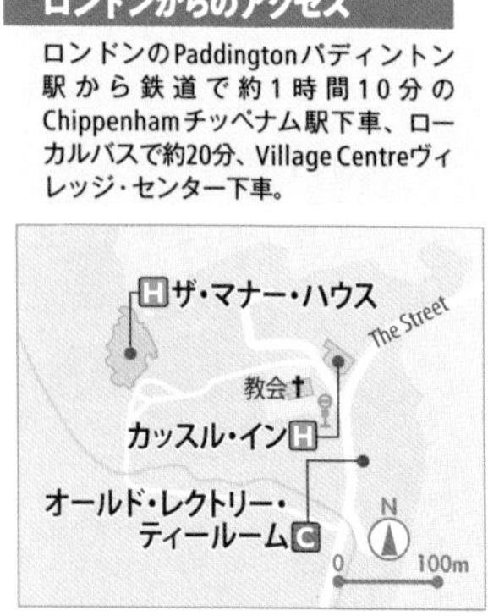

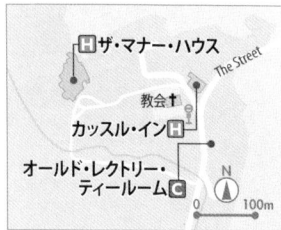

ザ・マナー・ハウス
The Street
教会
カッスル・イン
オールド・レクトリー・ティールーム
N
0   100m

↑立派な塔を持つ、村の中心にある教会

↑窓辺の装飾。人々が日常生活を送る生きた村

←村に通じる道路は細いため、交通量も少なく静か

174

ゆったりとした時間を楽しむ
おすすめの人気スポット

雑貨店などショップはないので、みやげ物は探せないが、風景を堪能する貴重な時間を見つけられる。

村の広場にあるマーケット・クロスと隣接の教会

自宅を利用したティールーム
オールド・レクトリー・ティールーム
カフェ

The Old Rectory Tearoom

MAP P.174

ホテルやパブなどを除けば、村で唯一のティールーム。店内は女性オーナーのセンスで選ばれた、かわいらしい置物で装飾されている。大人6人以上のグループのみ受付で要予約。

☎07949-052121 🚶教会から徒歩1分 所The St, SN14 7HU 🕐10:00～15:00 ❌不定休

⬆通りに面した入口。15世紀に建てられた建物を利用している

➡スコーン2つと紅茶かコーヒーが付くクリームティー£4.95

村の真ん中にあるパブ
カッスル・イン
ホテル

Castle Inn

MAP P.174

広場に沿ってテーブルが並び、賑やかな笑い声が聞こえてくるパブ。ビールなどのアルコール類はもちろん、コーヒーや紅茶で休憩することも。おいしいパブランチなどの食事もある。

☎01249-783030 🚶教会の前 所Castle Combe SN14 7HN 🕐11:00～23:00(料理は12:00～21:00) ❌無休

⬆全部で12室あるホテルも営業している

➡ビールのほか、日曜以外はクリームティーもある(左)。12世紀の建物を改装した店内(右)

本格的なマナーハウス
ザ・マナーハウス
ホテル

The Manor House

MAP P.174

村に隣接する広大な緑の敷地に立つ、貴族の邸宅を改装したマナーハウスホテル。近世に建てられた荘厳な邸宅の雰囲気を味わうことができ、食事やお茶だけでも利用したい。

☎01249-782206 🚶教会から徒歩3分 所Castle Combe SN14 7HX 室数50室 £335～

⬆42万坪の広大な敷地に囲まれ、イタリア式の庭園もある

⬆3段トレーのアフタヌーンティーは£45

⬆ディナーや朝食に利用されるレストラン

➡本館の建物は14世紀に建てられ、繰り返し改装された

修道院屋敷が残る
南部の珠玉の村
レイコック
Lacock

ナショナル・トラストが保存管理している村。
路地を歩けば、まるで過去に
タイムスリップしたかのようだ。

> 石造りや木骨組などの建物が並ぶ魅力的な村の風景

ロンドンから
約1時間
35分

過去の風景を残しつつ
生活の場として息づく

　村がつくられたのは、隣接するレイコック・アビーが建てられた中世に遡るといわれるが、現在の建物はその大半が18世紀頃のものだ。近世の面影をそのまま残しているのは、ナショナル・トラストが村全体を管理しているからで、映画やドラマのロケに利用されている。

ロンドンからのアクセス

ロンドンのPaddingtonパディントン駅から鉄道で約1時間10分のChippenhamチッペナム下車、ローカルバスで約25分、The Georgeザ・ジョージ下車。

村を所有していた貴族の館
レイコック・アビー
Lacock Abbey 　教会
MAP P.176

12世紀に建てられた女子修道院だったが、中世の宗教改革で貴族の邸宅となった。ハリー・ポッターの映画の舞台として利用されている。

☎01249-730459 ⊗バス停から徒歩5分 ㊟
Lacock SN15 2LG ㉗10:30（11月～2月中旬10:00）～17:00 ㊡無休 ㉑£20

⏱石組みのアーチが見事な回廊は、修道院時代の名残

⬆形もかわいらしい石鹸£2.95

手作り石鹸で有名な店
クインテッセンシャリー・
イングリッシュ
Quintessentially English 　ショップ
MAP P.176

添加物、保存料無添加のオーガニック石鹸が人気のショップ。入浴剤や美容品のほか、家庭雑貨なども多数取り扱っている。

☎01249-730898 ⊗バス停から徒歩1分 ㊟
11 West St, SN15 2LH ㉗3～10月）10:30
～17:00 11～2月）月・水・金曜10:30～

17:00　土・日曜11：00～16:00㊡11～2月の火・木曜

⬇店内にはやさしい香りが漂う

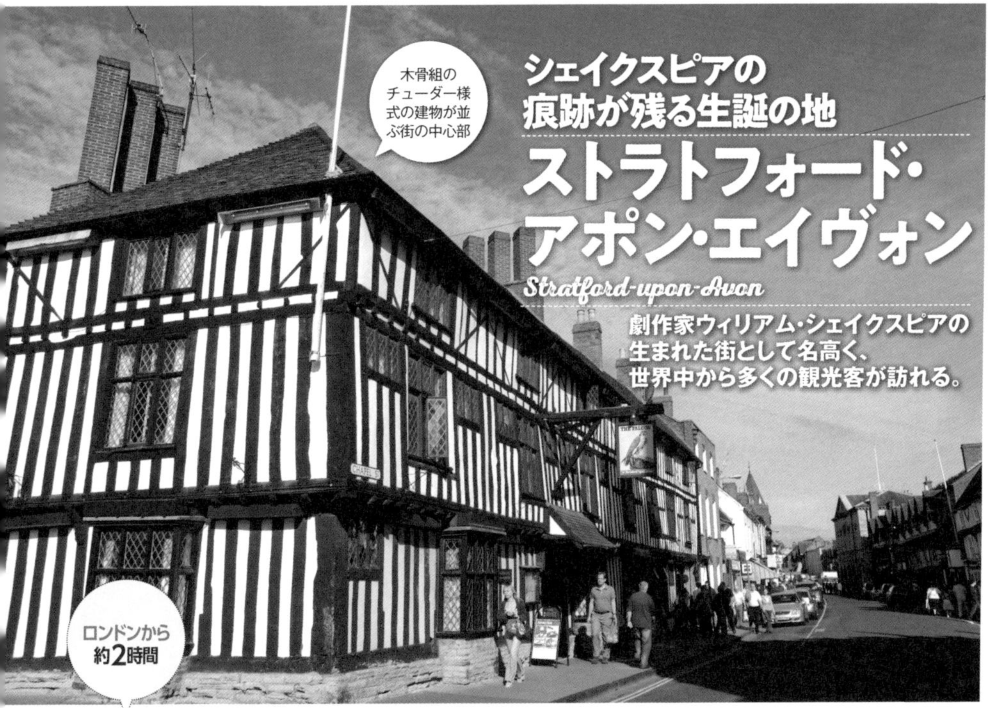

木骨組のチューダー様式の建物が並ぶ街の中心部

シェイクスピアの痕跡が残る生誕の地

ストラトフォード・アポン・エイヴォン

Stratford-upon-Avon

劇作家ウィリアム・シェイクスピアの生まれた街として名高く、世界中から多くの観光客が訪れる。

ロンドンから約**2**時間

チューダー朝の街並みとエイヴォン川沿いの緑を堪能

シェイクスピアゆかりの地として有名な街。生家や、晩年を過ごした場所、埋葬された教会などがあり、劇場では彼の作品を鑑賞することができる。近世の雰囲気を伝える街並みや、のどかな川沿いの風景なども魅力的で、シェイクスピアファンならずとも、散策を楽しめるだろう。

■ ロンドンからのアクセス

ロンドンのMaryleboneマリルボーン駅から鉄道で約2時間のStratford-upon-Avonストラトフォード・アポン・エイヴォン駅下車。

青年期を過ごした家

シェイクスピアの生家　[史跡]

Shakespeare's Birthplace

MAP P.177

1564年にシェイクスピアが生まれた家。革手袋の製造と卸売業で成功した父親が購入したもので、当時の生活を再現した家具や調度品が展示されている。

☎01789-204016 🚇駅から徒歩7分 🏠 Henley St, CV37 6QW 🕐 3月中旬～10月 10:00～17:00(11月～3月上旬は～16:00) 🚫無休 💷£19.50 💳

↑15世紀末から16世紀初めの建物

家族も暮らしていた場所

ニュー・プレイス　[史跡]

New Place

MAP P.177

シェイクスピアが晩年に購入し、亡くなるまで過ごした豪邸があった場所。18世紀に取り壊され、現在は土台のみが残っている。

☎01789-292325 🚇駅から徒歩10分 🏠22 Chapel St, CV37 6EP 🕐3月中旬～10月 10:00～17:00(11月～3月上旬は～16:00) 🚫無休 💷£14.50 💳

→ニュー・プレイスの東側にある小公園

177

ローマ時代に栄えた
温泉の湧く南の街

バース

Bath

温泉の魅力に誘われ古代ローマ人が建設。
その後、ヴィクトリア国王時代に
貴族や富裕層の保養地として栄えた
エレガントな建物が多い観光の街。

バルトニー・ブリッジの下からクルーズが出る

ロンドンから
約**1**時間
30分

©iStock.com/chrisdorney

コッツウォルズのすぐ南
観光客で賑わっている街

　街名が風呂（バス）の語源ともいわれるが、温泉が湧いたからこの街名になったという説もある。いずれにせよ、古代ローマの時代から温泉の街として発展した。ローマの衰退とともに街もさびれたが、19世紀のヴィクトリア女王時代に復活。貴族や富裕階のリゾートとなった。華麗な建造物は大戦でドイツ軍が破壊したがのちに再建された。

ロンドンからのアクセス

　鉄道はPaddingtonパディントン駅からBath Spaバース・スパ駅まで約1時間30分。1時間に1～2便。　高速バスはVictoria Coach Stationヴィクトリア・コーチ・ステーションから出ていて、約3時間。

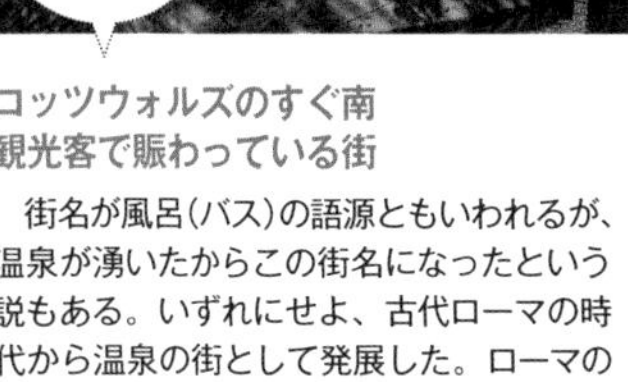

もうひとつのバース名物、バース・バンを提供するティールーム。アフタヌーンティーも楽しめる

世界文化遺産に指定された美しい景観の街
蘇った優雅な建造物と温泉

19世紀ロンドンの上流階級の好みで建てられた建造物はバースをエレガントな街に仕立て、周辺の街と趣が違う。

優美な建物が多く、いつも観光客で賑わう

ローマ人が造った大浴場
ローマン・バス博物館 史跡
The Roman Baths
MAP P.178

紀元前1世紀のローマ時代に建造された大浴場。埋没していたが、19世紀に発見され発掘。現在は博物館になっており、ギリシャ神話のミネルヴァの胸像やコインなどが展示されている。

ローマ時代、温泉は神の恩寵と考えられた

☎01225-477-785 ❖Bath Spaバース・スパ駅から徒歩5分 ㊟Stall St, BA1 1LZ ㊙4月～7月19日、9月～12月9:00～18:00(最終入場17:00)7月20日～8月9:00～22:00(最終入場21:00)㊡無休 ㊤£24.50

⬆往時、サウナやマッサージ・ルームなどが完備していた
©iStock.com/herraez

バース市民たちのマーケット
ギルドホール・マーケット 市場
Guildhall Market
MAP P.178

エイヴォン川のほとりにある市民たちのマーケットで、こぢんまりして見えるが、中に入ると意外に広く、小さな店が集まっている。衣服や布地から、肉や野菜などの食料品、お菓子など、生活必需品は何でもある。

☎01225-460808 ❖Bath Spaバース・スパ駅から徒歩5分 ㊟High St, City Centre, BA2 4AW ㊙8:00～17:30 ㊡日曜

⬆お気に入りの一品を見つけて帰りたい

クレッセントは三日月の意
ロイヤル・クレッセント 史跡
Royal Crescent
MAP P.178

美しい三日月のような曲線を描きながら、30軒ほどの上流階級の大邸宅が立ち並ぶ。天才といわれたジョン・ウッドの設計。

☎01225-428126 ❖Bath Spaバース・スパ駅から徒歩20分 ㊟1 Royal Crescent BA1 2LR ㊙10:00～17:30(最終入場16:30)㊡月曜 ㊤£15.50

⬆⬇内装はジョージ王朝時代の様式

美しい天井が見もの
バース寺院 教会
Bath Abbey
MAP P.178

アーチの形状が天井を美しく埋め尽くしている。993年、統一イングランド初代国王が戴冠式を催行した、由緒のある教会だが、現在の建物は1499年の建造。

☎01225-422-462 ❖Bath Spaバース・スパ駅から徒歩5分 ㊟12 Kingston Buildings, BA1 1LT ㊙10:00～17:30(土曜は～18:00)日曜13:15～14:30 16:30～18:30 ㊡無休 ㊤£7.50※毎月特別イベント中は異なる

⬆⬇教会の内部

⬆荘厳な外観が素晴らしい
©iStock.com/travellinglight

ウィリアム・モリスとコッツウォルズ

自然の草花や鳥などをモチーフにしたプリント柄で知られるウィリアム・モリス。
コッツウォルズをこよなく愛し、ケルムスコット村に別宅を持っていたことで知られる。

モリスの生い立ちと
コッツウォルズとの出合い

ウィリアム・モリスは1834年、ロンドン郊外のウォルサムストウに生まれた。王室御用林であるエッピングの森に接する、広い庭園がある邸宅で育ち、子どもの頃から自然と親しんだ。17歳でパブリック・スクールのモールバラ校に入学。近在する環状列石などの古代遺跡、教会などの歴史的建造物に興味を抱くようになる。聖職者を目指してオックスフォード大学に進学するが、ここで知り合ったバーン＝ジョーンズとともに、芸術家の道を選ぶ。コッツウォルズと出会ったのはこの頃だろう。

William Morris (1834〜1896)

粗悪品の大量生産に抗し
手工芸の復興運動を主導

1861年、モリスは志を同じくする画家や工芸家たちとモリス・マーシャル・フォークナー商会を設立し、家具やステンドグラス、壁紙などの室内装飾を手がけ、たいへん人気となる。商会は芸術家たちの共同工房のようなもので、モリスたちは手工芸と、そこから生み出される新しいデザインにこだわった。このような思想を背景に、1880年代に現れたのがアーツ・アンド・クラフツ運動だ。産業革命によって大量生産が可能になり、粗悪品があふれるようになったことに反発し、手工芸の復興を唱えた運動で、モリスはその主導的な立場にあった。

⊕モリスがデザインする実用品の多くは、
自然の草花がモチーフとなっている

ケルムスコット・マナーと
コッツウォルズへの影響

1871年、モリスはコッツウォルズ東部のケルムスコット村にある邸宅を借り、仕事の拠点をロンドンに置きながら、この地方に滞在するようになる。当時この地方は主要産業だった毛織物業が衰退し、廃墟と化した村もあったが、その美しさと貴重さを世に伝えたのもモリスだった。古い建築物がむやみに改修されることに反対し、古いままの姿で残された建築物はコッツウォルズにも見られる。また、アーツ・アンド・クラフツ運動に賛同する芸術家や工芸家が、この地方に移住し、村の保存活動も行われるようになった。今日のコッツウォルズの姿は、モリスの思想とその賛同者たちの活動なしにはありえなかっただろう。

⊕世界中の家庭で愛されている、モリスが
デザインしたインテリア用品

モリスの理想郷
ケルムスコット・マナー
Kelmscott Manor
バイブリー **MAP** P.163

モリスが別宅として借りていた邸宅。16世紀後半に建てられ17世紀に増築された建物で、壁紙、カーテン、ソファなどは、独特の美しいデザインで装飾され、モリスの世界を堪能することができる。

☎01367-252486 ❀バーフォード
(Burford)から車で20分 ⓟKelmscott
GL7 3HJ ⏰ 4〜10月の水・土曜11：
00〜17：00 ❌ 11〜3月、4〜10月の月・
火・木・金・日曜 ￡£9

⊖モリスの著書『ユートピアだより』
の挿絵に使われている邸宅正面

旅の基本情報

📍

旅の準備

パスポート（旅券）

旅行の予定が決まったら、まずはパスポートを取得。各都道府県、または市区町村のパスポート申請窓口で取得の申請をする。すでに取得している場合も、有効期限をチェック。イギリス入国時には、パスポートの有効残存期限が帰国時まで有効かどうか再確認する。不測の事態に備えて、入国時に6カ月以上余裕があるのが望ましい。

ビザ（査証）

6カ月以内、観光目的の滞在であれば、ビザは必要ない。

海外旅行保険

海外で病気や事故に遭うと、思わぬ費用がかかってしまうもの。携行品の破損なども補償されるので、必ず加入しておきたい。保険会社や旅行会社の窓口、インターネットで加入できるほか、簡易なものであれば出国直前でも空港内で加入できる。クレジットカードに付帯しているものもあるので、補償範囲を確認しておきたい。

- -

☎ 日本からイギリスへの電話のかけ方

| 010 | → | 44 | → | 相手の電話番号 |

| 国際電話の識別番号 | イギリスの国番号 | 最初の0は不要 |

荷物チェックリスト

◎	パスポート	
◎	パスポートのコピー （パスポートと別の場所に保管）	
◎	現金	
◎	クレジットカード	
◎	航空券またはeチケット	
◎	ホテルの予約確認書	
◎	海外旅行保険証	
◎	ガイドブック	
	洗面用具（歯磨き・歯ブラシ）	
	常備薬	
	化粧品	
	着替え用の衣類・下着	
	雨具・折り畳み傘	
	帽子・日傘	
	サングラス	
	変換プラグ	
	携帯電話・スマートフォン／充電器	
	デジタルカメラ／充電器／電池	
	メモリーカード	
	ウェットティッシュ	
△	スリッパ	
△	アイマスク・耳栓	
△	エア枕	
△	筆記具	

◎必要なもの　△機内で便利なもの

入国・出国はあわてずスマートに手続きしたい!

日本からロンドンまでは直行便で約12時間30分。出入国のポイントをおさらいしよう。

イギリス入国

① 入国審査

日本人は自動化ゲート（eGates）が利用可能。日の丸の表示に従い、パスポートの写真のあるページを読み取り機にかざす。前方モニターを緑になるまで見て、ゲートを通過。12歳未満の子ども連れの場合は自動化ゲート利用可能国の審査カウンターに並ぶ。

② 預けた荷物の受け取り

電光掲示板を確認して、自分の乗ってきた便の荷物のターンテーブル番号を確認。荷物をピックアップする。

③ 税関手続き

課税対象になるものを持っている場合は、赤いランプのカウンター、申告対象のものがなければ緑のランプのカウンターに進む。

イギリス入国時の免税範囲

アルコール類	ビール42ℓ、無発泡ワイン18ℓ、アルコール度22％を超える酒類4ℓ、またはアルコール度22％以下の酒類9ℓ（18歳以上）
たばこ	紙巻たばこ200本、または葉巻50本、または細葉巻100本、または刻みたばこ250g、または電子加熱たばこ用たばこ200本（18歳以上）
香水	香水60㎖とオードトワレ250㎖
物品	合計£390相当まで。植物、火薬、弾薬、火器、肉類、猥褻物など
現金	外貨、トラベラーズチェック、現地通過などの合計が£1万相当以上のものは申告が必要

シェンゲン協定とは

ユーロ圏の国々は、加盟国間の移動について国内移動と同等に扱われ、入国審査や税関検査を行わないが、イギリスはこれに加盟していないので要注意。

シェンゲン協定加盟国 オーストリア、ベルギー、デンマーク、フィンランド、フランス、ドイツ、ギリシャ、アイスランド、イタリア、オランダ、ポーランド、ポルトガル、スペイン、スイスなど29カ国（2024年4月現在）

📍 出発前に確認しておきたい!

Webチェックイン

Webチェックイン搭乗手続きや座席指定を事前に搭乗航空会社のWebで終わらせておくことで空港では荷物を預けるだけで済み、大幅に時間を短縮することができる。一般的に出発時刻の24時間前からチェックイン可能。パッケージツアーでは一部対象外となるものもあるため要注意。

飛行機機内への持ち込み制限

● **液体物** 100㎖（3.4oz）を超える容器に入った液体物はすべて持ち込めない。100㎖以下の容器に小分けしたうえで、ジッパー付きの透明なビニール袋に入れる。免税店で購入した物は100㎖を超えても持ち込み可能だが、乗り継ぎの際に没収されることがある。

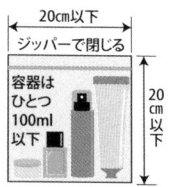
20cm以下／ジッパーで閉じる／容器はひとつ100ml以下／20cm以下

● **刃物** ナイフやカッターなど刃物は、形や大きさを問わずすべて持ち込むことができない。

● **電池・バッテリー** 100Whを超え160Wh以下のリチウムを含む電池は2個まで。100Wh以下や本体内蔵のものは制限はない。160Whを超えるものは持ち込み不可。

● **ライター** 小型かつ携帯型のものを1個まで。
＊アルコール類、たばこは18歳以上のみ

荷物の重量制限

航空会社によって異なるが、日本航空、全日本空輸、ブリティッシュ・エアのエコノミークラスで1個23kgの手荷物2個までは無料。詳細はサイトなどで事前確認し、超過料金に注意。

ロストバゲージしたら

万が一預けた手荷物が出てこなかったり、破損していた場合には荷物引換証（クレーム・タグ）を持って受取場内にあるカウンターに出向く。次の旅程やホテルの連絡先などを所定の用紙に記入するか係員に伝えて、届けてもらうなどの処理依頼を交渉しよう。

イギリス出国

① 空港へ向かう

搭乗する航空会社によってターミナルが違うため、事前に確認しておきたい。チェックインがまだであれば2時間30分前、観光シーズンはもう少し余裕をもって到着していたい。

② チェックイン

チェックインがまだであれば、カウンターでパスポートと搭乗券(eチケット控え)を提示。預ける荷物をセキュリティチェックに通し、バゲージクレーム・タグを受け取る。免税を申請するものがあれば、それまでに手続きを行うか、機内持ち込みにする。

③ 出国審査

パスポートと搭乗券を審査官に提示。審査官不在の場合は審査なしで出国となる。

④ 搭乗

搭乗ゲート前で手荷物のセキュリティチェックがあるため、早めに到着しておきたい。免税店で購入した商品で指定のビニール袋に入れたままであれば、液体物を持ち込むこともできる。

日本帰国時の免税範囲

アルコール類	1本760㎖程度のものを3本
たばこ	紙巻きたばこ200本、葉巻たばこ50本、その他250g、加熱式たばこ個装等10個のいずれか
香水	2oz(オーデコロン、オードトワレは含まない)
その他物品	海外市価1万円以下のもの。1万円を超えるものは合計20万円まで

※アルコール類、たばこは20歳以上のみ

日本への主な持ち込み禁止・制限品

持ち込み禁止品	麻薬類、覚醒剤、向精神薬など
	拳銃などの鉄砲、弾薬など
	ポルノ書籍やDVDなどわいせつ物
	偽ブランド商品や違法コピー
	DVDなど知的財産権を侵害するもの
	家畜伝染病予防法、植物防疫法で定められた動植物とそれを原料とする製品
持ち込み制限品	ハム、ソーセージなどの肉類や検疫の対象となる乳製品
	ワシントン国際条約の対象となる動植物とそれを原料とする製品
	猟銃、空気銃、刀剣など
	医療品、化粧品など

ヒースロー空港

Heathrow Airport

ロンドン最大にして、世界屈指の利用者数を誇るハブ空港。ヨーロッパ域内で乗り継ぎしロンドンに到着した場合などはガトウィック空港を使うこともあるが、日本からロンドンを訪れる旅客のほとんどはヒースローを利用することになる。ターミナルは5つあるが、1が閉鎖したため、現在稼働しているのは2〜5の4つ。

ターミナル間の移動
ターミナル2と3は徒歩で移動。ターミナル2・3〜4間はTFLレイル、2・3〜5間はヒースロー・エクスプレスで1駅。発券機で無料チケットをプリントして利用する。4〜5間は路線バスが便利。こちらも無料で移動可能だ。乗り継ぎの場合は、余裕をもって少なくとも1時間30分程度をみておくのが望ましい。

ターミナル2
ザ・クイーンズの名で知られるターミナル。スターアライアンス加盟航空会社の便が発着する。
航空会社 全日本空輸(NH)、アシアナ航空(OZ)、ルフトハンザドイツ航空(LH)、シンガポール航空(SQ)、タイ国際航空(TG)

ターミナル3
ワンワールドの便が発着。日本からの直行便である日本航空、ブリティッシュ・エアウェイズのほか、アジアでの乗り継ぎ便での利用も多い。
航空会社 日本航空(JL)、ブリティッシュ・エアウェイズ(BA)、ヴァージン・アトランティック航空(VS)、キャセイパシフィック航空(CX)

ターミナル4
主にスカイチームの便が発着。日本からは乗り継ぎ便での離着陸で利用する場合が多い。
航空会社 エールフランス(AF)、ITAエアウェイズ(AZ)、アリタリア航空(AZ)、エティハド航空(ET)、KLMオランダ航空(KL)、大韓航空(KE)、カタール航空(QR)

ターミナル5
世界最高の空港ターミナルと評される。英国のフラッグ・キャリア、ブリティッシュ・エアウェイズが発着。
航空会社 ブリティッシュ・エアウェイズ(BA)、イベリア航空(IB)

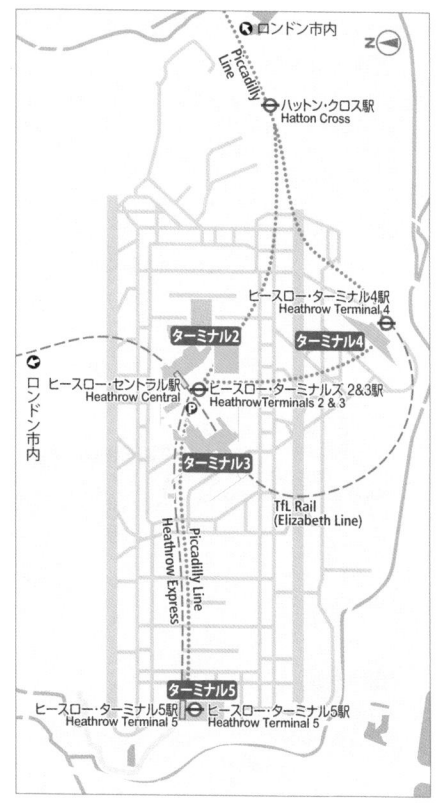

✅ 空港でしておきたいこと

☐ 両替
ロンドンはキャッシュレス化が進んでおり、市内までの交通費は自動券売機やタクシーなどクレジットカード支払いができる。市内の小売店で少額の支払いの際もカード支払いが可能なので、ニーズにあわせて両替するのがよい。◐P.186

☐ SIMカードの購入
到着ロビーにsim LOCALやWHSmithの店舗や、クレジットカード対応の自動販売機があり入手は簡単。3(Three)、EE、Vodafone、O2各社のカードがあり、自分で開通設定する必要がある。市内店舗ではSIM代不要でお得なため、到着時は空港のWi-Fiを利用し、市内に出てから購入する手もある。◐P.188

空港からホテルへはスムーズにアクセスしたい！

長時間のフライトで疲れていても迷わずホテルに行けるよう、事前にシミュレーションしておこう。

空港から中心部へ

ヒースロー空港から中心部への交通手段は5種類。それぞれ所要時間や料金、快適さが異なるので、到着時刻や旅のスケジュールに合わせて選びたい。

ヒースロー・エクスプレス

所要	約15分
料金	片道£25〜 往復£50〜

ターミナル5駅と空港ターミナル2・3にあるヒースロー・セントラル駅とパディントン駅のみに停車。料金は高いが、早朝から深夜まで15分間隔で運行され、快適、最速のアクセス方法だ。席のグレードによって価格が異なる。スタンダード席は片道£25、ビジネスクラス席は片道£32。

① チケットを買う
当日購入の場合は券売機（クレジットカードのみ）で購入。発券機は日本語表示も選択可。オイスターカードでの乗車もできる。

② 乗り場へ向かう
到着口を出てExpressの表示に従って進む。エクスプレスの駅がないターミナル4に飛行機が到着する場合はTFL（無料）でヒースロー・セントラル駅のあるターミナル2・3に移動し、乗車。

③ 乗車する
車内での検札で当日購入のチケットまたはネット購入時に受信したチケットのプリントアウトまたはスマホ画面を提示。ラゲージ置き場、Wi-Fiあり。

エリザベスライン

所要	約25〜30分
料金	£10.10〜10.50

旧TFKレイル。ターミナル4駅からターミナルズ2&3駅のほか4〜5つの駅に停車しながらパディントン駅まで運行する。ヒースロー・エクスプレスよりも少し時間はかかるが料金は安い。運行は1時間に6本。

① チケットを買う
日本語表示も可能な自動券売機で購入する。オイスターカードの使用も可。

② 乗り場へ向かう
エリザベスラインと表示された方角へ向かい、改札を通り乗り場へ向かう。

③ 乗車する
ラゲージ置き場があるので、大きな荷物はここに置く。

地下鉄（ピカデリー線）

所要	40分以上（ゾーン1駅へ）
料金	£5.60（オイスターカード）

TFLアンダーグラウンドとも呼ばれる。運賃は安いが、時間がかかり、混雑するので大きな荷物を持っての移動はしにくいが、ピカデリー線沿いのホテルなどに宿泊する場合は乗り換えなしでアクセスできるのでオフピーク時や荷物が少ない場合は便利。運行は5〜10分間隔。チケットでの乗車は少し割高で、オイスターカードで利用する際は混雑時、オフピーク時によって料金が異なる。

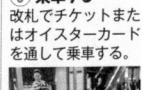

① チケットを買う
券売機で購入。日本語での表示も選択できる。オイスターカードも利用可能。

② 乗り場へ向かう
Undergroundの表示に従って乗り場に向かう。ターミナル2・3にあるヒースロー・セントラル駅、ターミナル4・5駅とすべてのターミナルに駅がある。

③ 乗車する
改札でチケットまたはオイスターカードを通して乗車する。

空港バス（ナショナル・エクスプレス）

所要	約35分〜2時間 （道路状況による。平均1時間）
料金	£10.50

Coachとも呼ばれる。電車に比べて時間はかかるが、日本国内のリムジンバス同様、荷物を預け座って移動できるので楽。また、クリスマス期など、公共交通が運休する時期にも動いていることが多い。運行は20分おきに出発、24時間運行。市内サイドのバス停であるヴィクトリア・コーチ・ステーションからは路線バスと少し距離があるので、タクシー利用が便利。

① チケットを買う
自動券売機、または職員のいるカウンターで購入。発券機は現金で支払いできるものとクレジットカードのみのものがある。発券機に日本語表示はない。

② 乗り場へ向かう
バス乗り場はターミナル2、3からすぐ。その他のターミナルに着陸する場合は、空港内移動が必要となる。

③ 乗車する
ラゲージを預けて乗車、着席。トイレ、無料Wi-Fiも完備で快適。

タクシー

所要	1時間〜 （道路状況による）
料金	£60〜100

ミニ・キャブと呼ばれる白タクもあり、ドライバーはライセンスを取得してはいるが、メーターがなく厳密な料金交渉が必要。正規のブラック・キャブはメーター制で時間帯や距離により値段が変動するが、ライセンス取得が厳しいため安心。同行人数によってはお得。

イギリスのお金のことを知っておきたい！

カード利用が便利なイギリスだがチップなどで現金が必要なことも。迷わないようお金の基本をおさらい。

通貨

現在はまだEU加盟国だが、通貨はポンド（£）とペンス（p）。ポンドはパウンド（Pound）、クイッド（quid）、ペンスはピー（p）と呼ばれることもある。

£1 ＝ 約197円

（2024年5月現在）

1万円 ＝ 約£51

£5、10、20、50紙幣は、故女王エリザベス2世に代わり、国王チャールズ3世の肖像入り新紙幣が2024年6月5日に発行される。2024年半ばから流通される予定だが、エリザベス2世の肖像紙幣もこれまで同様使用できる。2024年半ばから新デザイン硬貨も市場に流通する予定。

新デザイン紙幣

£5
£10
£20
£50

新デザイン硬貨

£2　£1　50p　20p

10p　5p　2p　1p

両替

どこで両替をすればいい？

空港やホテルは一般的にレート、手数料が高い。市内では銀行、両替商での両替が可能。£は日本で両替したほうがレートが良いことが多い。

クレジットカードでキャッシング

VISAやMastercardなど大手国際ブランドのクレジットカードを持っていればATMで現地通過を引き出せる。各カード会社の規定による手数料や利息がかかるので、出国前に暗証番号（PIN）とともに確認しておこう。

海外トラベルプリペイドカード

VISAやMastercardなどの国際的なクレジットカード会社によるプリペイドカード。年齢制限が低く、信用審査などがないこと、日本円で入金して現地通過で使えることなど、プラスチック・マネーでありながら現金に近い感覚で利用できる。使いすぎ防止にも有効。

物価

ロンドンの物価は物によっては2倍程度も高い。中級ホテルで3万円以上、5ツ星ホテルなら7万円以上を目安に。外食はコーヒー1杯1000円前後、ビストロなどのカジュアルなランチは2500円から、ディナーは1万円程度を目安に予算を考えておこう。

地下鉄（アンダーグラウンド）
£2.70（約745円）
オフピーク、オイスターカード使用時

タクシー初乗り
£3.80（約745円）

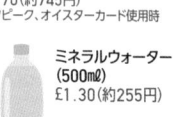

ミネラルウォーター
（500㎖）
£1.30（約255円）

ビール（500㎖）
£2.30（約451円）〜

186

滞在中に知っておきたいイギリスのあれこれ！

文化や習慣、マナーの違いを把握しておけばロンドンの滞在も快適に。まずは積極的にあいさつしよう。

飲料水

一般的にロンドンの水道水は衛生上飲用可能だが、日本と異なる硬水なので違和感を感じる人も多く、稀に腹痛を起こす場合もある。スーパーでは水道水をろ過したボトルド・ウォーター（硬水）のほか、軟水や炭酸入りも販売している。

トイレ

国鉄の主要駅には公共トイレがあり、使用には£0.50〜£1のコインが必要。公共トイレでは有料のところも少なくない。ファストフード店などでは利用可能な場所もあるがカスタマー・オンリー（customers only）という表示が出ていたり、店に暗証番号を聞く必要があるところが多い。おすすめは立ち寄ったレストランや美術館・博物館、ホテル、デパート。使いやすく清潔だ。

各種マナー

何よりもあいさつを。店に入る際、エレベーターで同乗の人にも「ハロー」とあいさつしよう。

公共交通機関で 金・土曜はヴィクトリア線、セントラル線、ノーザン線、ピカデリー線が24時間運行するが、深夜、都心部以外では人けが少なくなるので要注意。

美術館で 写真撮影が許されている施設もあるが、フラッシュや三脚・自撮り棒使用については禁止の場合も多い。

教会で 帽子は脱ぎ、ノースリーブや短パンは避け、ミサや結婚式などは見学、写真撮影を控えるようにしたい。

度量衡

長さはインチ（2.54m）、重さはポンド（453.6g）、ストーン（6.35kg）、距離はマイル（1.61km）、容量はパイント（568mℓ）で表す。

ビジネスアワー

ロンドンのデパートやショップの営業時間は10〜20時（または21時）。日曜は12時に開く店も多い。日曜は午後のみ開く店も一般的。イースター前後と祝祭日は休む店も多く、クリスマスから年始にかけては店だけでなく公共交通機関も全面運休、または減便となる。

電化製品の使用

電圧は日本と異なる

ロンドンの電圧は240V、電流は50Hz。日本から電化製品を持参する際には変圧器内蔵のもの、または海外旅行対応製品を使うほか、変圧器が必要。電化製品に100〜240Vと表示があればそのまま使用できる。誤って使用すると加熱して火災などの危険があるので注意しよう。

プラグはBFタイプ

3本型ピンのBFプラグなので、日本から持参した電化製品を使用する場合は変換プラグが必要。

BFタイプ

郵便

はがき／手紙

日本へは、24cm×16.5cm、厚さ0.5cmまで、あるいは35.3cm×25cm、厚さ2.5cmまでのサイズで受け付けており、それぞれ重さによって値段が異なる。切手はコンビニなどでも買えるがシート単位での販売のため、郵便局の窓口で出すのが便利。大きな局には送り先とサイズを選ぶと的確な値段の切手が買える自販機もある。宛名の住所にはJAPAN（日本）と英語で書く。AIR MAILの記載も忘れずに。

小包

60cm×60cm×90cmの小包は重さによって値段が異なり、2kgまで郵送できる。料金詳細は郵便局のHPで確認を。

飲酒と喫煙

飲酒、喫煙とも18歳から。

飲酒するときは身分証明書を携行

イギリスではお酒が購入できるのは18歳からだが、16歳以上なら、親が同伴していれば、食事中に限りビールやサイダー（シードル）が許可されている。道路や公園など公共の場での飲酒は禁止。

喫煙は喫煙スペースで

建物内の公共スペースは、パブやバーも含めて喫煙禁止。

電話／インターネット事情を確認しておきたい！

情報収集に便利なインターネット接続や、いざというときの電話のかけ方をおさらいしておこう。

電話をかける

> 国番号は、日本が81、
> イギリスが44

イギリスから日本への電話のかけ方

ホテル、公衆電話から

ホテルからは → 00 → 81 → 相手の電話番号
外線番号

国際電話の　日本の　※固定電話・携帯電話とも
識別番号　　国番号　市外局番の最初の0は不要

携帯電話、スマートフォンから

0または＊を長押し → 81 → 相手の電話番号

※機種により異なる　　日本の　※固定電話・携帯電話とも
　　　　　　　　　　　国番号　市外局番の最初の0は不要

固定電話からかける

ホテルから 外線番号(ホテルにより異なる)を押して
から、相手先の番号をダイヤル。たいて
いは国際電話もかけることができる。

公衆電話から 赤い電話ボックスが街のトレードマーク
にもなっており、公衆電話はたくさんあ
るが、故障しているものも多い。

日本へのコレクトコール

緊急時にはホテルから通話相手に料金が発生するコ
レクトコールを利用しよう。
- **KDDI ジャパンダイレクト**
☎**0808-5890081**
オペレーターに日本の電話番号と、話したい相手の名前を伝える。

携帯電話／スマートフォンからかける

国際ローミングサービスに加入していれば、日本で使用し
ている端末でそのまま通話できる。滞在中はイギリスの番
号にそのままダイヤルするだけでよい(最初の0も必要)。
日本の電話には、＋を表示させてから、国番号＋相手先の
番号(最初の0は除く)。同行者の端末にかけるときも、国
際電話としてかける必要がある。

海外での通話料金 日本国内での定額制は適用され
ず、着信時にも通話料が発生す
るため、料金が高額になりがち。ホテルの電話やIP電話を
組み合わせて利用したい。同行者にかけるときも日本への
国際電話と同料金。

IP電話を使う インターネットに接続できる状
況であれば、SkypeやViberは
有料プランでイギリスの固定電話にもかけられる。

インターネットを利用する

ロンドンでは美術館や博物館、ホテル、カフェ、銀行、大
きなデパートやスーパーなどで、Wi-Fiが使用できる。メー
ルアドレスを登録したり、パスワードを入手してから接続
する必要がある場合もあるので、心配な人は日本から
Wi-Fiルーターをレンタルするのも一案。海外への電話も
インターネットの通話サービスを利用するなどして、通話
料金をお得に。

インターネットに接続する

海外データ定額サービスに加入していれば、1日1000～
3000円程度でデータ通信を行うことができる。通信業者
によっては空港到着時に自動で案内メールが届くこともあ
るが、事前の契約や手動での設定が必要なこともあるため、
よく確認しておきたい。定額サービスに加入せずにデータ
通信を行うと高額な料金となるため、不安ならば電源を切
るか、機内モードやモバイルデータ通信をオフにしておく
ことがおすすめ。

SIMカード／レンタルWi-Fiルーター

現地SIMカードの購入や海外用Wi-Fiルーターのレンタル
も検討したい。SIMフリーの端末があれば、空港や市内の
携帯ショップ、駅などにあるチェーンの小売店、WHSmith
などで購入できるSIMカードを差し込むだけでネットに接
続できる。30日有効かつ5GBの通信料で£20など。念の
ため購入時にはパスポートを持参。Wi-Fiルーターは複数
人で同時に使えるのが魅力。料金は大容量プランで3日£
20ほど。

	カメラ／時計	Wi-Fi	通話料	データ通信料
電源オフ	×	×	✕	✕
機内モード	○	○	✕	✕
モバイルデータ通信オフ	○	○	£	✕
通常モバイルデータ通信オン	○	○	£	£

○利用できる　£料金が発生する

オフラインの地図アプリ

地図アプリでは、地図データをあらかじめダウンロード
しておくことで、データ通信なしで利用することができ
る。機内モードでもGPS機能は使用できるので、通信料
なしで地図データを確認できる。

病気、盗難、紛失…。トラブルに遭ったときはどうする？

事故や病気は予期せず起こるもの。万が一のときにもあわてずに行動したい。

治安が心配

世界中から観光客が集まるロンドンはスリやひったくりなどが多発。政府の緊急財政で警官が減少していることもあり、軽犯罪は増加傾向にある。持ち物から手を離さない、バッグは体に斜めがけして上にコートなどを羽織る、スマホに夢中にならないなど基本的なことが重要。周囲に気をつけ不審な行動をとる人からは離れるのも大切。

緊急時はどこへ連絡？

盗難やけがなど緊急の事態には警察や消防に直接連絡すると同時に、日本大使館にも連絡するように。

[警察] ☎999
[消防・救急] ☎999
[大使館]
在英国日本国大使館
バッキンガム宮殿周辺 [MAP] 付録P.14 A-3
☎020-7465-6500 [市外]101-104 Piccadilly W1J 7JT [HP]www.uk.emb-japan.go.jp
[病院]
ロンドン医療センター
市街北部 [MAP] 付録P.2 B-1
☎020-8202-7272
📍 234-236 Hendon Way, Hendon Central, NW4 3NE
24時間365日診療。日本人医師、スタッフがサポート。[HP] www.iryo.com

病気・けがのときは？

海外旅行保険証に記載されているアシスタンスセンターに連絡するか、ホテルのフロントに医者を呼んでもらう。海外旅行保険に入っていれば、提携病院で自己負担なしで安心して治療を受けることができる。

パスポートをなくしたら？

① 最寄りの警察に届け、盗難・紛失届証明書（Police Report）を発行してもらう。

② 証明書とともに、顔写真2枚、本人確認用の書類を用意し、在英国日本国大使館に、紛失一般旅券等届出書を提出する。

③ パスポートの失効後「帰国のための渡航書」の発行を申請。帰りの航空券（eチケット控えで可）が必要となる。発行の手数料は£15。
新規パスポートは5年有効（12歳未満）£35、（12歳以上）£64、10年以上（20歳以上）£93の手数料で再発行可能。所要5日（土・日曜、休館日を除く）。支払いは現金のみ。

クレジットカードをなくしたら？

不正利用を防ぐため、カード会社にカード番号、最後に使用した場所、金額などを伝え、カードを失効してもらう。再発行にかかる日数は会社によって異なるが、翌日〜3週間ほど。事前にカード発行会社名、紛失・盗難時の連絡先電話番号、カード番号をメモし、カードとは別の場所に保管しておくこと。

現金・貴重品をなくしたら？

現金はまず返ってくることはなく、海外旅行保険でも免責となるため補償されない。荷物は補償範囲に入っているので、警察に届け出て盗難・紛失届出証明書（Police Rport）を発行してもらい、帰国後保険会社に申請する。

 **外務省
海外安全ホームページ＆たびレジ**

外務省の「海外安全ホームページ」には、治安情報やトラブル事例、緊急時連絡先などが国ごとにまとめられている。出発前に確認しておきたい。また、「たびレジ」に渡航先を登録すると、現地の事件や事故などの最新情報が随時届き、緊急時にも安否の確認や必要な支援が受けられる。

旅のトラブル実例集

スリ

[事例1] 駅構内や路上で硬貨や雑誌を落としたり、背中に飲み物などを付けられたりして、気を取られている隙に、後ろにいた共犯者から財布や貴重品を抜き取られる。刃物でバッグを切り裂き、貴重品を抜くスリもある。

[事例2] バイクや自転車で追い抜きざまにバッグなどをひったくる手口も頻発。

[対策] 多額の現金や貴重品はできる限り持ち歩かず、位置を常に意識しておく。支払いのときに、財布の中を他人に見えないようにする。バッグをいつも腕や体に掛けてしっかりと抱え込むように持つ。

ぼったくり

[事例1] ミニ・キャブで乗車前値段交渉したが、降車時に2人乗車したからと2倍の値段を請求された。

[事例2] 劇場のチケット売り場に並んでいると、ダフ屋に声をかけられ、少し高いが並ぶのに疲れたため購入。ニセのチケットだった。

[対策] 基本料金が高いがタクシーはブラック・キャブを使用。ブラック・キャブは厳しい試験をパスしたドライバーが運転、メーター制だが、それでも遠回りなどが頻発。乗車時にスマホの地図などでルートを示すとトラブルが減る。ニセのチケット屋、警官などに気をつける。

置き引き

[事例1] 写真撮影を頼まれ荷物を足元に置いたところ、いつの間にか荷物がなくなる、カフェなどで場所取り用に置いたバッグがなくなるなど。

[事例2] ホテルのチェックイン、チェックアウトのときに、足元に置いていた荷物を盗まれる。

[対策] バッグやスマホなどは手から離さないことが鉄則。自分の持ち物を置いたまま安心な場所などないと思って。また、電車内での居眠りも危険。地下鉄などで空港から移動する場合、ラゲージから手を離さないことも大切。

STAFF

● **編集制作** Editors
K&Bパブリッシャーズ K&B Publishers

● **取材・執筆・撮影** Writers & Photographers
粟野真理子 Mariko Awano
関谷萌 Moe Sekiya
山内ミキ Miki Yamanouchi
名取由恵 Yoshie Natori
近藤真紀 Maki Kondo
小林写函 Syabako Kobayashi
富岡秀次 Shu Tomioka
高橋きよし Kiyoshi Takahashi
片野優 Masaru Katano
須貝典子 Noriko Sugai

高橋靖乃 Yasuno Takahashi
嶋嵜圭子 Keiko Shimazaki
西連寺くらら Clara Sairenji
堀井美智子 Michiko Horii
大原扁理 Henri Ohara

● **編集協力** Local Cooperation
時田あや Aya Tokita
オリバー慶 Kei Oliver

● **カバー・本文デザイン** Design
山田尚志 Hisashi Yamada

● **地図制作** Maps
トラベラ・ドットネット TRAVELA.NET
山本眞奈美（DIG.Factory） Manami Yamamoto

● **表紙写真** Cover Photo
iStock.com

● **写真協力** Photographs
PIXTA
Aflo
123RF

● **総合プロデューサー** Total Producer
河村季里 Kiri Kawamura

● **TAC出版担当** Producer
君塚太 Futoshi Kimizuka

● **エグゼクティヴ・プロデューサー**
Executive Producer
猪野樹 Tatsuki Ino

おとな旅プレミアム
ロンドン コッツウォルズ

2024年7月8日　初版　第1刷発行

著　　　者	TAC出版編集部（しゅっぱんへんしゅうぶ）
発 行 者	多 田 敏 男
発 行 所	TAC株式会社 出版事業部
	（TAC出版）

〒101-8383 東京都千代田区神田三崎町3-2-18
電話　03（5276）9492（営業）
FAX　03（5276）9674
https://shuppan.tac-school.co.jp

| 印　　　刷 | 株式会社　光邦 |
| 製　　　本 | 東京美術紙工協業組合 |

©TAC 2024　Printed in Japan　　　ISBN978-4-300-11278-6
N.D.C.293　　　　　　　　　　落丁・乱丁本はお取り替えいたします。